Valuing Inclusive Wealth

豊かさの価値評価

新国富指標の構築

Shunsuke MANAGI
馬奈木俊介
【編著】

中央経済社

は し が き

　21世紀初頭，日本の人口が戦後初めて減少に転じた。2040年には全国の半数以上の自治体，896市区町村が消滅の可能性があることを報告した増田レポートに端を発する地方消滅や，「豊か」なはずの先進国日本の格差問題への対策に迫られている。いわば日本経済の豊かさが失われ，経済の持続可能性が危ぶまれているのである。この持続可能性の危機は日本だけに限定されない，全世界的な問題である。持続可能性を高めるためには多角的な処方箋が必要とされ，育児世帯や貧困層への社会保障の整備はもちろんのこと，増え続ける環境負荷を軽減することも重要である。

　先進国と途上国で事情は違うにせよ，豊かであり続けるにはまず，その消費に費やせる貯蓄の増加，つまり経済成長が必要だと考えることは自然なことである。ところが，従来の豊かになるための経済成長政策は — 先進国が既に経験したという意味でより扱いやすい経済であるはずの — 途上国における貧困問題を全て解消できたわけではなかった。2000年から2015年まで続いていたミレニアム開発目標（Millennium Development Goals；MDGs）の最大の目標は，アジア，アフリカの途上国を主な対象とした極度の貧困と飢餓の撲滅であった。結果的に一定の成果をあげると同時に，経済発展を志向する開発政策では不十分とする認識が広まった。貧困問題は経済成長に伴い進行する経済，社会，環境問題が複雑に絡み合った問題であるとともに，途上国だけでなく，先進国を含めた全世界的な持続可能性の問題と認識されるようになったのである。例えば，大規模な干ばつや異常気象などの急激な気候変動で食料生産が落ち込み，飢餓問題が顕在化することもある。また，気候変動への対応は国境を越えた多国間同意を必要とする問題なのである。このような問題認識の変化に伴い表出した新たな国際目標の必要性に応えたのが持続可能な発展目標（Sustainable Development Goals；SDGs）である。まとめれば，経済発展だけでなく，他の自然資源など限られた資源を考慮した経済の持続性も重視しようということである。

　しかし，各国政府のSDGsに向けた政策で国家が持続可能になったかどうか

を判断する基準は曖昧だった。GDPで将来の豊かさまではわからないと言って，他にコンセンサスのとれた持続可能性の指標があるわけでもない。そのため，GDPと併せて出生率，余命，貧困者の割合など，多くの指標を同時に参照しているのが現状である。

そのような中で持続可能な発展を進めるための明確かつ実務的処方箋を議論するため，2012年6月の国連持続可能な開発会議（リオ+20）が開かれた。会議で公開された，インクルーシヴ・ウェルス・レポート2012（以下，新国富報告書2012）において，持続可能性の判断基準として世界に提示された指標こそが，新国富指標である。

このような経緯を日本の立場に立って振り返ると，日本は戦後復興と製造業に代表される工業発展により（GDPの面では）豊かになったが，「将来もその豊かさを維持できるか」が新たな問題として湧き上がってくる。これこそが本書の問題意識である。

では，将来も豊かであり続けるという掴みどころが難しい持続可能性の課題に対して，我々はどのように取り組めばいいのだろうか。2015年9月下旬にニューヨーク国連本部で開催された「国連持続可能な開発サミット」において採択された「我々の世界を変革する：持続可能な開発のための2030アジェンダ（Transforming our World：The 2030 Agenda for Sustainable Development)」の前文を参照すると，地球上の全ての国と利害関係者の協働の下でSDGsは実施されるべきだと述べられている。日本のような先進国も持続可能性の向上に主体的に取り組む必要性が明示されたわけだが，ここで強調したいのは，国内政策との調和を勘案した上で，国レベルからより細かい地方行政レベル，そして地域社会・企業・科学学術コミュニティとの密な協力を必要としている点である。そのためには，ステークホルダー間の意思疎通を円滑にする，持続可能性の現状と問題点を客観的に示せる経済指標が必要不可欠であろう。その精緻化と地域政策への応用は重要な課題である。

以上の問題背景から，本書は新国富指標で表現される日本の地域社会の豊かさ，持続可能性を明らかにするとともに，持続可能性の向上のために何をすればいいかを提示することを狙いとしている。何を豊かさと捉えるか考えれば，新国富指標の対象領域は多岐にわたるため，経済学，工学，環境学など様々な

分野の著者に執筆を依頼し，学際的アプローチを選択した。そして，これは本書の狙いというより希望であるのだが，学術関係者の垣根を越え，日本人が将来に渡って豊かになれるよう努力している全ての関係者に対して，新国富への理解の一助となれば望外の喜びである。

　本書は次の研究プロジェクト・助成から得た成果の一部である。
- 文部科学省科学研究費特別推進研究「人口減少社会における，経済への外的ショックを踏まえた持続的発展社会に関する分析（課題番号26000001）」
- 環境省環境研究総合推進費「気候変動の緩和策と適応策の統合的戦略研究（S-14）」・「社会・生態システムの統合化による自然資本・生態系サービスの予測評価（S-15）」・「アジア地域における持続可能な消費・生産パターン定着のための政策デザインと評価（S-16）」
- 第Ⅲ期環境経済の政策研究「生態系サービスの定量的評価及び生態勘定フレームワーク構築に向けた研究（採択番号6）」・「第五次環境基本計画の策定に向けた各種指標の開発，指標の評価方法等の開発，諸施策・総合的環境指標の在り方の検討（採択番号11）」
- 富士通総研「地方創生・持続可能な社会」研究プロジェクト

　本書の完成に至るまでに協力してくれた多くの人に感謝したい。九州大学都市工学研究室所属の大学院生の多田直仁君，岡田貴紀君，野中亮太郎君，またテクニカルスタッフの遠藤直子さん，宮石真誉さん，事務補佐員の諌元かおるさんには草稿のチェックや図表修正をはじめ，本書の全般にわたってお世話になった。お礼を申し上げたい。

　最後に，本書の企画段階から本書の意義を評価してくださった中央経済社代表取締役社長山本継氏のご支援と，同社編集部酒井隆氏による温かい励ましが無ければ本書は完成しえなかった。両氏に対してここに深く感謝を申し上げる。

平成29年3月

馬奈木　俊介

目　次

はしがき・i

■ 序　章　持続可能な発展と新国富　1

1　持続可能性の判断基準／1
2　新国富指標とは何か？／2
3　本書の狙いと構成／8
●コラム1　持続可能性指標の歴史・10

第Ⅰ部　日本の豊かさと課題

■ 第1章　新国富の観点からみる都道府県の持続可能性　15

1　はじめに／15
2　都道府県新国富の全貌／17
3　人的資本増加のカギ
　　　　――生涯賃金の確保と人口の安定成長／21
4　自然資本増加のカギ
　　　　――持続可能な資源管理制度の導入／30
5　人工資本の推移／38
6　おわりに／44

■ 第2章　東京都内ランキング
　　　　―都市評価指標としての新国富指標　*48*

　1　はじめに／*48*
　2　都市を評価する多様な指標と新国富指標／*49*
　3　多様なデータでみる東京／*54*
　4　新国富指標による東京都内ランキング／*58*
　5　おわりに／*62*

■ 第3章　政令指定都市ランキング　*67*

　1　はじめに／*67*
　2　政令指定都市の定義・権限・多様性／*69*
　3　推計結果／*72*
　4　結　　論／*80*
　補論　健康資本の価値／*80*

第Ⅱ部　地方創生の再検討
　　　　―地域の多様な豊かさと課題解決

■ 第4章　福　　島　*87*

　1　はじめに／*87*
　2　分析方法／*88*
　3　分析結果／*90*
　4　原発事故の影響と除染の効果／*93*

5　結びに代えて──まとめと課題／96
   　●コラム2　水俣市──地方公共交通の経済性・100

■ 第5章　離島の現状と今後の発展にむけて　*102*
   1　日本は島国／*102*
   2　離島地域の抱える問題／*103*
   3　屋久島における新国富／*111*
   4　離島の今後と新国富／*115*
   　●コラム3　災　　害・*117*

■ 第6章　佐渡島──地方創生にむけた
　　　　　新国富指標の可能性に関する考察　*119*
   1　佐渡島の概要／*119*
   2　新国富指標からみた佐渡島／*121*
   3　新国富指標の今後の可能性／*126*
   4　おわりに／*133*

■ 第7章　沖縄の富　*136*
   1　はじめに／*136*
   2　沖縄の資本の変化と比較／*136*
   3　沖縄県内の新国富ランキング／*138*
   4　沖縄の豊かさとは／*141*
   5　基地と沖縄の価値／*142*
   6　おわりに／*144*
   　●コラム4　健康資本における平均余命とは・*146*

■ 第8章　地域農林政策の持続可能性
　　　　　―農林水産政策の評価にむけて　*148*

　1　はじめに／*148*
　2　農林水産政策と新国富／*149*
　3　新国富を使った政策評価にむけて／*153*
　4　おわりに／*155*

第Ⅲ部　評価できなかったものを評価する
　　　　　―環境・交通・技術の価値

■ 第9章　生態系サービスと勘定体系　*161*

　1　はじめに／*161*
　2　生態系勘定の枠組みと実例／*162*
　3　生態系サービスの評価／*166*
　4　生態系評価におけるその他の論点／*171*
　5　おわりに／*173*

■ 第10章　森林の価値　*175*

　1　自然資本としての森林／*175*
　2　森林の経済的評価／*178*
　3　評価手法とその対象／*179*
　4　持続可能性指標への応用可能性を考慮した
　　　森林の経済価値評価／*182*

5　おわりに／187

第11章　鯨の価値　189

1　はじめに／189
2　鯨の価値を計算する／190
3　鯨の価値を理解する／195
4　おわりに／199

第12章　交通インフラの価値　201

1　はじめに／201
2　データ／203
3　分析モデルと分析方法／207
4　分析結果／208
5　おわりに／210

第13章　完全自動運転の受容性と価値　213

1　はじめに／213
2　既存データと研究結果／214
3　データ概要／217
4　導入時期の予想／217
5　消費者が考える完全自動運転のメリット・デメリット／219
6　完全自動運転車の購入意思・支払意思額／221
7　完全自動運転受容性の要因／223
8　おわりに／225

第Ⅳ部　持続可能な世界の実現
——日本から世界，そして未来へ

■ 第14章　ESG投資世界ランキング　*231*

1　はじめに／*231*
2　ESG投資と新国富の関係性／*235*
3　ESG評価手法／*236*
4　ESG投資世界ランキング／*239*
5　おわりに／*250*

■ 第15章　新国富と幸福度　*252*

1　はじめに／*252*
2　幸福度研究／*252*
3　新国富と幸福度／*255*
4　おわりに／*262*

■ 第16章　人口減少に伴う国内地域の持続可能性予測と望ましいインフラ管理　*264*

1　持続可能な発展への脅威としてのインフラの危機／*264*
2　資本としてのインフラの経済的評価／*267*
3　地域のインフラの評価額の将来推計／*269*
4　おわりに／*282*

■ 第17章　世界の人口とインフラ資本　*286*
　　1　はじめに／*286*
　　2　インフラ資本の費用と便益／*287*
　　3　富とインフラ資本の概念モデル／*290*
　　4　世界のインフラ需要の決定要因と予測／*291*
　　5　人口変化とインフラ需要／*293*
　　6　結びに代えて／*296*

■ 終　章　持続可能性研究における
　　　　　　新国富の到達点と展望　*300*

付録：1,727市区町村の新国富ランキング・*305*

補論：地域区分に応じた日本の新国富指標の計算方法・*319*

索　　引・*341*

序章
持続可能な発展と新国富

1 持続可能性の判断基準[1]

　1950年代に始まった日本の高度経済成長は我々の生活に確かに豊かさをもたらした。その豊かさはGDP（国内総生産）の増加という形からも明らかであり，GDPが伸びることと豊かさが続くことは同一視されたのである。しかしその後，国内GDPは伸び悩み，さらに人口減少が追い打ちをかけ，今の豊かさが今後も続くのかという不確かな危機感が広がっている。特に人口の著しい減少が予測される地方では，その持続可能性が危ぶまれており，「地方創生」を号令に，その成果が見えぬままに国家を挙げて対応が進められている。経済成長は必要ではあるが，同時に今は豊かさの確保が求められる，持続可能性の時代なのである。

　極端な物言いになるが，このような経済成長の限界への直面からの経済成長に代わる持続可能性への意識の変化は，1972年にローマ・クラブが発表した「成長の限界」以降に見られる世界的潮流でもある。では，そもそも持続可能性とは何を指すと考えればよいのだろうか？　一般にその問いへの参照点にされる1987年にブルントラント委員会が公表した「われら共有の未来」では，「将来世代のニーズを満たす能力を損なうことなく，現在世代のニーズを満たすような発展」と定義された。しかし，この定義にある「将来世代のニーズを満たす能力」をどのように定量化すればよいのだろうか。そこでまず，この世で最も関心を持たれる経済指標の1つである，GDP（国内総生産）を利用できるか考えてみよう。

　「2020年までに名目GDP 600兆円を目標に」など，GDPの成長が国の政策目

標として掲げられるが，GDPはあくまで国の生産規模を表す指標である。1970年代の高度成長期であれば，前段で述べたようにGDPの成長がそのまま我々の生活にも豊かさを反映するものであった。例えばGDPの伸びで測れる家電や自家用車の普及は豊かさの象徴であった。しかし，経済発展が進むにつれ見られる森林減少による癒しの損失，生活習慣病による健康状態の悪化など，GDPでは測れない幸福の損失が生じている。このGDPの欠点は以前から指摘され，直接現在の幸福の程度を測る主観的幸福度指標などが提案されてはいるが，より多様な豊かさを内包した指標が必要とされている。また，GDPでは持続可能性はおろか，国の発展指標としても不十分との疑義が生じたのである。そこで2008年の金融危機と時期同じく，フランスのサルコジ前大統領が設置した「経済パフォーマンスと社会的発展の計測に関する委員会」は新たな経済指標を検討し，その提案であるスティグリッツ報告書が大きな影響力を持った。それは同時に日本においても新たな経済指標の必要性が明確に意識されるきっかけにもなった。他方で，GDPの増加だけを志向するならば，現在の世代が己の幸福のために資源を浪費することと同じであり，将来の世代の幸福を犠牲にしてしまう。これがGDPからはわからない「経済の持続可能性」の視点である。将来世代の幸福が下がらないように我々は経済を営むべきだろう。しかしまた，現時点においてGDPほどに全ての人が納得する，包括的な豊かで，かつ持続可能な経済の評価に応える経済指標はできてはいないのである。

　我々が提案する豊かさの測定指標は，現代経済の多様な豊かさを金銭価値として捉えたうえで，その経済の持続可能性を評価できるものであり，前述の世界的なニーズに応えるものである。その原型は2012年6月の国連持続可能な開発会議（リオ＋20）で発表された，新国富指標（Inclusive Wealth Index）である。2030年の世界的な持続可能な開発の実現を目的とした持続可能な発展目標（SDGs）に対して，経済が持続可能になったかどうかを判断できる指標として注目を浴びている（Dasgupta et al., 2015）。

2　新国富指標とは何か？

　新国富指標は現代経済の持続可能性を評価するために作られた経済指標であ

る。まず，本章の最初に新国富指標が指すものを定義しておきたい。経済学が苦手という方は，細部にこだわらず，大まかな考え方だけ理解してくだされば十分である。新国富指標とは『現在を生きる我々，そして将来世代が得るであろう福祉を生み出す，社会が保有する富の金銭的価値』を指す。ここでいう「福祉（well-being）」とは，人が享受する広い意味での幸福のことである。我々が考える「豊かさ」は，我々の現状の福祉だけでなく，まだ見ぬ子孫を含むこれからの世代が享受する福祉までも含めたものである。そして，この福祉は，一定の期間内の成果で測られるフローの特徴を持っており，その点でGDPと共通している。他方で，「社会が保有する富」とは，各時点で測られるストックの特徴を持っており，我々が新国富と呼ぶ資本の総体として計測可能である。そのため，新国富指標の定義は，我々の豊かさを生み出す資本の価値と言い換えることができるだろう。

　ここで問題になるのが，この「新国富（社会が保有する富）」と「豊かさ」の関係性だろう[2]。実は新国富指標は，GDPやその修正指標，そして近年活用されている幸福度指標と密接に関連している。そのため，他指標との関連も踏まえて説明したい。また「豊かさ」の指標であるにも関わらず，なぜ一般的な意味での豊かさを測るためには用いられず，持続可能性の評価のために利用できるのか，という点も重要である。これらの点を順に説明していこう。ちなみに本章の多くは山口ら（2016）を参照したものであり，基本的な新国富の概念は新国富報告書2012年度版，2014年度版（UNU-IHDP, 2012；2014）に依っている。

新国富で想定する経済におけるフローとストック

　まず，新国富がどのように形成され，それがどのように福祉と結びついているかを説明しよう。そこで重要になるのが，新国富（あるいは，富と表記する）はストックであり，福祉はフローの特徴を持っている点である。簡潔に言えば，富が毎年の福祉を生み出しているのである。この様子を示したのが次頁の**図表序-1**である。まず，ある社会における毎年の生産活動にストックである富が供される。富は人工資本，人的資本，自然資本により構成されており，生産活動に供されることでフローを生み出す。詳細は後述するが，資本の意味

序章　持続可能な発展と新国富

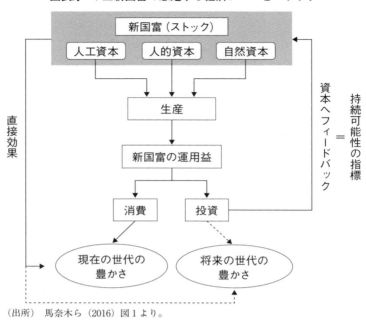

図表序-1　新国富の想定する経済フローとストック

(出所)　馬奈木ら (2016) 図1より。

について少し説明しておく。例えば人工資本は工場，自然資本は森林や農地などを指し，生産活動において工場や農地の数とその生産物である家電製品や農産物の物量とは直接結びつかないが，生産の基盤を成すものである。したがって材料とは区別されて資本と呼ばれるのである。

次に，資本から生産過程で生じるフローは消費と投資（個人でいえば貯蓄）の2つの使われ方があるが，これは基本的にはGDPの支出面として捉えることで計測可能である。例えば，工場で生産された家電製品や，道路などは人工資本による生産活動の成果としてGDPに計上される。また，家具や住宅に使用される木材は森林資本による生産活動の成果であり，同様にGDPに計上される。人的資本については扱いが難しいが，教育や健康に関する資本は，労働生産性の向上という形で全体的にGDPに反映されるだろう。しかし，ここで加味しなければいけないのは資本の減耗である。人工資本を構成する道路や建物が使われるにつれて綻び，減耗していくように，森林の過度な伐採は森林地

帯を縮小させ，人の健康は働きすぎや現代病により失われる。GDPではこのような資本減耗が考慮されていないので，人工資本，特に人的資本や自然資本の減耗分は差し引く必要がある。そこで，GDP（消費＋投資）から，資本減耗を引いて修正する必要があり，これはNDP（国内純生産）と呼ばれる（一般にNDPと言えば，人工資本の減耗分を差し引いたものであるが，新国富指標では，さらに人的資本と自然資本の減耗を引いたものを意味する）。これが新国富を利用して得た利益であり，投資に例えれば運用益に相当するといえる。

　さて，この新国富を利用したことによる運用益は前述のように現在世代の消費に使用されるか，もしくはストックである資本への投資に使用される。これが福祉の高低に影響するのである。具体的には，消費の多寡により現在世代の福祉の水準は決定される。一方で投資は新国富として蓄えられ，次の年以降の将来における生産活動と消費を経て，将来世代の福祉へと繋がっていく。仮に現在世代の福祉（ここでは幸福と言った方がイメージしやすいだろうが）のために極端に運用益を消費に費やしてしまえば，将来世代の福祉は下がってしまうだろう。逆に将来世代の福祉のことだけ考えて投資を増やせば我々現在世代の福祉が下がってしまう。このようなトレードオフにあることから，消費と投資はちょうど良い具合にバランスが取られるのである。これがストックである新国富とフローである「豊かさ」との関係であり，新国富の枠組みが想定する基本的な経済の姿である。

　ここで少し補足しておきたい。これまでは新国富が生産行動を経て福祉に繋がる，ある種間接的な関係を説明したが，新国富が福祉に直接結びつく効果も当然存在する。例えば，森林浴などで得られる幸福感は生産行動を経ていないが，福祉の向上に結びつくだろう。ただし，現状の新国富指標は基本的に生産行動を経る新国富と福祉の関係性を重視しており，直接効果に関しては一部の資本で考慮するにとどまっている。

　現在世代に関してはもちろんのこと，将来世代がどの程度幸福な生活を送れるか，という点までを定量的に把握することは難しい。GDPでは家事に代表される家計内労働など，影響が大きいにもかかわらず測定範囲に入っていない経済活動が存在しており，福祉の指標として不十分である。また，近年の主観的幸福度指標（自身がどの程度幸福か，他者ではなく，自分自身で段階評価し

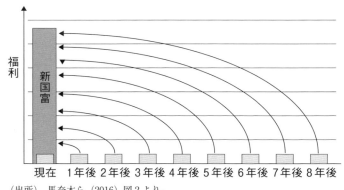

図表序-2 新国富と，現在・将来の福祉の等価性

(出所) 馬奈木ら (2016) 図2より。

た指標) に関しても，他国の人と比べて幸福かどうかはわかるが，その幸福がどの程度金銭的な価値があるかについての情報は提供しない。まして，将来世代の幸福の情報を得ることはさらに難しいだろう。しかし，前述のストックである新国富と，現在および将来世代が受け取る福祉の関係性は，その問題に対して有益な理論を提供してくれる。それは，新国富の金銭価値は，現在および将来世代が受け取る福祉の現在における金銭価値と等しいというものである。図表序-2にそのイメージ図を示したが，現在の新国富には現在の福祉が含まれており，これは図表序-1の消費活動から得られるものである。そして，2年目以降の福祉は現在の投資活動から得られるものであり，将来に渡って実現される。消費による福祉と投資による将来の福祉（双方ともフロー，将来の福祉に現在の価値へと割引いて計測する）を足し合わせたものが新国富（ストック）になるのである[3]。現在において我々が観察することのできる資本ストックの金銭価値さえ得ることができれば，「豊かさ」が計測できるのである。まだ見ぬ将来世代の福祉を予測することよりは，正確かつ堅実な計測手段と言える（本書で使用した日本の新国富指標の計算方法は巻末の補論を参照されたい）。

2 持続可能性指標としての新国富

これまで述べたように，新国富は「豊かさ」を測ったものではあるが，現在の我々の幸福や福祉を表す指標ではない。仮に現在の福祉を表そうとすれば，

7段階で自身の幸福を評価した主観的幸福度指標や，その改良版として，それを金銭価値化することが必要である。しかし，現在の福祉だけでなく，将来世代のことまで考える広範な「豊かさ」は経済の持続可能性を評価する点で重要な意義を持つ。新国富が示す「豊かさ」が時間とともに減少していくのであれば，将来世代の福祉が失われていることを意味する。最終的には将来世代の福祉がゼロ，つまりは生きる価値を喪失してしまう経済は持続可能ではないだろう。逆に新国富が増加すれば，将来世代の幸せを奪わずに経済成長していると言えるのである。

では，どうすれば新国富は増加できるのだろうか。まず，前述のように新国富の運用益を消費するか，投資するかという個人の意思決定の時の投資額が大きくなる必要がある。図表序-1の中で新国富に向かって矢印が向いているのは投資だけであることからも確認してもらえるだろう。また，毎期投資を行っていたとしても，それ以上に資本が減耗しているのでは新国富は増加しない。これが経済の持続可能性の評価に新国富を用いるときの考え方である。持続可能性を評価する上で新国富の増加額，ないし投資額が重要な意味を持っていることを理解してもらいたい。

新国富を持続可能性の指標として利用する場合の注意点を3つ述べたい。前述の理由から，新国富の値が他地域より大きいかどうかに意味はなく，他地域との持続可能性の比較という点では成長率を見るべきである。これは第1に「豊かさ」の規模が地域ごとに異なるからであり，「豊かさ」の規模が大きい地域では成長「額」が必然的に大きくなる。第2に，人口変動の地域差を考慮する必要がある。前述の成長率から人口の成長率を減ずることで，人口変動の影響を取り除いた持続可能性の指標を使用することが重要である[4]。第3に，新国富指標はGDPの代わりになる指標ではなく，GDPとともに利用する指標である点が重要である。GDPが経済指標としての確固たる地位を確立するまでの先人たちの努力は人類の資産であり，それが表す経済活動の成果，規模も重要な情報であることに我々も同意するからである（GDPの歴史的経緯についてはCoyle（2014）が詳しい）。そして，ほかに様々な福祉・経済指標が提示されてきている中，それらがGDPほど浸透しない要因が，指標の説明のみならず，GDPとの補完的な指標の使い方に注力されなかったことにあると考えて

いる。次章以降でも，既存の指標と補完的に新国富指標が応用されている。

3 本書の狙いと構成

　本書は，持続可能性のシンプルな指標である新国富指標の活用，精緻化，そして今後の発展に関する様々な研究成果を結集することで，将来に渡るであろう新国富に基づく持続可能性研究に先鞭をつけることを狙いとしている。そこで，この序章以降本書を大きく4つの部で構成し，各部を異なる専門分野を持つ数人の著者らによる論考で構成する仕様にした。

　まず，新しい持続可能性の評価枠組みの理解を深めるには，現実経済を事例として取り上げることが必須であろう。そのため，本書の入り口は日本の都道府県や，それより細かい市区町村レベルの新国富指標データを活用した成果を概観することに注力している。第Ⅰ部で都道府県，市区町村の新国富指標の分析結果を各著者は説明している。特に市区町村に関しては経済の中心部である東京都，そして政令指定都市の持続可能性を取り上げている。その一方で，第Ⅱ部では人口の減少が目立つ地方に目を向け，その持続可能性の評価から地方創生への道筋を探ることを試みている。ここまでの第Ⅰ部，第Ⅱ部で具体的にどのように新国富指標を地域に活用すればよいのか，具体的なイメージが持てるようになるはずである。次に，新国富指標のこれからの展開に不可欠な，内包する資本項目の拡充と精緻な計測を第Ⅲ部で取り上げる。そこでは金銭価値では表現しにくい環境関連資本の評価や，道路交通の混雑といった資本のマイナス面の評価，さらには人工知能などにみる近年の技術革新がもたらす資本価値などの研究成果を示す。最後の第Ⅳ部では日本の話，資本項目の拡充から離れ，今後の新国富の応用に向けた発展的な話題を総花的に取り上げている。そして最後の終章でそれまでの内容をまとめ，本書の締めくくりとした。

注

1 本節と次節は馬奈木ら（2016：3-17）にもとづいている。
2 「新国富」は富の概念を指し，それを計測したものを「新国富指標」と本章では区別している。学術的フロンティアにおいても，未だ計測の難しい点もあるため，概念と指標を区別しておくことが今後の展開を考える上でも有用である。
3 いくつかの条件の下で成立するのだが，詳細は山口ら（2016）を参照していただきたい。
4 少しこの計算方法に違和感を覚えるかもしれない。通常であれば1人当たりの新国富を算出してから，その成長率を求めることになるからである（結果的にほぼ同一の結果が得られるのだが）。しかし，各資本項目や後述する資本の調整項目と同様に，人口変動もまた新国富に影響を与える一要因であり，それらの影響の大きさを比較できるようにするため，実務的処置としてこの方法を採用したのである。

参考文献

Coyle, D.（2014）*GDP A Brief but Affectionate History*. Princeton, NJ: Princeton University Press.（高橋璃子訳『GDP＜小さくて大きな数字＞の歴史』みすず書房，2015年）。
Dasgupta, P., Duraiappah, A., Managi, S., Barbier, E., Collins, R., Fraumeni, B., Gundimeda, H., Liu, G., and Mumford, K. J.（2015）"How to Measure Sustainable Progress." *Science*, 13（35）：748.
馬奈木俊介・池田真也・中村寛樹（2016）『新国富論―新たな経済指標で地方創生』（岩波ブックレット No. 961），岩波書店.
山口臨太郎・大久保和宜・佐藤真行・籠橋一輝・馬奈木俊介（2016）「新しい富の指標計測―持続可能性計測研究の過去と未来―」環境経済・政策研究，9（1）：14-27.
UNU-IHDP and UNEP（2012）*Inclusive Wealth Report 2012: Measuring Progress Toward Sustainability*（新国富報告書2012），Cambridge: Cambridge University Press.（植田和弘・山口臨太郎共訳（竹内和彦監修）『国連大学 包括的「富」報告書―自然資本・人工資本・人的資本の国際比較』明石書店，2014年）
UNU-IHDP and UNEP（2014）*Inclusive Wealth Report 2014: Measuring Progress Toward Sustainability*（新国富報告書2014），Cambridge: Cambridge University Press.

コラム1　持続可能性指標の歴史

　持続可能性指標の歴史は，20世紀前半のフィッシャーやリンダールなどによる所得の概念の議論まで遡ることができる。マクロ経済学のIS-LMモデルで知られるヒックスは，『価値と資本』の中で所得を「今期のうちに消費することができ，かつ期末における経済状態が期初におけるそれと同一であると期待できる最大額」と定義しており，消費の持続可能性を念頭に置いている。

　より今日的な文脈における持続可能性指標は，1972年のローマクラブの報告書『成長の限界』ののちに現れた。この報告書は，資源の枯渇や公害問題のため，遠くない未来に人類は成長の限界に直面すると警鐘を鳴らしたものである。資源・環境の制約が発展を阻むという考え方に対し，適切な投資によりそういった制約は克服可能である，としたのがソローとハートウィックである。特にハートウィックは枯渇性資源から得られる利潤の全てを人工資本に投資し生産能力を維持することができれば，各世代の消費が一定であるという意味での世代間衡平を実現できることを示した。このハートウィック・ルールと呼ばれる投資方針は，ソローによってさらに検討され，枯渇性資源及再生可能資源を含む自然資本と人工資本をシャドウ価格で評価した額を維持することで実現できることが示された。これはソロー・ハートウィック持続可能性と呼ばれる。

　持続可能性の概念が広く国際的な関心を集める契機となったのが1987年のブルントラント委員会である。その報告書『地球の未来を守るために』（原題"Our Common Future"）において，「持続可能な発展」を「将来世代のニーズを満たす能力を損なうことなく現在世代のニーズを満たす発展」と定義している。この定義は，定義そのものの価値に加え，持続可能性をどのように捉えるべきかについて議論を促す役割を果たしたことにおいて意義深い。

　定義・指標の様々な側面が検討の対象となったが，特に「ニーズ」として何が含まれるか，という問題は，国民経済計算など経済・社会評価指標が持続可能性の文脈で使用される場合にそもそも直面していた問題であり，議論の焦点の1つとなった。指標が包含する「ニーズ」に漏れがあれば，経済発展が指標のレベルを一定に保っていたとしても，それは何らかの重要な「ニーズ」の持続性を損ないながら進行する可能性がある。持続

可能な発展の達成に資する指標として重大な欠陥である。このことは，フランスの当時の大統領サルコジが設置した委員会によって2009年に発表された報告書，いわゆるスティグリッツ・レポートにおいても改めて強調されている。

　このような問題意識の下で多くの指標が開発された。本書のテーマである新国富指標はその1つであり，上記のソロー・ハートウィック持続可能性の流れを汲むものである。他の例として，世界銀行によって開発されたジェニュイン・セーヴィング（Genuine Saving）がある。この指標は理念のレベルでは新国富に非常によく似ているが，富（Wealth）の算出方法において異なる。新国富では資本の量とシャドウ価格によるのに対し，世界銀行の方法では将来の消費の予測値の現在価値によって算出する。その際に，予測として消費が一定の割合で成長するという前提を用いているが，その前提と，そもそも消費のレベルが持続可能かどうかという問題意識の間に齟齬があるという点において批判されている。

　ここまで，標準的な経済学における資本価値の測定に基づく指標に触れてきたが，その他に注目されている指標として，経済学者マブーブル・ハックがアマルティア・センらの協力のもと提案した人間開発指数（Human Development Index）がある。この指数は人間の豊かさに焦点を当て，個人の選択肢・自由を広げることを発展の目的とし，各国の保健，教育，所得における達成度を評価する。この指数は国際連合開発計画によって算出・公表されている。

　環境的側面により焦点を当てた指標のうち継続的に測定されているものとして，イェール大学とコロンビア大学の共同で開発された，環境を多角的に評価する環境パフォーマンス指数（Environmental Performance Index）や，環境学者ウィリアム・リースらによって開発された「特定の地域の現在の経済活動を永続的に支えるために必要な土地・水域の面積」を測定するエコロジカル・フットプリント（Ecological Footprint）などの例がある。

第 I 部

日本の豊かさと課題

第1章
新国富の観点からみる都道府県の持続可能性

1 はじめに

　豊かな地域社会の構築は，今の地域住民の所得や物質的生活を満足させるだけではなく，将来世代を含め，美しい自然や景観を楽しめる環境や多様な文化に触れる機会などを維持することも重要であろう。このため，地域の豊かさを適切に計測・評価するには，既存の経済指標以外に，より長期的な視点から，社会・環境などの側面から包括的な把握が必要とされる。

　都市圏への過度な集中による地方過疎化の加速，急速に進む高齢化など様々な問題が生じる今，地方創生を目指す意思決定者としては，地域の持続可能な成長に直接つながる処方箋を打ち出したいところである。社会インフラの整備などの開発政策，自然資源の多面的機能の利用，地域人材の有効活用など，考えられうる様々な選択肢の中から，最適な政策またはその組み合わせの構築が求められている。地域の豊かさに関わる包括的な情報，すなわち，地域の生産基盤の状況を定量的に把握することは，そのための第一歩である。

　新たに開発された新国富指標は，ストックベースで社会・経済・環境の3つの側面を包括的に計測するものである。これまで解決できなかった厚生水準の世代間公平問題，および複数の資本のシェア（重み付け）問題を，シャドウ・プライスの導入によって緩和させ，資本の蓄積をベースに厚生の持続可能性を評価することができるようになった。このため，新国富指標は，国連開発計画などに採用され，国の持続可能性分析に使用された（新国富報告書（UNU-IHDP and UNEP, 2012；2014））。また，新国富の計測範囲は2012年の20カ国

から2014年の140カ国まで拡大していた。この指標は，地域レベルでの計測も可能のため，地域の富情報が整えられれば，地方政府の意思決定にとっても有益であろう。

　これまで，新国富指標の地域での応用としては，2012年版新国富報告書の第4章においてアメリカの48州を対象に行われた推計（Mumford, 2012），東日本大震災前後の宮城県を対象にした推計（Yamaguchi et al., 2016），オーストラリアのビクトリア州のゴールバーン・ブロークンを対象にした計測（Pearson et al., 2013）などが挙げられる。Mumfordは人的資本，人工資本，土地および枯渇資源資本を計測した結果，新国富が増加傾向にあるものの，その成長率がGDPの成長率に追いつかない地域が多数あることを明らかにした。新国富指標の地域レベルでの応用は，地域の生産基盤の規模を測るとともに，基盤を崩しかねない資本に対して長期的に投資が必要かどうかの重要な判断材料となる。Yamaguchiらの宮城県での応用例は，2011年の東日本大震災前の地域資本投資の減少が，震災後の回復に支障を与えている可能性を示した。人口減少による富の「隠れた」減少なども観測され，国レベルと地域レベルの分析を結合することの重要性を訴えた。Pearsonらは，政策の変化が資本累積に与える影響を予測し，政策決定プロセスにおける新国富指標の役割を肯定した。また，彼らは新国富理論の実証において直面する難点について議論した。例えば，シャドウ・プライスの推計法の統一や精緻化などを挙げている。

　これまでの研究では，データの不足や欠損などのため，シャドウ・プライスの不完全な代理変数を用いた推計が行われてきた。例えば，新国富報告書における人的資本のシャドウ・プライスに使われる生涯賃金の現在価値には，その国の平均賃金が使われているが，賃金以外のボーナスなどが含まれていないため，人的資本は過小評価されているという問題がある。現時点では，詳細な統計データを用い，地域を対象に評価した研究例は，筆者の知る限りない。

　そこで，本章では，新国富指標を47都道府県に応用し，1990年から2010年までの資本蓄積動向を分析することで，地域の持続可能な発展に資する提言を行う。本章での推計方法は，基本的に新国富報告書[1]（UNU-IHDP and UNEP, 2012；2014）に従うが，より正確に都道府県の生産基盤を把握するため，できる限り詳細な統計データを用いる。

本章の構成は下記となる。

2節では、都道府県の富の推移と地域間の格差を概観する。3節では、新国富指標の構成項である人的資本の都道府県の推移とその特徴を分析する。4節では、自然資本の推移とその特徴について考察する。5節では、人工資本の推移とその特徴について把握する。最後に、政策提言を試み、今後の課題を提示する。

2 都道府県新国富の全貌

序論でも触れたが、新国富指標は人的資本、人工資本、自然資本、健康資本などによって構成される。本章では、新国富報告書の対象である人的資本、人工資本と自然資本を中心に、都道府県レベルで計測する。データ制約の関係で、ここでは1990年、2000年と2010年のデータを用いて推計を行う。この期間において、日本は1990年にバブルのピークを迎え、その後、長期不況と呼ばれる時期が2002年まで続いた。2007年に再び不況に陥っていたが、2010年に回復している。このような背景の下、資源の利用形態から、雇用制度、市場構造など様々な面において、著しい変化がみられる。急速に進展する少子高齢化、国内産業の空洞化などの課題が顕在化し、これまでの資本蓄積はどのように形成されているのかは持続可能な観点から極めて重要となる。包括的富の計測によって、これまでの経済状況・制度・政策的変化が富の蓄積に与える影響を明らかにすることが可能となり、今後の意思決定に資する材料となる。

本節では、まず、都道府県別の富の推計結果の全貌について紹介しながら、各都道府県の持続可能性を評価する。次に、地域間の富の格差を分析し、経済成長との関係性について議論する。

図表1-1には都道府県の新国富の推計結果を示している。図表の3列目の都道府県の順位は2010年の新国富水準に基づくものである。資本の蓄積が高い地域は、東京都、神奈川県、大阪府、愛知県などであり、都市圏が集中する地域でもある。図表の1列目には2000年の順位を示しているが、上位13位までの変化はなかった。これら13の都道府県で日本全体の富総量の3分の2を占めて

第Ⅰ部　日本の豊かさと課題

図表1-1　都道府県の

2000年の順位	順位 (総量)	都道府県	新国富 (兆円)	順位 (成長率1990-2000)	成長率 (1990-2000)	順位 (成長率2000-2010)
	1	東京都	1360	46	0.15	9
	2	神奈川県	778	29	0.23	14
	3	大阪府	773	25	0.17	42
	4	愛知県	700	21	0.25	1
	5	埼玉県	577	2	0.38	27
	6	千葉県	534	4	0.36	22
	7	兵庫県	460	20	0.25	20
	8	北海道	414	33	0.21	24
	9	福岡県	387	6	0.33	33
	10	静岡県	319	35	0.20	6
	11	茨城県	262	7	0.31	17
	12	広島県	225	24	0.24	15
	13	京都府	211	42	0.18	37
↑(15)	14	新潟県	178	28	0.23	23
↓(14)	15	宮城県	175	3	0.38	35
↑(20)	16	三重県	170	11	0.29	2
	17	栃木県	165	26	0.23	15
↑(19)	18	岐阜県	162	43	0.18	12
↓(16)	19	長野県	159	14	0.27	41
↓(18)	20	群馬県	153	23	0.25	38
	21	岡山県	149	12	0.28	16
	22	福島県	144	39	0.19	30
↑(24)	23	熊本県	130	47	0.11	3
↑(25)	24	滋賀県	123	1	0.42	10
↑(26)	25	鹿児島県	117	41	0.19	11
↑(27)	26	山口県	112	31	0.22	18
↓(23)	27	奈良県	108	22	0.25	44
	28	愛媛県	105	10	0.29	31
↑(30)	29	長崎県	94	37	0.20	36
↑(33)	30	沖縄県	93	18	0.26	4
↓(29)	31	青森県	89	9	0.29	43
↓(31)	32	岩手県	88	38	0.19	28
↑(35)	33	大分県	88	27	0.23	7
	34	富山県	87	34	0.21	19
↓(32)	35	石川県	86	8	0.30	32
↑(37)	36	和歌山県	80	44	0.17	34
↑(40)	37	宮崎県	78	36	0.20	5
	38	香川県	77	32	0.21	26
↓(36)	39	山形県	74	30	0.22	46
↓(38)	40	秋田県	71	25	0.24	45
	41	山梨県	66	13	0.27	40
↑(43)	42	徳島県	63	17	0.26	8
↓(42)	43	福井県	60	19	0.25	39
	44	佐賀県	59	40	0.19	21
	45	高知県	51	5	0.34	47
	46	島根県	51	16	0.26	13
	47	鳥取県	40	15	0.27	29

(出所)　筆者作成。

第 1 章 新国富の観点からみる都道府県の持続可能性

ランキング（2010水準）

成長率 (2000-2010)	順位 (1人当たり1990-2000)	1人当たり成長率 (1990-2000)	順位 (1人当たり2000-2010)	1人当たり成長率 (2000-2010)
-0.01	76	0.13	32	-0.08
-0.05	45	0.15	44	-0.11
-0.13	43	0.16	47	-0.14
0.06	36	0.19	8	0.01
-0.07	9	0.28	40	-0.10
-0.06	12	0.27	42	-0.11
-0.06	26	0.22	29	-0.07
-0.06	30	0.21	19	-0.04
-0.09	11	0.27	36	-0.10
0.00	39	0.17	9	0.00
-0.05	18	0.24	22	-0.04
-0.05	21	0.24	27	-0.05
-0.10	42	0.16	38	-0.10
-0.06	22	0.23	13	-0.02
-0.10	2	0.31	35	-0.09
0.02	19	0.24	4	0.03
-0.05	37	0.19	26	-0.05
-0.03	44	0.15	12	-0.02
-0.13	20	0.24	37	-0.10
-0.11	28	0.21	41	-0.10
-0.05	14	0.26	25	-0.05
-0.08	38	0.17	17	-0.04
0.02	47	0.11	1	0.04
-0.01	6	0.29	28	-0.06
-0.02	32	0.20	5	0.02
-0.05	17	0.25	10	0.00
-0.16	33	0.19	45	-0.13
-0.08	3	0.30	18	-0.04
-0.10	23	0.23	23	-0.04
0.01	41	0.17	24	-0.05
-0.15	4	0.30	33	-0.08
-0.07	34	0.19	11	-0.01
0.00	15	0.25	7	0.01
-0.06	29	0.21	16	-0.03
-0.08	7	0.29	30	-0.07
-0.09	40	0.17	14	-0.03
0.00	31	0.20	3	0.03
-0.07	27	0.21	21	-0.04
-0.16	24	0.23	43	-0.11
-0.16	8	0.28	31	-0.08
-0.13	25	0.22	39	-0.10
-0.01	10	0.27	2	0.04
-0.12	16	0.25	34	-0.09
-0.06	35	0.19	15	-0.03
-0.19	1	0.36	46	-0.13
-0.04	5	0.30	6	0.02
-0.08	13	0.27	20	-0.04

19

いる。その他の都道府県の順位も大幅な変動がない。つまり，2000年以降全国の富分配は大きく変化していないことを示している。また，図表では割愛したが，2010年の1人当たり富の上位の県は，東京都，愛知県，三重県，茨城県，大阪府，滋賀県，神奈川県，千葉県と静岡県であった。前述した総量の上位に占める道府県と比較すると，さらに関東，中部と東海地方に集中していることがわかった。これらの地域は，大都市圏またはその周辺の所在であるため，都市化が資本の蓄積に有利と思われる。しかしながら，これは本当だろうか。長期的にこのような蓄積は持続可能だろうか。

　新国富指標を用いて，地域の持続可能性を評価する際，2つの要件が用いられる：地域の富総量が減少しないこと，および1人当たりの富が減少しないことである。この基準をもって，都道府県の持続可能性を評価してみると，1990年から2000年において，全都道府県は富の総量と1人当たり水準ともプラスの成長を遂げた（図表1-1の6列目と10列目）。しかし，2000年から2010年においては，全47都道府県のうち，愛知県，静岡県，三重県，熊本県と宮崎県の5つの県のみ持続可能であった。愛知県と静岡県以外の3つの県は，高度な都市化水準とは思えない地域である。そこで，具体的な資本蓄積の特徴をみる必要がある。愛知県と熊本県においては，人的資本の増加によるところが大きい。一方，三重県と静岡県においては，人工資本の増加が主因である。

　本章で推計した新国富の構成の中，人的資本のシェアが最も高く[2]，その次は人工資本である。人的資本の推計を行う際，より詳細なデータを用いたため，人的資本のシェアは新国富報告書の推計よりも高い（詳細は第3節を参照）。例えば，埼玉県と奈良県において，人的資本のシェアは90％前後であった。また，対象期間において，ほとんどの県の人的資本のシェアが減少傾向にある。本章での推計によると，青森県，三重県，島根県，大分県などにおいて，人的資本のシェアは最も低くなっている。

　ここで，富の蓄積と経済成長の関連について検討してみる。経済成長率と富の成長率を用いて比較すると，1990年から2000年までは，ほとんどの県において富の成長率は県内総生産（以下，RGDP）の成長率を超えていたが，2000年から2010年までは，富の成長がRGDPの成長より高かったのは愛知県のみであった。ここでいえるのは，2000年以降は，ほとんどの地域において，RGDP

に貢献しない資本への投資が相対的に少ない。また，2000年から2010年のRGDP成長率はリーマンショックなどの影響で全ての地域がマイナスに転じた。その間，富の成長率もマイナスとなった。全国のトレンドをみると，新国富の成長率は21年間で約16％に対して，国内総生産（GDP）[3]の増加率は約20％であった。つまり，ストックに対して投資が不足していると考えられる。

　次には，都道府県の富の格差について注目してみたい。都道府県レベル新国富の標準偏差は1990年の222兆円から，2000年の約266兆円に拡大し，2010年には約257兆円まで少々収束した。その背景には，富の全国総量が1990年から2000年までは約23％増加したが，2000年から2010年にはマイナス5％と規模が減少した。最上位と最下位の差は，2000年の1,330兆円から2010年の1,320兆円とやや縮小したが，依然として顕著である。

　また，1人当たり新国富の標準偏差をみると，1990年の900万円から2000年の1,000万円を経て，2010年には800万円となった。最上位と最下位の差は1990年の4,600万円から2010年の4,000万円と13％縮小したが，依然として大きいのである。

　前述したように，富の蓄積は経済成長と類似したトレンドをみせていた。しかし，地域間富の成長率の格差とRGDPの成長率の格差を比較すると，異なる傾向がみられた。RGDP成長率の標準偏差が対象期間前半の0.015から後半の0.019まで拡大した一方，新国富の成長率の場合，0.06から0.05までやや収束した。RGDPのマイナス成長に伴い，地域間の経済成長率の差が拡大した。同じくストックの成長が減速したことで，地域間の格差が少々縮小となった。この背景には，人的資本の急速な収束に関連していると考えられる。このため，次節では，より詳細に人的資本の格差について分析する。

3 ｜ 人的資本増加のカギ ――生涯賃金の確保と人口の安定成長

　前述したように，人的資本は日本の富の構成項の中，最も高いシェアを占め，新国富全体に大きく寄与している。いかに人的資本を維持させることは，地域の持続可能性にとって極めて重要である。実際，多くのOECD諸国において，

人的資本のシェアが1990年から減少傾向にある。本章の推計でも全部の都道府県において，人的資本のシェアが対象期間中に減少している。このため，本節では，都道府県レベルの人的資本の推移を詳細に分析しながら，その変化要因の解明を試みる。

人的資本の計測

　人的資本概念の再提起は近代においてBecker（1962；1975）やSchultz（1961）の研究を皮切りに，人的資本が経済成長への寄与など人的資本がもたらす効果について多くの研究が行われた。単純労働と資本に依存する製造業から情報やイノベーションに依存するサービス業に転換した現代において，労働力の質が人工資本よりも高い波及効果が認識されるようになった（Woodhall, 2001）。人的資本の概念は，教育や職業訓練の効果や賃金格差の発生などまで広く使用されている（赤林，2012）。近代の人的資本の研究は労働力の質を表す教育や職経験などを用いて，推計を試みてきた。例えば，Mincer（1974）は，著名なミンサー型賃金関数理論を構築し，ミクロレベルの実証研究を行った結果，高い教育水準が高い生産性とリターンをもたらすことを示した。以降，教育年数は人的資本の指標としてしばしば使用されるようになった。成長理論や成長会計の分野においても，人的資本の代替指標として用いられ，経済成長に与える影響が推計されるようになった。

　近年，人的資本の計測は，アウトプットベース・アプローチ，コストベース・アプローチ（Toddy and Wolpin, 2007）と所得ベース・アプローチの3つに大別できる。アウトプットベースアプローチは，例えば，在学率（Barro, 1991；Barro and Lee, 1993）や，累積在学年数（Nehru, Swanson and Dubey, 1993），技術者のシェア（Romer, 1990）などが指標として使用されている。コストベース・アプローチは，教育投資費用に基づく計測法である。この場合，人的資本は直接費用である学費や間接費用である親の時間費用などの合計からなる。ただし，この計測法は，間接費用の推計法にもよるが，教育消費と投資の区別が難しいという問題がある。新国富報告書では，所得ベースのアプローチを用いており，労働者が追加的教育を受けることで，教育の収益として相応する生涯賃金現在価値の上昇分を人的資本とする。

新国富報告書の人的資本の推計は，2012年と2014年の手法が異なる。2012年版では，15歳以上の人口を対象に，平均の教育水準（average education attainment）に労働者の生涯賃金現在価値をかけることで得られている。一方で，2014年版では，平均の教育を受けた人口に，平均化した労働者の生涯賃金現在価値をかけて推計する。本章では，2014年版新国富報告書の手法を中心に，人的資本の推計結果を紹介する。具体的には国勢調査データと賃金構造調査データを用い，以下の人的資本の構成項を推計した：①都道府県別平均の教育年数；②生涯賃金の現在価値；③対象人口（推計の詳細は巻末の補論を参照）。なお，ここでは都道府県の行政単位の住居人口データを用いる。

 人的資本の推計結果

　まず，都道府県の人的資本を合計すると，1990年から2010年まで全国で約11％の成長率を達成した。この傾向は，8％の成長率だったとしている2014年版の新国富報告書と一致した。ただし，期間を通じて単調に増加したのではなく，2000年までは約22％の増加が実現したものの，その後マイナス成長に転じたという結果となっている。これは，新国富の推計結果に大きく影響を与えている。

　都道府県別でみると，21年間の人的資本総量は青森県，秋田県，山形県と大阪府で減少し，その他43道府県では増加した。特に2010年には，神奈川県が2000年に2位だった大阪府を上回った。既存研究（徳井・牧野・児玉・深尾，2013）においても，大阪府の人的資本は神奈川県ほど成長していないとされており，その原因は住居人口の他県への移出にある（楊，2016）。しかし，2000年から2010年の11年間に限定すると，人的資本総量は熊本県と愛知県以外の全ての都道府県で減少した。

　1人当たり人的資本の水準も総量と同じく2000年にピークを迎え，2010年には下向きになり（**図表1-2**），1位の東京都と3位の大阪府も減少した。47都道府県の中，高知県，大阪府，奈良県での減少は最も著しい。プラス成長を継続していたのは，熊本県と徳島県のみであった。ただし，徳島県の場合は，人口減少地域であるため，人的資本の純変化は小さい。

　人的資本の推計結果をまとめると，人的資本の総量および1人当たり水準と

第Ⅰ部　日本の豊かさと課題

図表1-2　人的資本の成長率（総量）

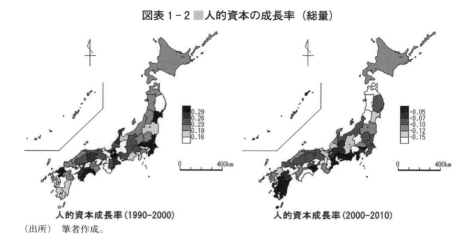

人的資本成長率(1990-2000)　　　　人的資本成長率(2000-2010)

（出所）　筆者作成。

図表1-3　1人当たり人的資本の推移と地域間格差

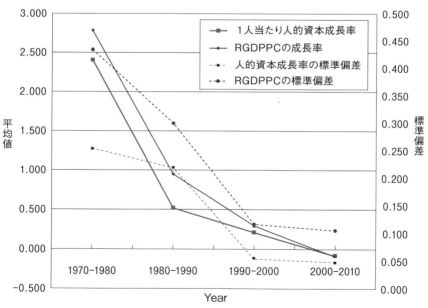

（出所）　筆者作成。

もに増加した唯一の都道府県は熊本県である。また，特に減少が大きい地域は東北の南部と南関東である。そこで，地域間富の格差の程度と経済成長の格差の違いを把握するため，70年代に遡って1人当たり人的資本と地域別1人当たりGDP（RGDPPC）における，変化率の平均と標準偏差を比較した（**図表1-3**）。すると，1人当たり人的資本の変化率は，RGDPPCと同様に1970年代から既に減少し始め，2000年代に入るとマイナス成長となっていることがわかる。また，長期にわたって，1人当たり人的資本の成長率はRGDPPCの成長率より低く，2000年代になると同じ水準となった。両者の標準偏差を比較すると，同じく1970年代から減少し，すなわち，1人当たり水準の人的資本とRGDPの地域間の格差はともに収束傾向にある。ただし，RGDPPCのほうが地域間の格差はより大きい。なぜこれらのような変化がみられたかについて，次項で詳しく考察する。

 要因分析

以下では，人的資本の構成項を分解し，人的資本の推移と地域差について分析する。

① 教育達成度

まず，都道府県の平均教育年数の変遷から確認したい（**図表1-4**）。研究対象期間において，すべての都道府県の教育水準が増加した。特に，東京都，神奈川県，千葉県，埼玉県，奈良県，広島県では高い水準を維持し，過去に比較的教育年数の低い県であった青森県，秋田県と高知県も，2010年までには増加した。地域間の教育水準差は，縮小はしたものの，最下位県と東京都との平均教育年数の差は2010年においても依然としておよそ1年もの開きがある。その背景としては，関東への大学の集中や高学歴者の都市部への移動などが考えられる。ただし，平均の教育年数の違いによる地域間人的資本の大きな差異は見られない。このため，教育による人的資本の地域差への影響は小さいと思われる。

第Ⅰ部　日本の豊かさと課題

図表 1−4 ■都道府県の平均教育年数の推移（1970, 1990, 2010, 各年の全国平均を表示）

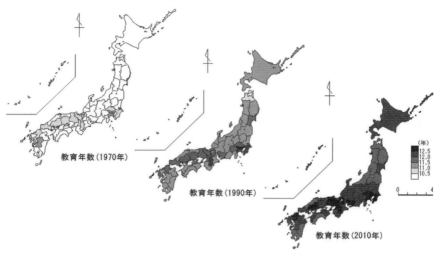

（出所）　筆者作成。

② シャドウ・プライス

　次に，人的資本のシャドウ・プライスとして使用した都道府県の平均化した生涯賃金の現在価値を比較する。全ての都道府県において，2000年までは生涯賃金現在価値の水準が大幅に増加したが，2000年以降は減少した。ここで，男

図表 1−5 ■都道府県の生涯賃金の現在価値の変化率（2000-2010）

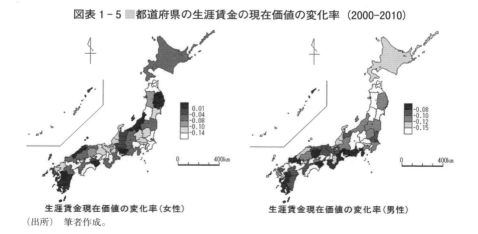

（出所）　筆者作成。

女別に生涯賃金現在価値の変化率（2000年～2010年）を注目すると（**図表1-5**），どちらもマイナスの値を示している県が圧倒的に多い。

2000年に男性の生涯賃金現在価値の平均水準は約1億700万円であったが，2010年には9,500万円となった。およそ1,200万円の減少である。その間特に大幅に減少した都道府県は大阪府，東京都，福岡県，宮城県である。また，減少幅の少ない県は熊本県と徳島県（ともに約150万円の減少）である。

そこで，それぞれの県の減少パターンを，大幅な減少とやや減少に分け，それをさらにパターンA，B，Cとした（**図表1-6**）。パターンAは人口に占めるシェアの大きい年齢層で大幅な賃金減少が生じた，都市化率の高い地域や広域圏の中心地域である。例えば，東京都では，2000年と2010年の労働者年齢構成を比較した結果，大きな変化は見られなかったが，賃金水準自体，特に25-39歳の賃金水準の減少が顕著であった。また大阪府では，年齢別人口シェアの高い35-49歳の賃金減が最も大きかった。これは，景気低迷や雇用政策の変化などによる非正規労働者の雇用割合の増加によるものと考えられる。総務省の調査によると，非正規雇用者の比率は男性の場合，9％から19％に増加した。また一般労働者とパート労働者の賃金水準差は勤続年数の増加によって拡大するため，平均化した賃金水準も減少した。

パターンBは，全般的に賃金水準が大幅に減少し，高齢化が進行している地域に多くみられる。例えば，秋田県，山形県，沖縄県である。特に，沖縄県では，全年齢グループの減少率はおよそ14％にも上る。その原因は，それぞれの県の産業構造や労働生産性にあると考えられる。例えば沖縄県の場合，観光産

図表1-6　男性の生涯賃金現在価値の減少パターン分析

パターン	生涯賃金の現在価値	都道府県	賃金水準	労働力の年齢構成
A	大幅に減少	東京，福岡，大阪，宮城	人口シェアの多い年齢層の賃金減が特に顕著	やや高齢化が進んでいる
B	大幅に減少	山形，秋田，沖縄	賃金水準が大幅に減少	50代の割合が増加
C	やや減少	熊本，徳島	年齢グループごとに増減がある	30-39歳のシェアが増加

（出所）　筆者作成。

業などのサービス業を中心とする第3次産業が産業の大部分を占めており，長期安定雇用には馴染みにくい点がある（依光，2005）。

パターンCの熊本県と徳島県では，賃金水準は年齢層ごとに増減パターンが異なり，労働者に占める30-39歳のシェアがやや増加したものの，全体的に大幅な減少はなかった。

女性の場合はやや異なる傾向がみられる。女性の生涯賃金現在価値は，愛知県をはじめ，徳島県，熊本県，岐阜県，鹿児島県など多数の県において2000年から回復した。この変化には，女性の賃金上昇や労働者年齢構成の変化が大きく寄与している。例えば，愛知県では年間賞与はやや減少し，若年層の雇用率も45％から34％まで減少したが，基本給は増加したため，結果として生涯賃金は増加した。鹿児島県においては，2000年と2010年を比べると基本給はやや減少したが，女性の人口構成が，2000年には30歳以下の割合が36％だったのに対し，2010年は45％まで上がった。また，熊本県に関しては，年齢構成は若年層の割合がやや拡大し，所得も変化が少なかったため，結果として女性の生涯年金が増加した。

しかし，深刻なのは東北各県（岩手を除く）である。東北地方では2010年に女性の生涯賃金水準の回復が見られない。東北各県において，賃金水準は少々増加したものの，労働人口の高齢化が進行し，50代の割合が最も高いため，生涯賃金が減少傾向になるという状況に陥っている。

以上をまとめると，賃金減少が男性の生涯賃金の現在価値に，また女性の30歳以降の労働参加率や高齢化が，女性の生涯賃金の現在価値に，それぞれマイナスの影響を与えている。特にマイナスの影響が大きかったのは，都市化率の高い都道府県や産業構造が偏っている地域である。産業ごとの労働生産性と賃金の変化について詳細な分析を行った児玉・乾・権（2012）によると，労働生産性の高い製造業においては，賃金水準の大幅な変化がなかったが，労働生産性の低いサービス業，特に小売業，飲食サービス業，運輸業においては，賃金が下落していた。その原因は，非正規労働者の増加と労働時間の抑制にあると指摘されており，実際，沖縄県を例としてみると，卸売小売業や観光業を主体とするサービス業の就業者数が最も多く，その中で非正規雇用の比率も高い（依光，2005）。その結果，外的ショックへの対応力や回復力が弱く，生涯賃金

の現在価値が変動しやすくなる。

　本項の分析から，都市化率の高い地域（例えば，東京都や大阪市）において，賃金（30歳以上の雇用者の賃金やボーナス）の減少や都市部で集中するサービス業の非正規労働者の増加による賃金下落が，平均化した生涯賃金の現在価値の減少に寄与していると考えられる。また，東北地方では男女ともに高齢化が進み，賃金水準も大幅に低減したのが主要な原因である。

　このような流れには例外も見られる。例えば熊本県では，生涯賃金の現在価値が比較的安定している。都市部の再開発や郊外の企業誘致などで若年層が労働参加しやすい環境が整えられており，34歳以下の労働者シェアが男女ともに増加したことはその1つの成果とも考えられる。

③　人　口

　続いて，人口の変化に着目すると，1990年以降，東京都，千葉県，神奈川県，埼玉県など関東地域では，人口は増加しているが，全体的に，平均教育年数を満たしている人口が減少傾向にある。特に，2000年から2010年において，圧倒的に人口が減少している県が多い。例えば，東北各県（宮城を除く）では－1.5％の人口減少となっている。人口減少の影響による人的資本の減少が大きいと思われる。例えば，前述した生涯賃金現在価値の高い県である徳島県は，著しい人口減少のため，人的資本の総量はマイナス増加となった。長期的に見れば，少子高齢化の深刻化が人的資本の蓄積にも大きな影響を与えるだろう。

④　まとめ

　最後に，全体的に人口減少，賃金水準の減少，高齢化による人口構造の変化のうち，最も人的資本の減少に寄与した要因を検討する。まず，労働人口構造（5歳段階）の値を用い，2010年の賃金水準で生涯賃金現在価値を推計した結果，女性の場合は44都道府県で人的資本が増加したが，男性の場合は全部の都道府県において減少したままであった。女性の労働参加率が低いため，女性の人的資本の増加分は男性の減少分を上回ることがなかった。つまり，労働人口構造の変化よりも賃金水準減少のほうがより大きな影響を与えていた。また，15歳から64歳を指す労働力人口は，約519万人の減少であった。これを用いて

推計した人的資本の減少額は，賃金水準維持の場合の人的資本の増加額よりも大きい。以上の分析から，各都道府県での人的資本の減少は，主に賃金水準の低下による生涯賃金の現在価値の減少，および労働力人口の減少によるものであることがわかった。また，それぞれの構成項の減少パターンとスピードが異なることも示唆された。

4 自然資本増加のカギ
―持続可能な資源管理制度の導入

新国富指標がこれまでの持続可能性指標と大きく異なる点は，自然資本の計上および資本間の代替可能性の容認である。経済発展の制約要因である自然資本のストックを金銭換算することで，その他の資本と統合して経済全体の持続可能性を評価することができる。自然資本の金銭換算は近年，Stiglitz et al. (2010) や世界銀行の報告書 (World Bank, 2006, 2011) などで広く議論されてきた。

Daly and Costanza (1992) やDaly and Farley (2011) によると，自然資本とは「人類に便益をもたらす財やサービスを生み出すストック」である。この定義から，自然資本は人類との関わりにおいて価値を持ったことが読み取れる。実際，人類に便益をもたらす自然資本は技術の進歩などによって変化するため，どういった自然資本を計上すべきかについては明確に定められていない。例えば，エネルギー利用の用途の広がりと採掘技術の進歩に従って，それまでの主要なエネルギー源であったバイオマス資源に代わり石油が重要な自然資本となった。現在，自然資本の計測対象は主に，再生不可能な鉱物資源・化石エネルギー資源，および再生可能な農地，森林や生態系サービスなどである。その計測手法はまだ発展途上にあり，シャドウ・プライスも市場価格などの代理変数による推定が多い。自然資本の物理的なストック量についても，例えば鉱物資源や漁業資源などの資源量に関する情報が限られているため，年間採取量を基に推計を行うことが多い。本節では，これまでの新国富報告書で扱われていた農地，森林だけでなく，漁業資源も加えて，都道府県レベルの自然資本を推計する。

第1章　新国富の観点からみる都道府県の持続可能性

 自然資本の推計結果

　対象期間において日本全国の自然資本はおよそ36％の減少がみられた。**図表1-7**は，都道府県の自然資本変化率を示している。左側の図は2000年までの，右側の図は2000年以降の変化率をそれぞれマッピングしたものである。2000年まで，多数の県において自然資本は増加したが，2000年以降は東京都以外全ての道府県において，減少に転じた。この結果は，人的資本のトレンドと類似している。

　自然資本の総量をみると，北海道は常に1位である。言うまでもなく，北海道は国内で最も豊かな自然資源を有する。しかし，北海道では自然資本の減少が著しく，21年間で約36％もの減少率であった。2010年におけるその他の上位県は，東京都，千葉県，茨城県，静岡県，青森県，福島県，愛知県，長野県，神奈川県，熊本県である。その背景には，これらの県においては単位当たりの農地価値が高く，2010年には農地資本のシェアが大きかった。

　一方，1人当たり自然資本の水準の上位10県は，高知県，青森県，和歌山県，山形県，北海道，秋田県，島根県，鳥取県，宮崎県，富山県であった。しかし，全ての都道府県において，対象期間中マイナス成長であった。次項では，自然資本の構成項をそれぞれ分析し，要因解析を行う。

図表1-7　自然資本の変化率

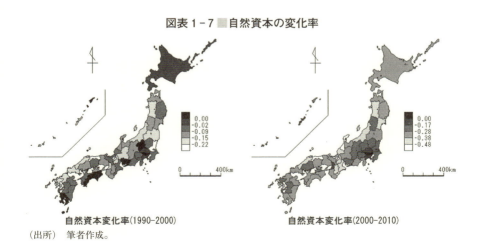

（出所）　筆者作成。

要因分析

① **農地資本**

　自然資源の中で，最も我々の生活に関わっているのは農地である。新国富報告書では，農地の価値を生産可能な農産物の価値で計測する。つまり，農地の利用価値を中心に算出している。本章はこの手法を参照し，各都道府県の農産物レント価格と耕地面積をベースに，農地の富を計測することとなる。ただし，レント価格の導出にあたって，現在の生産農業所得に基づくため，長期的に天候，技術，栽培品種，農業制度，貿易方式などによる変化は，考慮していない（詳細は補論を参照）。

　推計の結果，農地資本の総量は21年間約22％と大幅に減少した。28の都道府県の農地価値が減少した。その多くは，東北地域，北陸地域，四国や中国地域に分布している。**図表1-8**に示すように，1990年〜2000年において，九州の大分県や宮崎県をはじめ，多数の地域では農地資本のプラスの増加がみられたが，2000年代になると，ほとんどの地域では減少となった。特に，北海道，秋田県，岩手県，宮城県，石川県，福井県などにおいて，著しい減少がみられた。

　その原因は，1ヘクタール当たり富価値と耕地面積の減少にある。研究対象期間において，単位当たりの価値は2000年に一旦上がった後，2010年には下がった。農業生産性は天候と品種によって道府県で大幅に異なるため，単位当たり農地価値の地域差が非常に大きい。単位当たり農地価値の標準偏差は1990年の9万から2010年の13万となり，地域間の格差は拡大傾向にある。例えば，北海道は耕地面積が最も広く，2010年時点で全国耕地面積の約25％を占めているが，野菜と米を中心とする農業生産であるため，ヘクタール当たりの平均農地価値は1990年の約5.5万円であり，極めて低い。一方，果実を中心とする地域である和歌山県や山梨県などにおいて桁違いの約50万円となる。

　また，全国の耕地面積は，1990年の約502万ヘクタールから2010年の437万ヘクタールと約17.8％の減少となった。特に大幅に減少したのは石川県（50％），愛媛県（35％）と大阪府（30％）である。その背景には土地利用の変化と荒廃農地面積の増加に関連している。

　農地資本を維持・増加するためには，生産品種の調整，生産性の向上，そし

図表1-8 農地資本の変化率

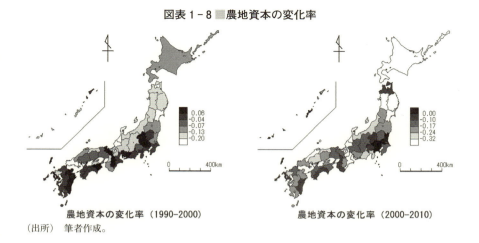

農地資本の変化率（1990-2000）　　　農地資本の変化率（2000-2010）

（出所）筆者作成。

て耕地面積の増加が有効と考えられる。農林水産省による，日本の食料自給率は1980年の54％から2010年の39％まで減少しており，特に小麦と大豆の自給力が低い。また，農業就業人口も2000年代ではおよそ17％の減少[4]がみられた。農村地域の少子高齢化の影響で食料の対外依存度はますます増加する傾向にあり，今後，気候変動などに起因する農業生産への影響により，食料の自給が一層不安定になることも予想される。

② **森林資本**

森林の価値は使用価値と非使用価値の2つに分けられる。その使用価値の部分は木材やキノコなどの製品，レクリエーションなどが挙げられる。また，非使用価値の部分は水の涵養機能，生態系の機能など多面的な機能などを指すが，市場価格が存在しないため，表明選好法などの既存研究に基づくメタ分析で得られる原単位を用い，推計が行われてきた。本章では，森林資本を木材資本と非木材資本に分ける。ここで，平均価格の算出は，樹種別の価格とシェアに基づく（補論の3を参照）。また，非木材資本の推計は，非木材製品のみならず，森林の多面的機能も対象である既存研究で得られた原単位を利用することで，非市場価値の部分も含む。

推計の結果，森林資本全体が1990年以降減少傾向にある。**図表1-9**に示し

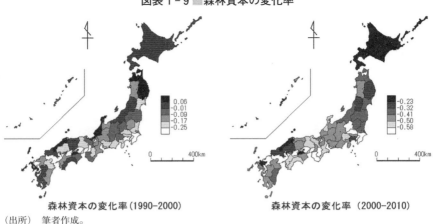

図表1-9 森林資本の変化率

森林資本の変化率(1990-2000)　　森林資本の変化率（2000-2010)

（出所）筆者作成。

たように，1990-2000年において，青森県，岩手県，石川県などにおいて森林資本は増加したが，2000年以降は全ての道府県において減少となった。特に，千葉県，埼玉県，群馬県などにおいて，森林資本の大幅な減少がみられた。木材資本と非木材資本の蓄積傾向が異なるため，それぞれの特徴と要因を分けてみる必要がある。木材資本総量は，1990年以来大幅に下落し，2010年の総量は1990年の47％となった。森林ストックは全ての地域において増加したものの，木材価格の低迷が主な要因である。ほとんどの道府県において木材価格はマイナス増加となり，特に2010年は1990年の半分以下となっていた。全国の木材平均価格は1990年の約13,000円／立方メートルであったが，2010年には3,100円／立方メートルまで下がった。その背景には，1980年代の木材輸入自由化に伴い，安い外国産材のシェアが増加した。その後，住宅建設工法の変化や集成材の利用などによって，国産材の需要がさらに減少した（稲熊，2010）。

　その中で，香川県と北海道のみはプラス成長を遂げている。特に香川県では，森林ストックと平均価格ともに増加した。木材平均価格の増加は，価値の高い檜の生産シェアが相対的に高いためであり，香川県の林材構成は自然資本の市場価値を高めることに適しているといえよう。一方で，北海道では，平均価格が下落しているものの，森林ストックが大きく増加したため，総合的には増加となった。

非木材資本については，森林面積をもとに推計を行ったため，面積に左右される。このため，森林面積の最も大きい北海道は1位であり，森林面積の最も小さい大阪府は最下位である。対象期間内の変化をみると，関東，近畿，福岡県など大規模都市計画が進む地域において，非木材資本の減少幅は大きい。その他の道府県では，1990年から2010年の間，兵庫県や広島県など19の道府県において土地利用変化による森林面積の減少が考えられる。一方，長野県，新潟県，富山県において増加傾向にある。これらの地域においては，民有人工林の微増がみられている。

　森林資本の維持・増加は，森林面積の維持とともに，適切な森林管理を行い，安定した木材価格の確保が重要である。そのためには，木材の利用拡大が不可欠であろう。木材の使用による教育・健康への有効効果がすでに多数の研究によって証明され，また，木質材料の持つ温熱環境の向上など環境優位性は建築物の省エネ措置として評価されることが考えられる。海外ではLEED (Leadership in Energy and Environmental Design) をはじめ，建築物の環境認証の基準の中，地域産木材，持続可能な森林から算出された木材，古材の使用が認証項目として評価されている。また，2007年より主要輸入国ロシアによる丸太輸出税の段階的引き上げによって，合板材に関して国産材利用の増加がみられた。2014年の木材自給率は30％まで回復し，林業従事者減少率のカーブはやや緩やかになった。今後，間伐材など木質バイオマスの利用拡大も木材価格の安定につながると思われる。

③　**漁業資本**

　漁業資本は海面漁業，海面養殖，内水面漁業と内水面養殖によって構成される。漁業資本の総量はこの21年間で約55％の減少となった。特に，2000年から2010年にかけて大幅な減少が見られた。その直接的な原因としてまず挙げられるのは，漁業資本において最も高い割合を占める海面漁業の魚価低下である。例えば，クロマグロの単価は1990年のトン当たり424万円でピークに達した後，2000年には169万円に下落し，2010年には144万円まで落ち込んだ。2009年円水準に変換した平均価格は，トン当たり1990年には45.5万円，2000年には44.2万円，2010年になると42.9万円と下がる一方であった。魚価の次に考えられるの

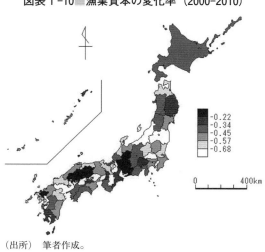

図表1-10　漁業資本の変化率（2000-2010）

（出所）　筆者作成。

は，資源量と漁獲量の減少である。漁業資源は世界的に減少しており，FAO（2016）の推測によると，31％の漁業資源が生物学的に持続不可能な水準で捕獲されており，58％の漁業資源が限界近くまで捕獲されている。これは日本も例外ではない。

このような背景の下，都道府県の漁業資本は全般的に減少し，47都道府県の中，増加したのは岡山県と佐賀県のみである。**図表1-10**は2000年から2010年の漁業資本変化率を示す漁業資本の減少が最も激しい道府県は，福島県，新潟県と埼玉県である。漁業資本は，前述した4つのタイプからなるが，栃木県，群馬県，埼玉県，山梨県，長野県，岐阜県，滋賀県，奈良県は内陸部に位置するため，海面漁業・養殖業が存在しない。そのため本節では，海面漁業・養殖と内水面漁業・養殖に分けて，都道府県の漁業資源比較を行う。

まず，海面漁業・養殖の場合，2010年の総量をみると上位5道県は北海道，長崎県，宮城県，静岡県，三重県であった。これらの地域では，漁業資源が豊富で，漁業・養殖面積も比較的大きい。しかし，資源の成長率は1990～2010年において，全ての都道府県においてマイナスであった。ただし，2000年以降，佐賀県などでは増加傾向をみせた。佐賀県では，対象期間に内水面養殖の規模が増し，面積当たり漁獲量も確実に増加し（1990年17,765千トン，2000年

53,547千トン，2010年75,352千トン），全国で上位を争う一大海面養殖地域となった。養殖の増加は主にノリ類の増加によるものである。近年の佐賀県のノリ生産量は全体の約85％を占め，平成16年以降は全国1位である（九州農政局『農林水産統計』2010）。

内水面漁業・養殖の場合は，鹿児島県，北海道，愛知県，茨城県，宮崎県はトップ5の常連である。この中で，鹿児島県，愛知県，宮崎県はウナギ養殖の全国上位3位である。北海道と茨城県では湖沼漁業のシェアが大きい。

しかし，愛知県を含めた多数の県ではウナギ養殖の規模が減少している。その背景には，ウナギ養殖の種苗となる天然しらすウナギの不漁が続いていることが挙げられる。佐野（2015）によると，天然しらすウナギの採捕量は1960年代の150トンから近年の10トンにまで激減した。その要因は魚粉や燃料価格の高騰による生産コストの増加にある。経営規模の小さな経営体がその変化に耐えられずに市場から撤退した結果，ウナギ養殖の生産基盤が弱体化したのである。鹿児島県においては，比較的安い地価や運輸価格などにより，加工業者の増加や経営体の規模拡大がみられ，養殖業の持続発展が実現した（日本銀行宮崎事務所，2011）もののウナギ資源減少の現状は変わらない。

資源量の減少は，洋流の変化など自然的要因以外に，人為的要因が大きい。近年，新興国の魚消費が増加している中で，日本における魚価低迷の原因は，乱獲による商品価値の低減であると指摘されている（片野，2012）。漁業資源管理政策が不十分であるため，漁船の競争により乱獲が発生し，その結果，市場価値の低い幼魚まで収穫され，全体的価値が低くなってしまう。産卵まで成長していない魚が市場に出回って，結果として自然界の資源量がさらに減少し，魚価の低迷と資源量の減少という悪循環となる。

これらの影響で，漁業資本への投入が減少し，日本の漁業従事者数は，2000年から2010年まで約30％の減少となり，農業や林業よりも減少率が高い。漁業従事者を対象にした調査によると，漁業放棄の理由として，低価格と資源量の減少が挙げられている（水産白書，平成27年版）。今後さらに減少する可能性がある。

前述したように，技術的に漁業資源評価の精度は極めて難しいため，漁業資本の推定に漁獲量を代用している。しかし，漁獲量の増加による漁業資本の増

加は持続可能な資源管理の観点から不適切である。また，ウナギのように資源量の減少による価格の高騰は資本増加につながるが，望ましくない結果である。特に，今後，グローバル範囲において，漁業資源の過剰利用が予測され，天然資源の価格高騰の可能性が非常に高い。漁業資源量が不確定の中で，いかに，持続可能な漁業資源管理制度を有効させ，水産価格を安定させるのが最も重要である。

漁業資源の管理制度について，まず，海面漁業に関しては，ニュージーランドなどの国では多くの魚種に漁獲枠を設定している。現在，水産庁の規定はサンマ，スケトウダラ，マアジ，マイワシ，マサバ，ゴマサバ，スルメイカ，ズワイガニなど7種しか対象にならず，設定した漁獲量の上限が実際の漁獲量を大きく上回っている。また，一部の経済的価値の高い魚種を対象にIQ方式やITQ方式の導入も考えられる。内水面漁業のシェアは比較的に少なく，規模漁業は一部の県でしか行われていない。資源量の把握が難しい中，現状維持のためには地域ブランド化などによる価格の維持・向上が重要と思われる。

以上，自然資本の推計結果をまとめると，非適切な資源利用・管理方式が，資源価格の低迷・低下につながり，資本の大幅な減少に寄与している。今後，少子高齢化の深刻化が農林漁業の労働力確保にも影響を与えてしまう可能性が高い。いかに資源価格を安定させることはきわめて緊急な課題であろう。

5 人工資本の推移

人工資本は，生産資本（produced capital），物的資本（physical capital）や再生産資本（reproducible capital），製造資本（manufactured capital）とも呼ばれ，生産過程において繰り返して投入される資本のことを指す。

本章では，より詳細なデータベースである経済産業研究所（RIETI）の「産業・企業生産性向上」プログラムにおける「東アジア産業生産性」プロジェクトと一橋大学経済研究所が共同で作成した「都道府県別産業生産性データベース」（Regional-Level Japan Industrial Productivity Database；R-JIP）の2012年版を利用する。

ここでは，このデータベースの実質資本ストックの「産業計」を用いて，都道府県の人工資本の変遷と都道府県間の格差について考察する。本データベースにおける実質資本ストックのデータは23産業であり，製造業部分は内閣府経済社会総合研究所「都道府県別民間資本ストック」，非製造業部分は各都道府県の経済的特性（都道府県別産業別の労働生産性，就業者伸び率等）をより重視した推計である（徳井ら，2013，巻末補論2に詳しい）。本章では，2009年日本円に統一し，数値を購買力平価指数で変換した。また，R-JIPデータベースの推定期間は1970年から2009年であるため，2010年の水準は成長率を用いて線形補完した。

まず，全国の水準をみると，1990年から2010年の間，人工資本の増加がみられた（**図表1-11**）。1991年までは年間5％～6％の増加を遂げたが，1991年以後は緩やかな増加となり，2000年以後の平均増加率は0.6％である。特に，製造業における人口資本の増加率が極めて低く，1990年から2010年の5年平均で計算すると，約10％の成長率であった。全産業における製造業のシェアは30％未満であるものの，OECD諸国と比べるとやや低い水準である。包括的富報告書の推計では，アメリカの人工資本成長率は2000～2010年において約41％であり，フランスの場合は27％であった（UNU-IHDP and UNEP 2014）。その差異の背景には，1980年代後半から海外投資が増加している一方，国内投資が低

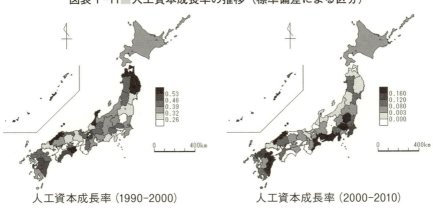

図表1-11 人工資本成長率の推移（標準偏差による区分）

人工資本成長率（1990-2000） 　　　人工資本成長率（2000-2010）

（出所）　筆者作成。

下している(通商白書 2012)。金ら(2010)では，民間投資の減少の構造的要因として，1950年代以降の生産年齢人口成長の減速による新規労働者のための資本装備投資の減少と資本労働比率上昇による資本収益率の低下，TFP上昇率の低下が期待する資本収益率の低下の2点を挙げていた。

次に，都道府県レベルの変化をみると，対象期間において，都道府県の人工資本総量は全て増加していた。2010年の上位10道府県は，東京都，愛知県，大阪府，神奈川県，千葉県，北海道，埼玉県，兵庫県，静岡県，福岡県である。1990年時点の順位と比べると，愛知県と関東各県の順位は高くなっている。例えば，3位だった愛知県が大阪府を超え2位となり，千葉県は北海道を上回った。とはいえ県レベルの人工資本は，1990年から2000年まで増加したものの，2000年以降は停滞・減少している地域も少なくない。例えば，青森県の成長率は0.85%からほぼ0%近くまで下落した。また，福井県，長野県，和歌山県，鳥取県，高知県は2000年以降マイナスに転じた。

1人当たり水準の場合，徳島県や島根県など人口規模が減少する地域において大幅な増加が見られた(**図表1-12**)。2000年以降は主に東海，九州などが高い成長率を維持している。東京都，神奈川県，長野県では，1人当たり人工資本の増加が極めて低く，特に神奈川県は－0.02%となった。

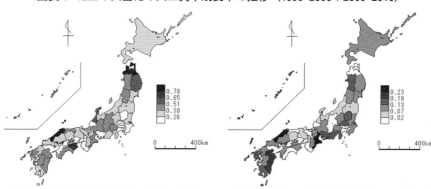

図表1-12 1人当たり人工資本成長率の推移(1990-2000；2000-2010)

1人当たり人工資本成長率(1990-2000)　　1人当たり人工資本成長率(2000-2010)

(出所) 筆者作成。

第1章 新国富の観点からみる都道府県の持続可能性

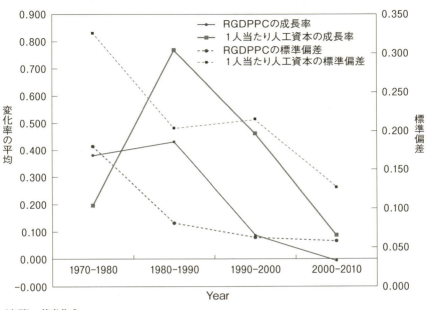

図表1-13 1人当たり人工資本の推移と地域間格差

（出所）筆者作成。

　総量と1人当たり水準がともに増加した地域は，三重県をはじめとする東海地方，島根県，大分県と宮崎県が所在する九州地方である。その背景には，例えば，大分県や三重県での石油・石炭製品関連産業の拡大や，電気機械産業や運輸・通信業への投資拡大があると思われる。

　図表1-13に，1人当たり人工資本の成長率と格差の推移を示す。ここでも過去に遡って分析を行った。実線は全国の1人当たり人工資本と1人当たり地域別GDPの平均変化率，点線はそれぞれの標準偏差である。1人当たり人工資本の変化率は1人当たり地域別GDPの変化率より高いものの，1990年以来，後者を上回るスピードで減少した。一方，標準偏差の推移をみると，都道府県間の格差は収束傾向にあるが，1人当たり地域別GDPよりは大きいことがわかる。

　より正確に都道府県人工資本格の差をみるため，各県の人口シェアで重み付けた格差を表す統計量（COV，ジニ係数，タイル指数）を推計した。その結

41

第Ⅰ部 日本の豊かさと課題

図表1-14 地域間格差指標の推定結果

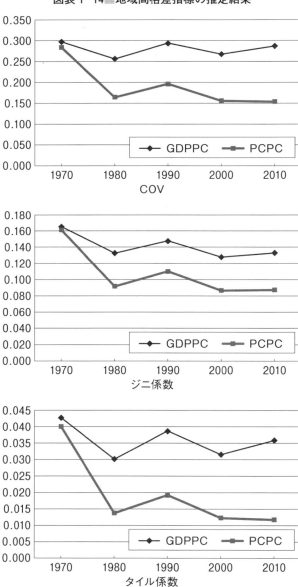

(出所) 筆者作成。

第1章　新国富の観点からみる都道府県の持続可能性

図表1-15　標準化した成長率の比較

都道府県	RGDPPC	1人当たり人的資本	1人当たり人工資本
北海道	0.969	0.969	1.026
青森県	1.242	0.786	1.698
岩手県	1.148	0.853	1.304
宮城県	1.033	0.966	1.434
秋田県	1.076	0.820	1.503
山形県	1.145	0.801	1.413
福島県	1.227	0.906	1.146
茨城県	1.108	1.138	1.145
栃木県	1.053	1.066	1.150
群馬県	1.053	0.996	0.954
埼玉県	0.839	1.093	0.905
千葉県	0.863	1.138	0.660
東京都	1.064	1.373	0.767
神奈川県	0.657	1.161	0.484
新潟県	1.080	0.961	1.248
富山県	0.986	1.003	0.813
石川県	0.961	0.946	1.149
福井県	1.191	0.931	0.940
山梨県	1.240	1.005	1.245
長野県	1.075	0.970	1.167
岐阜県	0.929	1.038	1.049
静岡県	0.984	1.090	1.074
愛知県	0.800	1.246	0.993
三重県	0.968	1.150	1.123
滋賀県	1.048	1.113	1.151
京都府	0.925	1.086	0.944
大阪府	0.708	1.173	0.688
兵庫県	0.783	1.096	0.639
奈良県	0.793	1.060	0.825
和歌山県	0.901	1.063	0.480
鳥取県	0.977	0.892	1.305
島根県	1.247	0.873	1.615
岡山県	0.820	1.009	0.784
広島県	0.831	1.039	0.918
山口県	0.951	0.996	0.878
徳島県	1.177	1.059	1.261
香川県	0.967	1.012	1.049
愛媛県	0.950	0.970	0.799
高知県	0.970	0.892	0.889
福岡県	0.939	1.020	0.853
佐賀県	1.172	0.871	1.572
長崎県	1.203	0.871	1.126
熊本県	1.174	0.949	1.370
大分県	1.124	0.921	1.220
宮崎県	1.160	0.886	1.034
鹿児島県	1.435	0.906	1.272
沖縄県	1.563	0.840	

（出所）　筆者作成。

果(**図表 1-14**)，1人当たり人工資本は全体的に1人当たり地域別GDPよりは収束しているものの，2000年以来は横ばいであることがわかった。これは，人工資本の投資が大都市所在県に集中していることによると思われる。また都道府県の産業構造とも関連している。地域政策を設計する際に，人的資本や自然資本とのバランスを考慮したうえで人工資本投資を行うべきである。

ここで，標準化した長期成長率[5]による1人当たり資本水準および1人当たり地域別GDPの比較を行った(**図表 1-15**)。その結果，東北地方では，1人当たりでみると，人的資本増加率が人工資本増加率より低く，さらには地域別GDP成長率よりも低いことがわかった。例えば秋田県では，人工資本の成長率は1.50%であるが，人的資本の成長率はわずか0.82%にとどまる。逆に，南関東地域では，1人当たり人工資本の増加が比較的に低い。例えば，東京都の場合，人的資本の成長率は1.37%に対し，人工資本の増加率はわずか0.77%である。このように，都道府県レベルでの新国富データベースの構築により，包括的に地域の資本蓄積の状況が把握でき，それぞれの地域にあった資本投資方策を検討することが可能となる。

6 おわりに

本章では，都道府県レベルのデータを用いて，時系列的に地域の富とその動向を推計・分析した。得られた主な結果は，下記のようにまとめられる。
(i) 1990~2010年において，富の総量は増加傾向にあったが，2000年以降に多くの資本が減少傾向にあり，長期的には伸び悩む可能性もある。
(ii) 富に占める割合が大きい人的資本の維持，特に賃金水準と労働力人口の維持が，地域の持続可能性にとって最も重要である。
(iii) 自然資本はいずれの資源も大幅な減少がみられ，今後さらに悪化する可能性が考えられる。
(iv) 都道府県間の富の格差は収束傾向にあるが，絶対的な差はまだ大きい。

こうした結果を踏まえた上で，都道府県レベルの制度設計に対して与える理論的／政策的な示唆を提示しながら，今後の課題について簡単に触れておきた

い。

　新国富指標の推計結果を用いる場合，従来のGDP成長率に基づくパフォーマンス評価とは異なる評価となる地域がある。例えば，GDPがマイナス成長（2000年から2010年）となる熊本県では，新国富の総量および１人当たり水準の両方において増加・維持されていた。新国富データベースの構築が，包括的にこれまでの政策による資本蓄積の構成や地域間格差の形成に対して評価することが可能となる。

　新国富を持続させるためには，賃金水準や労働参加の増加，自然資源の持続可能な利用による価格の安定・向上が重要となる。人的資本の推計から，非正規雇用の拡大や少子高齢化による平均の賃金水準の低下および労働人口の減少が人的資本の水準に最も大きな影響を与えていることが確認された。人的資本の維持・増加対策として，所得政策を通じた賃金水準の直接介入や非正規雇用制度の見直し，また，東北をはじめ，地方における女性や高齢者の労働参加率を高めることが考えられる。自然資本の推計から，資源の持続可能な管理制度の導入が必要となる。特に，漁業資源の利用に関して，現行管理形態の見直しが喫緊の課題である。都道府県レベルでみると，生産品種によって，単位当たりの価値が異なる。しかしながら，食料の対外依存度などの観点から，生産品種の調整よりもブランド化による付加価値の向上などが必要と思われる。

　研究面において今後の課題として，次の２点が考えられる。１点目は，新国富の構成項間，つまり，資本間の関連性の明確化である。地域において，ある資本に投資を行う際に，その他の資本への効果が相乗効果，または相殺効果であるかについて判断材料の提示が必要となる。例えば，少子高齢化が進む地域において，観光業などのサービス業への投資が，外部からの労働力を吸引しない限り，農地の開発などが行われ，現地の農業資本の維持に負の影響が懸念される。２点目は，新国富指標の精緻化である。本章では，人的資本に関して，新国富報告書より詳細なデータをベースに推定されたシャドウ・プライスを用い，都道府県レベルの新国富を計測した。一方で，現時点では，自然資本のシャドウ・プライスに近似する方法しか採用されていない。また，自然資源のストック量に関するデータも非常に限られている。特に，内水面生態のメカニズムはまだ十分解明されていないため，資源量の推測も困難である。なお，人

的資本に関しては，近年，教育の質などを定量化し，新たな人的資本の計測法が開発されてきている。今後，これらの分野の最新の知見を取り込みながら，新国富指標を精緻化していくことが重要であろう。

■注
1 包括的富報告書の2012年版と2014年版の推計法はやや異なり，本章では2014年版に従い推計を行う。
2 本章の推計結果は新国富報告書と同様に，人的資本のシェアが比較的に高いため，人的資本の蓄積パターンに大きく左右される。
3 ここで使用したデータは世界銀行が公表しているGDP, PPP（constant 2011 international $）である。
4 ここで用いたデータは『農家の人口および労働力累年統計』によるものである。
5 長期成長率の推計は過去データが存在する人的資本と人工資本を中心に行う。その推計方法は巻末の補論を参照されたい。

■参考文献
赤林英夫（2012）「人的資本理論」『日本労働研究雑誌』621：8-11.
Barro, R. J. (1991) Economic Growth in a Cross Section of Countries. *The Quarterly Journal of Economics, 106*(2)：407-443.
Barro, R. J., & Lee, J. W. (1993) International comparisons of educational attainment. *Journal of Monetary Economics, 32*(3)：363-394.
Becker, G. S. (1962) Investment in human capital: A theoretical analysis, *The Journal of Political Economy*, 70(5): 9-49.
Becker, G. S. (1975) *Human Capital*. 2nd. Ed. University of Chicago Press.
Daly, H. E., & Costanza, R. (1992) Natural capital and sustainable development. *Conservation Biology*, 6(1)：37-46.
Daly, H. E., & Farley, J. (2011) *Ecological economics: principles and applications*. 2nd edition. Island Press.
FAO (2016) *The State of World Fisheries and Aquaculture 2016. Contributing to food security and nutrition for all*. Rome: FAO.
片野歩（2012）『日本の水産業は復活できる！―水産資源争奪戦をどう闘うか』日本経済新聞出版社.
金榮愨，深尾京司，牧野達治 2010「失われた20年」の構造的原因RIETI Policy Discussion Paper Series 10-P-004. Available at
http://www.rieti.go.jp/jp/publications/pdp/10p004.pdf
徳井丞次・深尾京司・牧野達治・宮川努・荒井信幸・新井園枝・乾友彦・川崎一泰・児玉直美・野口尚洋（2013）「都道府県別産業生産性（R-JIP）データベースの構築と地域間生産性格差の分析」一橋大学経済研究所『経済研究』64(3).
日本銀行宮崎事務所（2011）「南九州地区（鹿児島・宮崎）の養鰻業」
稲熊利和（2010）「林業活性化の課題―路網整備と木の徹底的な利用の促進―」『立法と調査』300：120-130.

Mincer, J. (1974) Schooling and earnings. NBER Working Paper. National Bureau of Economic Research.
Mumford, K. (2012) Measuring inclusive wealth at the State level in the United States. In: UNU-IHDP and UNEP (2012), ch. 4.
佐野雅昭 (2015)『日本人が知らない漁業の大問題』新潮新書.
Nehru, V., Swanson, E., & Dubey, A. (1995) A new database on human capital stock in developing and industrial countries: Sources, methodology, and results. *Journal of Development Economics*, 46(2): 379-401.
Pearson, L. J., Biggs, R., Harris, M. & Walker, B. (2013) Measuring sustainable development: the promise and difficulties of implementing Inclusive Wealth in the Goulburn-Broken Catchment, Australia. *Sustainability: Science, Practice, & Policy*, 9 (1): 16-27.
Schultz, T. W. (1961) Investment in Human Capital, *American Economic Review*, 51(1): 1-17.
Stiglitz, J. E., Sen, A., & Fitoussi, J. P. (2010) *Mismeasuring our lives: Why GDP doesn't add up*. The New Press.
Todd, P. E., & Wolpin, K. I. (2007) The production of cognitive achievement in children: Home, school, and racial test score gaps. *Journal of Human Capital*, 1(1): 91-136.
UNU-IHDP and UNEP (2012) *Inclusive Wealth Report 2012: Measuring Progress Toward Sustainability*. Cambridge: Cambridge University Press.(植田和弘・山口臨太郎共訳(竹内和彦監修)『国連大学　包括的「富」報告書—自然資本・人工資本・人的資本の国際比較』明石書店，2014年)
UNU-IHDP and UNEP (2014) *Inclusive Wealth Report 2014: Measuring progress toward sustainability*. Cambridge: Cambridge University Press.
Woodhall, M. (2001) Human capital: educational aspects. In: Smelser, N. J., & Baltes, P.B. (2001) *International Encyclopedia of the Social & Behavioral Sciences*, 10: 6951-6955, Oxford: Elsevier.
World Bank (2006) *Where is the wealth of nations?* Washington: World Bank.
World Bank (2011) *The changing wealth of nations: measuring sustainable development in the new millennium*. Washington: World Bank.
Yamaguchi, R., Sato, M., & Ueta, K. (2016) Measuring regional wealth and assessing sustainable development: an application to a disaster-torn region in Japan. *Social Indicators Research*, 129(1): 365-389.
楊珏 (2016)「包括的富指標の日本国内での応用」富士通総研経済研究所研究レポート，431.
依光正哲 (2005)「日本の人口減少と沖縄県——沖縄県の人口変動・雇用動向が示唆するもの」一橋大学経済研究所世代間問題研究機構 Discussion paper No. 258. Available at https://hermes-ir.lib.hit-u.ac.jp/rs/bitstream/10086/14270/1/pie_dp258.pdf

第2章
東京都内ランキング
―都市評価指標としての新国富指標

1 はじめに

　2016年10月，「世界都市ランキングで東京がパリを抜き初の3位に入った」と，主要メディアはいっせいに報じた[1,2,3]。1位にロンドン，2位にニューヨークが位置するこのランキングは，森記念財団の調査機関である都市戦略研究所（所長：竹中平蔵氏）が，2008年以降，世界の主要都市の総合力を，GPCI（Global Power City Index）という指標を使って評価したものである[4]。この指標は，6つの分野（経済，研究・開発，文化・交流，居住，環境，交通・アクセス）にわたる計70の個別の項目をもとに算出される。対象は，2016年版では，世界の42都市となっている。東京の総合順位が3位に上がった理由として，訪日外国人の増加や，円安効果に伴う外的要因，羽田空港における国際線の就航数増加といった交通利便性の向上などが挙げられる。

　このような都市の評価とそれに基づく都市ランキングは，数多く存在し，上記のランキングはその1つに過ぎない。そして当然のことながら，その数だけ評価の手法は変わり，ランキングも変わる。例えば，イギリスのMONOCLE誌による世界の住みよい都市（Liveable Cities）ランキング[5]では，東京が第1位として挙げられている。また，より身近な例で言えば，日本の不動産・住宅サイトでは毎年「住みたい街ランキング」[6]なるものが公開され，例えば東京では，「恵比寿が1位だ」，「吉祥寺が1位だ」，「いやいや，穴場は武蔵小杉だ」と都市に住む者の好奇心を刺激する。つまり，都市の評価およびランキングは，誰がどのような視点を重視してつくったか，評価対象となる都市のデータが主観的データか客観的データによるものか，などによって常に変わる可能性があ

るということである。しかし，このようなランキングは興味深く，思わぬ視点を我々に与えてくれる。都市評価およびランキングで重要なことは，都市の総合順位で一喜一憂するのではなく，諸都市の各分野の強みと弱みを明確にする価値判断基準として活用することである。

そこで，本章では，まず都市を対象とした既存の評価指標をレビューし，本書の主テーマである新国富指標を，都市レベルの評価に応用することで，既存の指標ではわからなかったどのようなことが明らかになるか提示する。その後，既存の指標・データや新国富指標を用いて東京都内の23区および市町村を評価・ランキングにし，結果を比較することで，新国富指標による都市評価が示すことを考察する。それにより，東京をはじめとした我が国の諸都市のみならず，世界中の都市の評価や今後の発展のあり方に寄与することを本章の目的とする。

2 都市を評価する多様な指標と新国富指標

都市の評価やランキングは，多様な主体により多様な手法で行われている。例を挙げると，前述の都市戦略研究所のGPCI以外にも，世界的コンサルティングファームであるプライスウォーターハウスクーパース（PwC）の「City of opportunity」ランキング[7]やクレジットカード会社MasterCardの「Global Destination Cities Index」[8]など枚挙にいとまがない。

従来，社会や経済に関する評価やランキングというと，国際競争力ランキングのように国を対象としたものが中心であった（新国富指標も同様）。これに対し，近年，急速に都市レベルでの評価の指標づくりやそれを用いたランキングが，自治体などの公的機関のみならず，研究所や不動産会社，報道機関などの民間機関でも数多く行われるようになってきた。自治体などの公的機関がそれらの評価を行う理由は，主に，都市計画や地域計画，環境政策など政策の基礎情報およびその政策効果を測定することに活用することであった。また，ランキングの結果を自治体が広報活動に利用することも多くみられる。その一方で，前述の森記念財団の都市戦略研究所のような研究所や不動産会社，報道機関などの民間機関がそのような評価を行う背景には，独自の評価手法ノウハウ

や評価のためのデータといった希少な情報を所有することで，新たなビジネスやサービス，社会変化にいち早く対応しようというマネジメント上の戦略も見て取れる。

また，評価指標の手法についても，学術的研究を中心に近年多様化している。例えば，これまで主に用いられてきた客観的に計測可能な指標（客観的データ）に加え，住みよさや幸福度，満足度といった主観的な指標（主観的データ）も色々と提案され，アンケート調査などでそのデータを収集することで，政策評価などに活用されている。このように，都市を評価する評価指標は近年極めて多様化している。そこで，以下，より詳しく客観的データと主観的データによる都市評価という視点で見てみよう。

 客観的データによる都市評価

客観的データに基づく都市評価は，主に自治体の政策評価に活用する目的で，いくつかの主要な国で独自に発展してきた（Häkkinen, 2007；Sharifi and Murayama, 2013；Berardi, 2013）。代表的なものに，イギリスの「British Building Research Establishment Environmental Assessment Method (BREEAM) for communities」[9]や，アメリカの「Leadership in Energy and Environmental Design (LEED) for neighborhood development」[10]，そして日本の「Comprehensive Assessment System for Built Environment Efficiency for cities (CASBEE都市)」[11]が挙げられる。これらの評価指標では，主に都市の効率性や持続可能性の観点から，環境や社会，経済といった分野の異なる複数項目について，客観的データに基づいて得点化し，その値を積算して総合評価得点を算出する点に共通の特徴がある（Scerri and James, 2010；Berardi, 2013）。本章では，日本の都市評価に着目していることから，ここではCASBEE都市についてもう少し詳しく見てみよう。

CASBEE都市は，自治体の環境性能を環境，社会，経済のトリプルボトムラインで総合的に評価するシステムであり，内閣府が推進している「環境未来都市」や「環境モデル都市」に認定された意欲ある自治体，政府関係機関，関係省庁などの団体で構成する「環境未来都市」構想推進協議会（事務局：内閣官房 地域活性化統合事務局）の協力を得て開発された。評価の対象となる自

治体の外周に仮想的な境界を設けて，その内部の環境品質・活動度Q（Quality）を高めるほど，またその外部への環境負荷L（Load）を削減するほど，環境効率BEE（Built Environment Efficiency）の高い優れた自治体として評価しようとするものである（詳細は，Murakami et al., 2011を参照）。具体的に評価に用いる客観的データに関しては，主に，日本の省庁などが公開している統計データを利用している。CASBEE都市の評価手法では，外部への環境負荷Lに焦点を当てて都市評価を行ったという点に大きな特長を有している。

なお，同様に，国内の公開統計データを利用して都市評価を行っている例として，株式会社富士通研究所が開発したEvaCva（エヴァシーヴァ）[12]や内閣官房（まち・ひと・しごと創生本部事務局）および経済産業省により開発された「地域経済分析システム（Regional Economy and Society Analyzing System：RESAS」[13]なども挙げられる。

 主観的データによる都市評価

主観的データによる都市評価に関しては，主たるものは，住民の満足度調査によるものであり，近年それに関連する研究が数多くなされている（T. I. Miller and M. A. Miller, 1991；Van Ryzin, 2004；2006）。また，研究のみならず，日本の多くの自治体において，政策評価の一環として定期的に住民へのアンケート調査が実施されている。その手法としては，各項目について，5件法などで満足度を尋ね，その結果を集計するものが多い。その際，各項目への満足度だけでなく，重要度もあわせてたずねることで，項目間の重みづけや分析を行うこともある（分析の例として，Van Ryzin and Immerwahr, 2007がある）。また，重要度もあわせて聞く背景としては，住民の満足度は，時として，各項目に対する住民の期待値に大きく影響される可能性があるためである（James, 2007）。つまり，ある項目に対する期待や要望が少ないために，結果的に満足度が高くなる（または，その逆）ということが起こる可能性があるのである。

上記のことは，同時に，都市の評価において客観的データだけでは十分でないということも物語っている。なぜなら，ある項目に関する客観的データが高いことが，必ずしも同項目の住民の満足度が高いことを意味しないからである。

したがって，住民の都市への主観的な評価が，都市評価に必要不可欠であるという視点に立てば，客観的データに加えて主観的データを併せて都市評価を行うことが重要ということになる。しかしながら，主観的データと客観的データをどう組み合わせるかについては，まだ多くの課題があり，その研究は必ずしも多くない。

 ## 客観的データと主観的データの関係

　主観的データと客観的データを同時に取り扱う研究の多くは，それらのデータ間の関係性を分析した研究である。例えば，前述のCASBEE都市に関して，川久保ら（2013）は，CASBEE都市で客観的データを基に評価している各項目に対して，アンケート調査でその住民満足度および重要度をたずねることで，CASBEE都市の有効性を検証している。これは，客観的データと主観的データを同じ枠組みで評価したものであり，その結果，両者に高い相関関係があることが見出された。例えば，環境の質に関する客観的データに基づく評価が高い都市（つまり，良い自然環境を持ち，環境汚染などがない都市）は，住民の環境に対する満足度が高いといったことが示された。

　しかしながら，その一方で，客観的データと主観的データの間には必ずしも有意な相関関係が見出せない項目や，負の相関関係がある項目も存在する（Hagerty, 1999；Hagerty, 2000；Veenhoven, 1995；Diener and Lucas, 2000；Liao, 2009）。例えば，識字率や就学年数など教育のレベルが高い都市に住む住民は，必ずしもその都市の教育システムへの満足度が高くないといったことが挙げられる（Liao, 2009）。

　上記のように，多岐にわたる項目ごとに状況は異なることから，客観的データと主観的データをどのように統合するかについては統一的な見解は確立されていないといえる。とはいえ，例えば，Shin et al.（2016）は，共通する分野の客観的データと主観的データを，個別のデータとして統合するaggregated city evaluation（AGCE）スコアを提示している。これは，例えば，環境分野に関するデータとして廃棄物の量や大気汚染，生物多様性など複数の項目があるのと同様に，景観への満足度といった主観的データも複数の項目の1つとみなすという視点に立っている。

都市評価指標としての新国富指標

　新国富指標を用いて都市評価を行った場合，他の指標と異なる点，つまり，他の指標では見えないどのような点が明らかになるだろうか。まず，新国富指標の特徴について整理しよう。本書の序章や付録で端的に述べられているとおり，新国富指標は客観的なデータに基づいた経済指標である。経済指標というと，GDPや物価，地価，所得，株価などがまず挙げられるが，それらと同等の指標と位置づけられる。これまでに見てきた指標は，都市の評価をするうえで確かに欠かすことのできない様々な要素を含んではいるものの，経済指標とは言えず，特に主観的データにおいてそれがより顕著である。その大きな理由として，金銭換算されているかどうかという点が挙げられる。これまでの都市評価指標は，金銭換算されていないという点において経済指標ということができないのである。

　それでは，従来の経済指標で都市評価はできないのであろうか。例えば，GDPや物価，地価，都市にある企業の平均株価などの経済指標を組み合わせて都市評価をすることができるかもしれない。しかし，この都市評価は，言うまでもなく，都市の多くの要素が不足している。都市のほんの一要素である経済について示しているにすぎないのである。ここで，都市を評価する大きな課題にぶつかることに気が付く。つまり，経済指標では，都市の幅広い要素を評価できない。しかし，幅広い要素を評価しようとすると金銭換算できなくなるのである。わざわざ金銭換算する必要はないのではないかという意見もあるかもしれない。しかし，都市評価が，自治体などの都市の政策評価に活用されてきたという経緯があり，多くの政策は住民が納める税金をもとに実施されている以上，政策評価に関連する都市の幅広い要素を金銭換算して評価しようという試みは必要不可欠なのである（例えば，政策の費用対効果を計算する際などに用いる）。

　新国富指標が，持続可能性を評価するために作られた指標であり，「現在を生きる我々，そして将来の世代が得るだろう福祉を生み出す，社会が保有する富の金銭的価値」を指すことは本書の序章に記載されている通りである。これを都市評価の文脈に即してよりわかりやすく言えば，次のように要約できる。

都市にある様々な要素（インフラ，自然，建物などなど）を都市が有するストックと見立てて，その都市のストックが，現在および将来の住民に豊かさ（その豊かさは，主観的にも客観的にも計測できる）を提供する。したがって，その都市が有するストックの金銭価値を測ることができれば，都市の評価や持続可能性を検討できる。つまり，都市評価指標として新国富指標を活用する背景には「都市の評価の本質はストックの評価にある」という考えが存在するのである。

3 多様なデータでみる東京

様々な指標を用いて，ある都市を表現することは，その都市を理解する上で，基本となる大変重要な作業である。また，多様な指標と新国富指標で都市を評価することの違いを示すうえでも重要と考えられるが，本章で多岐にわたる指

図表 2-1 ■東京都内区市町村マップ

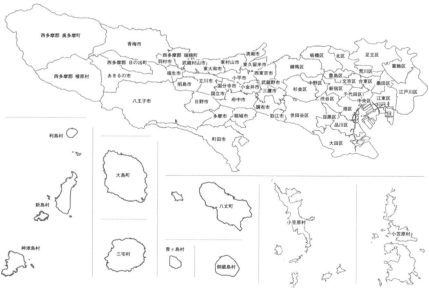

（出所）筆者作成。

標すべてをとりあげることはできないため，ここでは，客観的データの代表的なもの一部と，九州大学馬奈木研究室で独自に調査した主観的データの一部の結果を紹介しつつ東京都の特徴を整理する。その際，東京を1つの大都市としてみるのではなく，23区および市町村といったより詳細なレベルで概観する（図表2-1）。

　東京は人が多くて物価も家賃も高い。日本の首都である東京に対して，そのような漠然としたイメージを持っている人は多いのではないだろうか。そんな東京が日本の首都であり，約1.3億人の日本の人口の1割におよぶ約1,400万人も住んでいることは不思議ではないだろうか。

　東京と一言で言ってもそれぞれのまちは多様で，高層ビルの立ち並ぶまちもあれば，緑豊かなまちもある。住みやすいまちもあれば，働きやすいまちもある。といったように，東京が有する多様性が，東京に人口が集まる大きな魅力の1つになっている。その多様性について，ここで全部言及することはできないが，ここからは複数の指標を用いてその一部を概観しよう。

　図表2-2は，東京都内区市町村別人口密度と森林・緑地（green space）の場所を示している。西多摩郡や青梅市，あきる野市，八王子市の西部は，森林・緑地が多く，人口が少ないのに比べ，東部の23区内は人口密度が高いことがわかる。中部は，中央線沿いなど鉄道路線に沿って一部人口密度が高い地域がある。2010年の国勢調査によると，東京23区の平均人口密度は約14,300人／k㎡であり，平均人口密度を上回る密度が高い区として，品川区，中野区，豊島区，文京区，荒川区があり，都心3区（千代田区，中央区，港区）を囲い込む区域で人口密度が相対的に高い。

　一方，千代田区，大田区，および江東区の沿岸部，渋谷駅や新宿駅の周辺部は，都市開発が進む一方，人口密度としては，23区平均を下回っている。その理由として，ここでの人口は，居住人口（夜間人口）を用いており，昼間人口ではない点が1つ挙げられる。つまり，ビジネス集積地は，事業所数が多く，大企業の本社も数多く集まっているため，昼間人口は多いが，実際に住んでいる人の数は（夜間人口）が昼間人口と比べると極端に少なく，結果的に人口密度が非常に低くなっている。

　加えて，土地利用による要因もある。例えば，千代田区は，官庁街とオフィ

図表2-2 ■東京都内区市町村別人口密度と土地利用（森林・緑地）

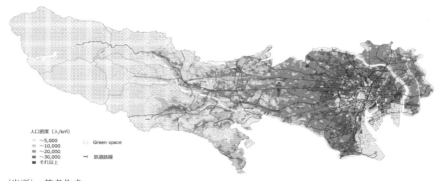

（出所）筆者作成。

ス街が広がっているために住宅地区が限られているのみならず，およそ15％の面積を皇居の緑地が占めると同時に，国会議事堂や首相官邸などの広大な敷地を有する施設が集中している。また，江東区の沿岸部には，区域の約3割に当たる無住の地が存在する。港区には白金，麻布，赤坂，青山，高輪などの有名な高級住宅地が点在しているが，これらの住宅地は昔の武家屋敷街であったため，1戸あたりの平均住宅面積が非常に広い。

ところで，東京の高級住宅地には，大正末から昭和の初めにかけて私鉄の整備に伴って開発されたもの（代表的なものに，田園調布（大田区），等々力，上北沢（以上，世田谷区），浜田山（杉並区）など）と，前述したような江戸時代の武家屋敷や大名屋敷をルーツとするものがある。後者の他の代表的なものとしては，城南五山（島津山，池田山，御殿山，花房山（以上，品川区），八ツ山（港区））や目黒区の西郷山，文京区の白山などが挙げられる。文京区と言えば，日本を代表する大学である東京大学の本郷キャンパスがある。都心にあるにもかかわらず，その面積の大きさに驚いたことはないだろうか。実は東京大学の本郷キャンパスも大名屋敷（加賀前田家）の跡地に建てられたものである。

この本郷キャンパスが位置する文京区は，いわゆる文の京であり，東京大学以外にも大学が多い。文京区内に本部を置く大学は，東京医科歯科大学やお茶の水女子大学など10数校にのぼり，その周辺に住んでいる大学生も多い。**図表**

図表 2-3 ■東京都内の学校の所在地と教育に対する主観的満足度

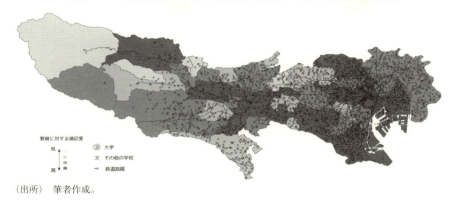

(出所) 筆者作成。

　2-3 は，東京都内の大学を含めた学校の場所と，九州大学馬奈木研究室で独自に調査した主観的データのうち，教育に対する主観的満足度の結果を示したものである。教育のレベルが高い都市に住む住民の教育に対する満足度は必ずしも高くない (Liao, 2009) といった要素を考慮したり，学校の所在地と教育に対する満足度との関係を統計的に検定したりといった分析はここでは行わないが，図表 2-3 を見ると，大学の立地と鉄道，地域にある大学の数と教育に対する住民の主観的満足度との間には何らかの関係性があるように思われる。

　上記に見てきたような，再開発地区や高級住宅街，鉄道沿線，教育といった要素は，土地の価格とも少なからず関係がある。なぜなら，住みやすい，住みたいなど人々に人気があるまちは，その土地の価値が上がるためである。**図表 2-4** は，東京都内の地価と鉄道路線と発生トリップの数および交通手段の内訳を示したものである。住宅地の平均地価が高い地域は，都心 3 区（中央区，千代田区，港区），渋谷区，新宿区の都心部に集中している。また，前述したように，これらの地域は，昼夜人口と夜間人口の差が大きいことからもわかるとおり，多くの人が行き来する地域である。図表 2-4 の発生交通トリップの数を見ても，他の地域と比べて圧倒的に多くなっていることがわかる。また，そのトリップの交通手段として多いのは鉄道であり，7 割近いトリップが鉄道利用である場所もある。このような鉄道沿線や駅周辺は，同一地域の中でも，鉄道トリップの割合や地価が高くなる傾向がある。一方，概して，鉄道沿線や

図表2-4 ■東京都内の地価と鉄道路線と発生トリップの数および交通手段の内訳

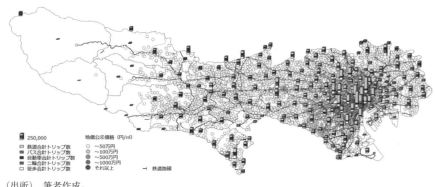

(出所) 筆者作成。

駅から離れると，自動車利用の割合や地価が低くなることが図から見てとれる。東京都（離島は除く）は，鉄道インフラが高度に発達した地価の高い都心は鉄道移動が主たる交通手段であり，緑が多く地価が比較的低い郊外は車移動が多い，という大まかな分類ができるだろう。

4 新国富指標による東京都内ランキング

　次に，東京都内を，新国富指標を用いて評価してみよう。新国富指標は，本書ですでに説明されているとおり，人工資本，人的資本（健康資本と教育資本），自然資本から構成される。それらは，各資本の資本ストックとその価値（シャドウ・プライス）を掛け合わせることで算出される（詳細は，本書の第1章や巻末の補論を参照）。それぞれの資本はすべて，新国富指標にとって重要な要素である。しかしながら，各資本についての各論は，紙幅の都合もあり，また，鉄道インフラといった人工資本，教育，自然についての特徴についてはすでに諸々のデータを用いて前節で述べたので省略する（各資本の上位10位ランキングは図表2-5を参照）。ここでは，3つの資本をまとめた新国富指標の計算結果について東京都内の区市町村で考察する。その際，新国富指標が持続可能性を評価するために作られた指標であり，新国富指標の総量のみならず，1人当たりの値およびその値の成長率が非常に重要な値であるとことを考慮し

図表 2-5 ■新国富指標（各資本および総量別）東京都内ランキング（2010年度）

順位	新国富指標（人工資本＋人的資本＋自然資本）資本別				総量
	人工	人的（教育）	人的（健康）	自然	
1	港区	世田谷区	世田谷区	奥多摩町	港区
2	千代田区	大田区	練馬区	八王子市	千代田区
3	中央区	練馬区	大田区	青梅市	中央区
4	新宿区	江戸川区	江戸川区	檜原村	新宿区
5	渋谷区	足立区	足立区	八丈町	大田区
6	品川区	八王子市	八王子市	あきる野市	渋谷区
7	大田区	杉並区	板橋区	大島町	世田谷区
8	江東区	江東区	杉並区	神津島村	江東区
9	豊島区	板橋区	江東区	中央区	品川区
10	港区	世田谷区	世田谷区	奥多摩町	港区

（出所）筆者作成。

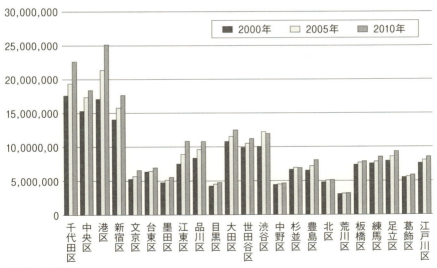

図表 2-6 ■東京都23区の新国富指標の推移（百万円）

（出所）筆者作成。

て，それらについても言及する。

　東京都市部，特別区の新国富指標の全体的な傾向としては，2000年から2010年にかけて一貫して増加傾向にある（**図表 2-6 および図表 2-7**）。ただし，

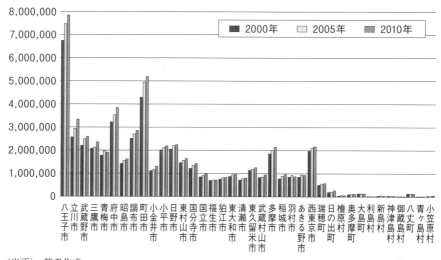

図表2-7 東京都市町村部の新国富指標の推移（百万円）

（出所）筆者作成。

　青梅市とあきる野市，23区では渋谷区と杉並区が2005年から2010年にかけて減少している。また，総量については，港区，千代田区，中央区といった経済活動が盛んで人工資本が多い（図表2-5）都心3区が，高い値を示していることがわかる。

　次に，1人当たりの新国富指標（2010年）（**図表2-8**）と1人当たりの新国富指標の成長率（**図表2-9**）をみてみよう。23区の1人当たり新国富指標を見ると，ここでも千代田区，中央区，港区の都心3区が，他地域と比べても突出した高さであることがわかる。これらの地域は，繰り返しになるが，人工資本が集約されており，前述のとおり，夜間人口が少ないため，1人当たりの新国富指標の値が非常に高く算出されるのである。また，市町村部においては，八王子市や立川市のように23区外にありながらも比較的早期に再開発の進んだ地域や，利島村をはじめとした離島部で比較的高い値を示している。その理由の1つとして，これらの地域の新国富指標の総量は23区と比べ小さいものの，人口が少ないため1人当たりの値が結果的に大きくなることが挙げられる。また，それらの地域は，面積が比較的広く，その分自然資本も多い傾向がある

図表2-8　東京都の1人当たり新国富指標（百万円／人）

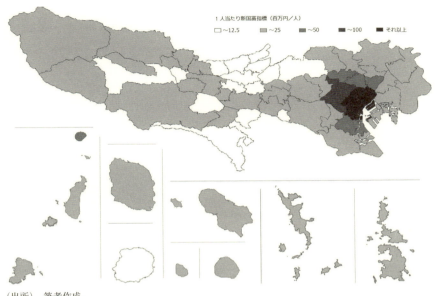

(出所)　筆者作成。

（図表2-5参照）。

　東京都の1人当たり新国富指標の成長率（2005～2010年平均値）（図表2-9）を見ると，全体的に1人当たりの新国富指標は増加傾向にあるものの，一部の地域では2005年から2010年にかけて1人当たりの新国富指標が減少していることが見て取れる。離島においても，高い成長率を示すものと，マイナスの成長率を示すものとがはっきりと分かれているのである。1つの大きな要因としては，地域の人口の増減の影響が考えられるだろう。東京は，人口の自然増減（出生と死亡による人口増減）もさることながら，社会増減（移民や移住に伴う転出・転入による人口増減）の幅が大きく，それらの影響を大なり小なり受けている可能性が高い。

　さらに，1人当たりの新国富指標（2010年）（図表2-8）と1人当たりの新国富指標の成長率（図表2-9）をあわせてみると今後の地域のあり方の参考になる。例えば，練馬区のように1人当たりの値が他と比較して低い地域であっても，1人当たりの成長率が高ければ，将来の発展や持続可能性の観点か

図表2-9 東京都の1人当たり新国富指標成長率（2005〜2010年平均値）（%）

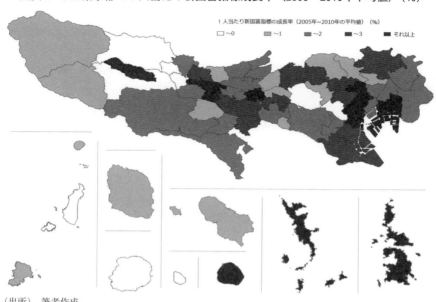

（出所）筆者作成。

ら見れば、必ずしも悲観することはない。もちろん、港区のように1人当たりの値もその成長率の値も高ければ、その地域の将来性や持続可能性は大変期待できるものであろう。その一方で、あきる野市や福生市、三宅村のように、1人当たりの値が他と比較して低く、かつ、1人当たりの成長率がマイナスの地域では、今後、何らかの対策が必要不可欠となるだろう。もっとも、本章で提示した計算結果のデータは2010年度版の古いデータであり、上記で示された地域もすでに、本章執筆時点（2016年10月）で、地域の持続可能な発展のための「人口ビジョン」や「総合戦略」を策定し、それに基づいて様々な政策が実施されており、その点は留意する必要がある。

5 おわりに

　東京都は、2020年東京オリンピック・パラリンピック競技大会の招致に成功した。今からおよそ50年前、1964年に開催された前回の東京オリンピックでは、

東京に様々なストックが残された。新幹線，首都高，羽田と都心を結ぶモノレールなどが相次いで建設され，競技に参加する選手村の跡地には，代々木公園ができた。また，渋谷のように駅前が整備されたり，通りが拡幅されたりするなど，東京のまちなみも一変した。2020年の東京オリンピックに向けて予算や会場に関する課題は山積しているが，いずれにせよ，オリンピックの開催都市としての中心は東京であり，様々な競技会場地となり，多くの選手や観光客が来ることは間違いない。換言すれば，会場の建設やそれに伴うインフラ整備といったストックへの投資と，国内外からの人とお金の流入といったフローが，前回の東京オリンピックの時と同様に2020年に向けて一気に東京に集中するのである。

　フローは新陳代謝であり，新陳代謝の受け皿がストックと言える。都市の評価において重要なのは，このストックとフローという視点とそれらの区別である。都市で実施される政策は，通常は年度単位の予算に基づくものであり，いわゆるフローと思われがちである。しかし，ある地域のフローとしての単年度の活動においてもストックへの投資が含まれており，それらは，明確に区別して評価する必要がある。都市の評価の本質はストックの評価にある。したがって，都市評価においては，様々な細かい指標やデータが重要なことは言うにおよばず，それらを補完することを目的として，ストックに着目する新国富指標が果たす役割は大きい。本章では，以上のことを，東京を１つの事例としてとりあげ，東京に限って議論を進めたが，最後に，他都市への応用や都市間の連

図表２-10　東京都と周辺地域の人口集中地区（1960年と2010年）

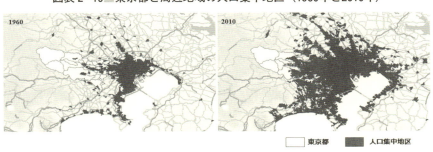

（出所）　筆者作成。

携について簡単に言及して本章を終えたい。

図表2-10は，1960年と2010年の東京都と周辺地域の人口集中地区の様子である。1960年は前回の東京オリンピックのちょうど4年前であるが，人口集中地区は東京23区の都心が主であることがわかる。一方，それから50年後の2010年の様子を見ると，人口集中地区は，東京の八王子市，あきる野市，青梅市まで達し，さらに埼玉県のさいたま市や所沢市などの北側，神奈川県の川崎市や横浜市などの南側，さらには，千葉県千葉市のある東側まで面的に拡大している。つまり，人口集中都市圏という括りで考えた場合，東京都や神奈川県，埼玉県という都道府県単位，もっと言えば自治体単位といった細かな区分よりももっと広域的な地域の持続可能性評価が必要不可欠になるのである。もちろん，自治体や都道府県は，予算編成や実際の事業・政策を行う主体の単位として必要不可欠なものであるが，同時により広域的な視点が重要ということである。その意味において，都市評価は，そのランキング結果で一喜一憂するものではなく，都市間を比較することで，諸都市の各分野の強みと弱みを明確にする価値判断基準とし，1つひとつの都市というよりはむしろ，より総合的で広域的な地域全体の発展戦略を立案するために活用することが重要であろう。

■注
1　産経ニュース（2016.10.18）（2016.10.28アクセス）：http://www.sankei.com/life/news/161018/lif1610180026-n1.html
2　YOMIURI ONLINE（2016.10.18）（2016.10.28アクセス）：http://www.yomiuri.co.jp/economy/20161018-OYT1T50123.html
3　朝日新聞デジタル（2016.10.18）（2016.10.28アクセス）：http://www.asahi.com/articles/ASJBL538GJBLULFA01N.html
4　森記念財団都市戦略研究所「世界の都市総合力ランキング2016」（2016.10.28アクセス）：http://www.mori-m-foundation.or.jp/ius/gpci/
5　MONOCLE（2016.10.28アクセス）：https://monocle.com/film/affairs/most-liveable-city-2016-tokyo/
6　SUUMO「みんなが選んだ住みたい街ランキング2016」（2016.10.28アクセス）：https://suumo.jp/edit/sumi_machi/
7　PwC "City of Opportunity"（2016.10.28アクセス）：http://www.pwc.com/us/en/cities-of-opportunity.html
8　MasterCard "Global Destination Cities Index"（2016.10.28アクセス）：https://newsroom.mastercard.com/wp-content/uploads/2016/09/FINAL-Global-Destination-Cities-Index-Report.pdf

9　BREEAM（2016.10.28アクセス）：http://www.breeam.com/
10　LEED（2016.10.28アクセス）：http://www.usgbc.org/leed
11　CASBEE都市（2016.10.28アクセス）：http://www.ibec.or.jp/CASBEE/cas_city/casbee_city2013.htm
12　EvaCva（2016.10.28アクセス）：http://evacva.net/
13　RESAS（2016.10.28アクセス）：https://resas.go.jp/

■参考文献

Berardi, U. (2013) Clarifying the new interpretations of the concept of sustainable building. *Sustainable Cities and Society*, 8(1)：72-78.

Diener, E., and R. E. Lucas. (2000) Explaining differences in societal levels of happiness: Relative standards, need fulfillment, culture, and evaluation theory. *Journal of Happiness Studies*, 1：41-78.

Hagerty, M. R. (1999) Unifying livability and comparison theory: Cross-national time-series analysis of life-satisfaction. *Social Indicators Research*, 47：343-356.

Hagerty, M. R. (2000) Social comparisons of income in one's community: Evidence from national surveys of incomes and happiness. *Journal of Personality and Social Psychology*, 78：764-771.

Häkkinen, T. (2007) Assessment of indicators for sustainable urban construction. *Civil Engineering and Environmental Systems*, 24(4)：247-259.

James, O. (2007) Evaluating the expectations disconfirmation and expectations anchoring approaches to citizen satisfaction with local public services. *Journal of Public Administration Research and Theory*, 19：107-123.

Liao, P. S. (2009) Parallels between objective indicators and subjective perceptions of quality of life: A study of metropolitan and county areas in Taiwan. *Social Indicators Research*, 91：99-114.

Miller, T. I. and M. A. Miller. (1991) Standards of excellence: US residents' evaluations of local government services. *Public Administration Review*, 51：503-513.

Murakami, S., S. Kawakubo, Y. Asami, T. Ikaga, N. Yamaguchi, S. Kaburagi. (2011) Development of a comprehensive city assessment tool: CASBEE-City. *Building Research & Information*, 39(3)：195-210.

Scerri, A., and P. James. (2010) Accounting for sustainability: Combining qualitative and quantitative research in developing 'indicators' of sustainability. *International Journal of Social Research Methodology*, 13(1)：41-53.

Sharifi, A., and A. Murayama. (2013) A critical review of seven selected neighborhood sustainability assessment tools. *Environmental Impact Assessment Review*, 38：73-87.

Shin, K, H. Nakamura, and S. Managi. (2016) 8. Developing Aggregated City Evaluation Scores -Combining objective city performance and subjective citizen satisfaction indicators-. in S. Managi eds. 2017. *The Wealth of Nations and Regions*. Routledge, New York, USA：135-149.

Van Ryzin, G. G. (2004) Expectations, performance, and citizen satisfaction with urban services. *Journal of Policy Analysis and Management*, 23：433-448.

Van Ryzin, G. G. (2006) Testing the expectancy disconfirmation model of citizen satisfaction of with local government. *Journal of Public Administration Research and Theory*, 16：599-611.
Van Ryzin, G. G. and S. Immerwahr. (2007) Importance-performance analysis of citizen satisfaction surveys. *Public Administration,* 85(1)：215-226.
川久保俊・伊香賀俊治・村上周三（2013）「大規模アンケート調査に基づく自治体の総合環境性能評価ツールの有効性の検証」『日本建築学会環境系論文集』，78(693)：883-892.

第3章
政令指定都市ランキング

1 はじめに

　近年,「都市ランキング」が経済誌や一般誌の紙面を飾ることが多い。これまでに多種多様なものが提案されており,まさに百花繚乱の様相を見せている。市民や自治体関係者は,これらのランキングに興味を抱き,自分の住む(働く)都市の順位に一喜一憂する[1]。

　「都市ランキング」には,ある分野に特化したものと,特定化された複数の分野を横断する全般的なものがある。例えば,前者には「グリーン・シティ・インデックス」(シーメンス),「自然災害リスク・ランキング」(スイス・リー),「教育・子育てランキング」(ダイヤモンド社),「共働き・子育てしやすい街ランキング」(日経DUAL)などがある。また,後者には「livability score」(The Economist),「Most liveable city」(MONOCLE),「幸福度ランキング」(日本総合研究所),「住みよさランキング」(東洋経済新報社),「活力ある都市ランキング」(日経ビジネス),「世界の都市総合力ランキング」(森記念財団都市戦略研究所)などがある。

　本章において扱うのは後者に属するものであり,都市の経済的な潜在能力を金銭額の単位で表わした指標である。この指標は新国富指標(Inclusive Wealth Index)と呼ばれるものであり,もともと国レベルの持続可能性分析のために開発されたものだが,本章ではそれを用いて国内の政令指定都市のランキングを試みる[2]。

　新国富指標の基本的なフレームワークを提供したのは,Arrow et al. (2012)である。その後,国連大学と国連環境計画の協働によって実践に移され,これ

までに2つの報告書が公表されている（UNU-IHDP and UNEP, 2012；2014）。新国富指標の理論的なフレームワークにおいては，経済の持続可能な発展は，時間的に拡張された社会，すなわち現在世代と将来世代の両方をメンバーとして含むような社会の福祉（以降は社会的福祉とする）が，時間をつうじて減少していないことを意味する。しかし，われわれは社会的福祉の変化を直接的に観察することができないので，それと同方向に動くと考えられる観察可能な代理指標を探さなければならない。いくつかの理論的な仮定の下において，この代理指標となり得るのが，ある経済が保有する資本資産のポートフォリオを価値で表現した新国富である[3]。

　新国富を構成するのは，人間の福祉に貢献する資本資産であり，それには人工資本のみならず，自然資本や人的資本（教育や健康）も含まれる。様々な形態をとるこれらの資本は，その存続期間において人間の福祉に貢献するサービスを毎期生み出している。ある資本が生み出すサービス（フロー）の価値を，それが発生する時点に応じて割り引いて現在価値化しすべての時点の総計をとったものが，その資本（ストック）の価値である。

　以下では，政令指定都市レベルの新国富およびその内訳を用いて，国内の政令指定都市を順位づける。なお，各形態の資本の価値を推計するためのフレームワークや，推計に使用したデータに関しては付録にまとめられているので，方法的な部分は本章では割愛させていただき，結果の報告に専念する。また，人的資本のうち健康資本に関しては，その価値が他の3つの形態の資本のそれの総計を容易に上回るほど桁違いに大きいので別会計とする。このような取扱いは，UNU-IHDP and UNEP（2012；2014）にならったものである。したがって，本章における新国富は，人工資本，自然資本，教育資本の3つの形態をとる資本の価値の総計として定義され，健康資本の価値を含まない。

　本章の構成は，以下のとおりである。まず，2節において，政令指定都市の定義と権限について確認し，国内にある20の政令指定都市の人口規模，経済規模，産業構成の多様性について見る。次に，このように多様な政令指定都市の持続可能性政策を導くのに，なぜ固有の指標ではなく共通の指標を用いることが望ましいのかについて解説する。端的に言えば，共通の指標を用いることで，経済の持続可能性という観点から見たときの各都市のパフォーマンスを質的に

比較すること（量的に比較することではない）が可能になるからである。3節においては，3つの形態の資本の価値およびそれらの総計である新国富の推計結果をランキング形式で示す。資本価値の推計は2000年，2005年，2010年の3時点について行い，それぞれの時点における総額と1人当たり額のランキングと時点をつうじたランキングを報告する。最後に，これらの分析結果にもとづいて，5節で結論を述べる。補論においては，別会計とされる健康資本の価値の総額と1人当たり額のランキングを報告する。

2 政令指定都市の定義・権限・多様性

　政令指定都市は，政令で指定された人口50万人以上の市を指す。2016年現在，全国に20の政令指定都市が存在する。**図表3-1**にそれらの名称と移行日（指定日）が示されている。1956年に指定された横浜市，名古屋市，京都市，大阪市，神戸市の5都市が最も古く，2012年に指定された熊本市がもっとも新しい。これら20の都市が，わが国の人口とGDPの約2割を占める。

　政令指定都市は，地方自治法第252条に掲げられた19の事務のうち，「都道府県が法律又はこれに基づく政令の定めるところにより処理することとされているものの全部又は一部で政令で定めるものを，政令で定めるところにより，処理することができる。」これらの事務には，社会福祉，衛生，健康，都市計画に関するものが含まれている（同条19第1項）。また，「地方教育行政の組織及び運営に関する法律」には，政令指定都市に関する特例が定められている。例えば，県費負担教職員の任免，給与の決定，休職および懲戒に関する事務ならびに研修は，政令指定都市の教育委員会が行うものとされている。

　このように，政令指定都市は基礎自治体の中では大きな権限をもっているが，様々な事務の中には，都道府県の専権事項とされ，政令指定都市にはできないものがある。例えば，都市計画区域の設定，農地転用の許可，農業協同組合の設立等の認可，漁業権の免許の設定，市立学校や私立学校の設置や廃止に関する認可，学級編成基準の設定，病院や薬局の開設許可，介護老人保健施設の開設許可などである。これらの事務に関する制限は，地理的な管轄における様々な形態の資本の蓄積に関する政令指定都市のコントロールが及ぶ範囲や程度に

影響する。

　20の政令指定都市は均質ではなく，人口の規模や密度，経済規模，産業構成について非常に多様である（図表3-1）。例えば，人口規模については，もっとも大きな横浜市ともっとも小さな岡山市の間に5.2倍の開きがある（2010年）。人口密度についてはより顕著な差があり，もっとも高い大阪市ともっとも低い静岡市の間に23.3倍もの開きがある。また，市内総生産の総額は，もっとも大きな大阪市ともっとも小さな熊本市の間に8.1倍の格差がある。1人当たり額では，もっとも大きな大阪市ともっとも小さな熊本市の間に2.2倍の格差がある。従業者のシェアで見た産業構成については，第3次産業の従業者シェアが高いという共通点はあるが，新潟市のような第1次産業の従業者シェアが突出して高い都市があったり，静岡市や浜松市のような第2次産業の従業者シェアが相対的に大きな都市があったりする。

　このように，政令指定都市は様々な側面において多様であるのに，われわれはなぜこれらの都市の持続可能性政策を導く指標として，固有の指標をそれぞれ設けるのではなく，共通の新国富指標を推奨しようとするのか。それには以下のような理由がある。

　新国富指標は持続可能性政策を導くものとして開発されてきたものなので，その一次的な関心の対象は複数の経済の間における富の水準の比較ではないし，複数の経済の間の比較においては富の多寡が福祉の優劣を直接的に表わすものではない。しかし，包括的富を社会的福祉と切り離して考えるのならば，ある時点における富はその経済の潜在的な稼得能力の序列を表す指標として用いることができる[4]。

　また，ある時点における包括的富の水準や変化量でなく，変化の方向に着目するのであれば，複数の経済の間における質的な比較に役立つものとして使うことができる。例えば，同じ期間において，自治体Aで富が増加している一方で自治体Bにおいては富が減少しているのであれば，持続可能性という観点から見たときの自治体Bのパフォーマンスは自治体Aよりも悪いと言える。また，他の条件が同じであるときに，自治体Aの富の増加量（減少量）よりも自治体Bの富の増加量（減少量）が著しく小さい（大きい）ときは，自治体Bに現行の政策パッケージの再考を促す契機になる。このように，新国富指標と

第 3 章 政令指定都市ランキング

図表 3－1 政令指定都市の多様性

	指定日	人口* 2005年	人口* 2010年	面積* 2010年	人口密度* 2010年	市内総生産** (名目・百万円) 2013年	1人当たり市内総生産** (名目・円) 2013年	第1次産業従業者数比率 2009年	第2次産業従業者数比率 2009年	第3次産業従業者数比率 2009年
札幌市	1972.4.1	1,880,863	1,913,545	1,121	1,707	6,489,576	3,321,542	0.1%	12.3%	87.6%
仙台市	1989.4.1	1,025,126	1,045,986	786	1,330	4,890,409	4,519,014	0.1%	11.7%	88.2%
さいたま市	2003.4.1	1,176,314	1,222,434	217	5,622	4,046,363	3,200,596	0.1%	15.9%	84.0%
千葉市	1992.4.1	924,319	961,749	272	3,539	3,472,201	3,569,876	0.5%	18.7%	80.8%
横浜市	1956.9.1	3,579,628	3,688,773	437	8,432	12,339,872	3,311,680	0.2%	21.0%	78.8%
川崎市	1972.4.1	1,327,011	1,425,512	143	9,969	5,138,574	3,483,071	0.1%	24.5%	75.4%
相模原市	2010.4.1	701,620	717,544	329	2,183	2,386,786	3,310,778	0.4%	23.6%	76.0%
新潟市	2007.4.1	813,847	811,901	726	1,118	3,130,023	3,861,775	1.4%	28.4%	70.2%
静岡市	2005.4.1	723,323	716,197	1,412	507	3,025,136	4,289,525	0.5%	31.6%	67.9%
浜松市	2007.4.1	804,032	800,866	1,558	514	3,424,122	4,289,525	0.5%	31.1%	68.4%
名古屋市	1956.9.1	2,215,062	2,263,894	326	6,935	12,319,312	5,365,521	0.0%	17.9%	82.1%
京都市	1956.9.1	1,474,811	1,474,015	828	1,781	6,073,969	4,119,146	0.1%	17.6%	82.3%
大阪市	1956.9.1	2,628,811	2,665,314	225	11,835	18,736,094	6,960,583	0.0%	17.3%	82.7%
堺市	2006.4.1	830,966	841,966	150	5,620	3,545,745	4,221,673	0.1%	24.8%	75.1%
神戸市	1956.9.1	1,525,393	1,544,200	557	2,772	6,104,383	3,969,401	0.1%	15.9%	84.1%
岡山市	2009.4.1	696,172	709,584	790	898	2,654,526	3,688,973	0.3%	17.8%	81.9%
広島市	1980.4.1	1,154,391	1,173,843	907	1,295	4,977,260	4,166,790	0.1%	17.3%	82.5%
北九州市	1963.4.1	993,525	976,846	492	1,986	3,365,887	3,499,516	0.1%	21.3%	78.6%
福岡市	1972.4.1	1,401,279	1,463,743	343	4,263	6,461,852	4,200,071	0.1%	12.5%	87.4%
熊本市	2012.4.1	727,978	734,474	390	1,882	2,308,560	3,114,982	0.5%	13.3%	86.2%

*人口と面積は市町村合併を考慮し、2015年度時点の自治体に合わせて組み替えた。
**市内総生産の総額と1人当たり額については、それを公表していない（公表していなかった）、相模原市、静岡市、浜松市、堺市、熊本市の5都市のものは、人口を用いた都道府県の値の按分による推計値である。
(出所) 筆者作成。

いう共通の指標を用いれば，持続可能性という観点から見たときの都市のパフォーマンスを質的に比較することができるようになるのである。

3 推計結果

以下では，政令指定都市が保有する様々な形態の資本の価値とそれらの総計である包括的富について，ランキング形式で推計結果を報告する。

 人工資本

人工資本の価値の総額は，2000年度から2010年度の間に，すべての都市において増加している。総額を比べた場合，時点をつうじた順位がもっとも高かったのは大阪市であり，もっとも低かったのは相模原市であった。「時点をつうじた順位」は，各時点における順位の平均値の順位である。時点ごとに見てみると，人工資本の価値の総額は3時点とも大阪市がもっとも高く，相模原市がもっとも低かった。両者の格差は，年度によって若干異なっているが，8.7倍から8.9倍であった。時点間の順位の変動はほとんどないが，下位においては若干の変動がある。2000年度から2005年度にかけては，千葉市が順位を落とした一方で，浜松市は順位を上げている。2005年度から2010年度にかけては，浜松市と岡山市が順位を落とした一方で，さいたま市と千葉市は順位を上げている。なお，2000年度と2010年度を比べたときに，増加率がもっとも大きかったのはさいたま市（22.0％）であり，もっとも低かったのは大阪市（6.2％）であった。

各時点の包括的富に占める人工資本の価値のシェアの平均は37.1％から47.4％であり，後年になるほど高くなっていた。シェアが最も高いのは3時点ともに大阪市（48.7％，54.2％，58.9％）であった。シェアがもっとも低かったのは，2000年度と2010年度は相模原市（26.6％と34.5％）であり，2005年度は川崎市（30.1％）であった。

人口1人当たりの額については，3時点とも大阪市がもっとも高く，相模原市がもっとも低かった。両者の格差は，2.3倍から2.5倍である。総額と同様に，順位の変動はほとんどないが，下位においては若干の変動があった。2000年度

第3章 政令指定都市ランキング

図表3-2 人口資本（総額・1人当たり額）のランキング

	2000年		2005年		2010年		時点をつうじた順位（総額）	
	総額（百万円）	順位	総額（百万円）	順位	総額（百万円）	順位		
札幌市	30,192,397	4	33,240,676	4	35,478,104	4	1	大阪市
仙台市	15,453,208	9	16,639,455	9	18,475,915	9	2	名古屋市
さいたま市	11,495,208	16	12,463,409	16	14,020,309	15	3	横浜市
千葉市	12,253,759	13	12,748,144	15	14,108,360	13	4	札幌市
横浜市	38,844,051	3	42,275,603	3	46,206,484	3	5	神戸市
川崎市	14,672,228	10	15,679,865	10	16,396,919	10	6	福岡市
相模原市	7,384,460	20	7,803,584	20	7,941,171	20	7	京都市
新潟市	13,564,999	11	15,180,654	11	16,300,689	11	8	広島市
静岡市	11,493,619	17	12,079,332	17	13,235,625	17	9	仙台市
浜松市	11,534,070	15	12,826,996	13	14,042,235	14	10	川崎市
名古屋市	43,927,486	2	46,428,617	2	50,591,022	2	11	新潟市
京都市	21,110,107	7	22,193,435	7	23,199,886	7	12	北九州市
大阪市	65,816,461	1	67,677,703	1	69,904,759	1	13	千葉市
堺市	8,538,704	19	9,226,142	19	9,592,503	19	14	浜松市
神戸市	27,697,032	5	28,796,534	5	30,076,417	5	15	岡山市
岡山市	12,044,134	14	12,778,327	14	13,511,180	16	16	さいたま市
広島市	18,169,417	8	19,494,457	8	21,368,237	8	17	静岡市
北九州市	12,916,004	12	13,574,045	12	14,252,705	12	18	熊本市
福岡市	22,367,738	6	24,310,868	6	26,681,825	6	19	堺市
熊本市	10,105,549	18	10,878,313	18	11,879,977	18	20	相模原市

	2000年		2005年		2010年		時点をつうじた順位（1人当たり額）	
	1人当たり額（円）	順位	1人当たり額（円）	順位	1人当たり額（円）	順位		
札幌市	16,798,173	4	17,699,334	4	24,582,398	4	1	大阪市
仙台市	15,336,999	9	16,312,792	9	17,751,068	9	2	名古屋市
さいたま市	10,135,580	16	10,629,084	16	11,555,650	15	3	横浜市
千葉市	13,877,857	13	13,864,892	15	15,185,090	13	4	札幌市
横浜市	11,375,702	3	11,874,896	3	12,618,148	3	5	神戸市
川崎市	11,747,387	10	11,824,775	10	11,619,593	10	6	福岡市
相模原市	10,842,599	20	11,791,793	20	11,138,249	20	7	京都市
新潟市	16,819,089	11	19,425,991	11	20,206,430	11	8	広島市
静岡市	15,751,848	17	16,710,427	17	18,583,489	17	9	仙台市
浜松市	14,673,754	15	16,017,907	13	17,721,324	14	10	川崎市
名古屋市	20,442,761	2	21,164,640	2	22,737,691	2	11	新潟市
京都市	14,450,090	7	15,197,673	7	16,159,690	7	12	北九州市
大阪市	25,360,531	1	26,087,469	1	26,472,638	1	13	千葉市
堺市	10,311,959	19	11,176,592	19	11,444,716	19	14	浜松市
神戸市	18,563,520	5	18,942,060	5	19,662,570	5	15	岡山市
岡山市	17,865,605	14	18,444,334	14	19,270,660	16	16	さいたま市
広島市	16,043,111	8	17,036,856	8	18,508,426	8	17	静岡市
北九州市	12,788,161	12	13,677,694	12	14,693,010	12	18	熊本市
福岡市	16,735,667	6	17,557,144	6	18,486,129	6	19	堺市
熊本市	14,030,827	18	14,970,437	18	16,366,265	18	20	相模原市

（出所）　筆者作成。

から2005年度にかけては，千葉市が順位を落とした一方で，浜松市は順位を上げている。2005年度から2010年度にかけては，浜松市と岡山市が順位を落とした一方で，さいたま市と千葉市は順位を上げている。各時点における1人当たり包括的富に占める人工資本の価値のシェアは，定義上総額におけるものと等しくなるので報告を省略する。以降の他の形態の資本に関する報告においても同様とする。

 2 自然資本

　一様に増加していた人工資本の価値とは異なり，自然資本の価値については，総額が2000年度から2010年度の間に増加している都市もあれば減少している都市もあった。3時点とも浜松市がもっとも高く，大阪市がもっとも低かった。両者の格差は非常に大きく，172.0倍から239.9倍の開きがあった。

　順位の変動はやや多く，2000年度から2005年度にかけては，札幌市，名古屋市，岡山市，福岡市が順位を落とした一方で，相模原市，静岡市，京都市，堺市，神戸市，広島市は順位を上げている。2005年度から2010年度にかけては，神戸市と熊本市が順位を落とした一方で，相模原市，北九州市，福岡市が順位を上げている。相模原市は，2000年度から2010年度まで一貫して順位を上げている。なお，2000年度と2010年度を比べたときに，増加率がもっとも大きかったのは相模原市（22.2％）であり，もっとも低かったのは名古屋市（△39.7％）であった。

　包括的富に占める自然資本の価値のシェアの平均は時点によって異なるが，0.3％から0.5％であった。このように極端に低いシェアの原因は，われわれが採用した自然資本の作業的定義には，重要で価値が高いと考えられるもの（例えば，生態的レジリエンスや生物多様性の価値）が入っていないことにあると考えられる。また，一般に都市においては，人工資本や教育資本のシェアが大きくなり，自然資本のシェアは非常に低くなる傾向がある。包括的富に占めるシェアが最も高かったのは2000年度と2005年度は浜松市（1.3％と1.4％）であり，2010年度は相模原市（0.8％）であった。シェアがもっとも低かったのは2000年度と2005年度は大阪市でほぼ0％，2010年度は横浜市で0.2％であった。

　1人当たり額についても，3時点とも浜松市がもっとも高く，大阪市がもっ

図表3-3 自然資本（総額・1人当たり額）のランキング

	2000年		2005年		2010年		時点をつうじた順位（総額）	
	総額（百万円）	順位	総額（百万円）	順位	総額（百万円）	順位		
札幌市	213,603	3	201,829	6	192,501	6	1	浜松市
仙台市	91,735	10	92,513	10	96,364	10	2	新潟市
さいたま市	44,758	13	41,816	13	39,344	13	3	京都市
千葉市	53,271	12	53,217	12	52,431	12	4	静岡市
横浜市	55,088	11	54,689	11	52,708	11	5	札幌市
川崎市	8,980	19	8,816	19	8,358	19	6	広島市
相模原市	96,623	9	103,468	8	118,087	7	7	熊本市
新潟市	296,099	2	293,797	2	294,151	2	8	相模原市
静岡市	211,921	5	212,505	4	234,643	4	9	岡山市
浜松市	411,481	1	411,938	1	469,560	1	10	仙台市
名古屋市	18,309	17	13,518	18	11,041	18	11	横浜市
京都市	212,276	4	219,170	3	236,751	3	12	千葉市
大阪市	2,393	20	2,305	20	1,957	20	13	さいたま市
堺市	15,563	18	15,033	17	14,346	17	14	北九州市
神戸市	33,493	16	32,945	14	31,974	16	15	福岡市
岡山市	97,331	8	98,314	9	97,408	9	16	神戸市
広島市	197,107	6	205,117	5	214,768	5	17	堺市
北九州市	35,310	15	31,786	15	35,438	14	18	名古屋市
福岡市	36,799	14	30,937	16	34,828	15	19	川崎市
熊本市	115,016	7	109,744	7	106,112	8	20	大阪市

	2000年		2005年		2010年		時点をつうじた順位（1人当たり額）	
	1人当たり額（円）	順位	1人当たり額（円）	順位	1人当たり額（円）	順位		
札幌市	118,843	9	107,466	9	133,382	9	1	浜松市
仙台市	91,045	10	90,697	10	92,583	10	2	新潟市
さいたま市	39,464	12	35,661	12	32,428	13	3	静岡市
千葉市	60,332	11	57,879	11	56,432	11	4	広島市
横浜市	16,133	17	15,362	17	14,394	17	5	相模原市
川崎市	7,190	19	6,648	18	5,923	18	6	熊本市
相模原市	141,872	8	156,348	5	165,628	5	7	京都市
新潟市	367,130	2	375,959	2	364,631	2	8	岡山市
静岡市	290,435	3	293,977	3	329,450	3	9	札幌市
浜松市	523,490	1	514,414	1	592,586	1	10	仙台市
名古屋市	8,521	18	6,162	19	4,962	19	11	千葉市
京都市	145,305	6	150,084	7	164,907	6	12	さいたま市
大阪市	922	20	888	20	741	20	13	北九州市
堺市	18,795	16	18,211	16	17,116	16	14	福岡市
神戸市	22,448	15	21,671	15	20,903	15	15	神戸市
岡山市	144,375	7	141,907	8	138,931	8	16	堺市
広島市	174,041	4	179,258	4	186,024	4	17	横浜市
北九州市	34,961	13	32,029	13	36,533	12	18	川崎市
福岡市	27,533	14	22,342	14	24,130	14	19	名古屋市
熊本市	159,691	5	151,027	6	146,183	7	20	大阪市

（出所）　筆者作成。

とも低かった。両者の格差は非常に大きく，567.8倍から799.4倍の開きがあった。順位の変動はやや多く，2000年度から2005年度にかけては，名古屋市，京都市，岡山市，熊本市が順位を落とした一方で，川崎市と相模原市は順位を上げている。2005年度から2010年度にかけては，さいたま市と熊本市が順位を落とした一方で，京都市と北九州市は順位を上げている。

3 教育資本

　教育資本の価値の総額は，2000年度から2010年度の間に，すべての都市において減少している。減少率がもっとも大きかったのは静岡市（30.0％）であり，小さかったのはさいたま市（17.8％）であった。3時点とも横浜市がもっとも高く，熊本市がもっとも低かった。両者の格差は年度によって若干異なっているが，6.7倍から7.1倍の開きがあった。

　順位の変動は上位ではあまりないが，中位から下位にかけてはやや多い。2000年度から2005年度にかけては，仙台市，相模原市，静岡市，広島市が順位を落とした一方で，さいたま市，千葉市，新潟市，浜松市は順位を上げている。2005年度から2010年度にかけては，浜松市，京都市，堺市が順位を落とした一方で，さいたま市，相模原市，北九州市，福岡市が順位を上げている。さいたま市は，2000年度から2010年度まで一貫して順位を上げている。

　包括的富に占める教育資本の価値のシェアの平均は時点によって異なるが，52.3％から62.6％である。人工資本とは逆に，後年になるほど低くなっていた。シェアが最も高かったのは，2000年度は相模原市（73.0％），2005年度が川崎市（69.9％），2010年度が再び相模原市（65.0％）であった。シェアがもっとも低かったのは，3時点ともに大阪市であり，2000年度は51.3％，2005年度は45.8％，2010年度は41.1％であった。

　1人当たり額については，2000年度と2005年度については川崎市がもっとも高く，2010年度は札幌市がもっとも高かった。もっとも低かったのは，2000年度は北九州市であり，2005年度と2010年度は熊本市であった。教育資本の総額の最大と最小の都市の格差は，1.5倍から1.6倍と他の形態の資本に比べると小さい。

　順位の変動は非常に多く，2000年度から2005年度にかけては，仙台市，静岡

第3章 政令指定都市ランキング

図表3-4 教育資本（総額・1人当たり額）のランキング

	2000年		2005年		2010年		時点をつうじた順位（総額）	
	総額（百万円）	順位	総額（百万円）	順位	総額（百万円）	順位	1	横浜市
札幌市	44,104,627	4	38,087,758	4	33,125,090	4	1	横浜市
仙台市	24,613,321	11	19,822,265	12	17,759,704	12	2	大阪市
さいたま市	29,745,894	10	26,656,174	9	24,455,122	8	3	名古屋市
千葉市	23,308,017	12	20,306,317	11	18,026,928	11	4	札幌市
横浜市	100,429,935	1	88,733,182	1	77,809,635	1	5	川崎市
川崎市	38,896,467	5	36,399,825	5	29,244,096	5	6	神戸市
相模原市	20,243,754	15	16,878,030	16	14,958,548	15	7	京都市
新潟市	18,109,451	18	15,307,481	17	13,526,048	17	8	福岡市
静岡市	18,280,947	17	14,631,479	18	12,787,878	18	9	さいたま市
浜松市	20,145,252	16	16,938,900	15	14,761,628	16	10	広島市
名古屋市	58,265,130	3	51,691,676	3	42,035,366	3	11	千葉市
京都市	32,581,654	7	28,860,675	7	23,764,838	9	12	仙台市
大阪市	69,326,324	2	57,154,283	2	48,871,893	2	13	堺市
堺市	22,298,989	13	18,330,203	13	15,963,331	14	14	北九州市
神戸市	34,493,874	6	29,791,373	6	26,085,452	6	15	相模原市
岡山市	15,751,353	19	13,694,877	19	12,224,294	19	16	浜松市
広島市	30,138,773	9	24,718,690	10	21,790,793	10	17	新潟市
北九州市	21,039,773	14	18,205,125	14	16,090,142	13	18	静岡市
福岡市	31,525,809	8	28,316,036	8	24,997,695	7	19	岡山市
熊本市	15,067,305	20	12,479,856	20	11,238,231	20	20	熊本市

	2000年		2005年		2010年		時点をつうじた順位（1人当たり額）	
	1人当たり額（円）	順位	1人当たり額（円）	順位	1人当たり額（円）	順位	1	川崎市
札幌市	24,538,533	12	20,280,212	12	22,952,020	1	1	川崎市
仙台市	24,428,228	13	19,433,117	18	17,062,955	15	2	相模原市
さいたま市	26,227,617	9	22,733,003	5	20,156,107	5	3	横浜市
千葉市	26,397,232	8	22,085,167	7	19,402,716	6	4	名古屋市
横浜市	29,411,479	3	24,924,477	3	21,248,392	2	5	堺市
川崎市	31,142,636	1	27,450,476	1	20,723,680	4	6	さいたま市
相模原市	29,723,893	2	25,503,951	2	20,980,790	3	7	千葉市
新潟市	22,453,703	17	19,588,286	17	16,766,969	17	8	札幌市
静岡市	25,053,788	11	20,241,040	13	17,954,829	12	9	大阪市
浜松市	25,628,983	10	21,152,711	10	18,629,198	10	10	広島市
名古屋市	27,115,144	4	23,563,823	4	18,892,427	8	11	浜松市
京都市	22,302,484	18	19,763,281	15	16,553,203	19	12	静岡市
大阪市	26,712,958	6	22,031,046	8	18,507,580	11	13	福岡市
堺市	26,929,878	5	22,205,293	6	19,045,685	7	14	岡山市
神戸市	23,119,002	16	19,596,455	16	17,053,461	16	15	仙台市
岡山市	23,364,691	15	19,767,290	14	17,435,206	13	16	神戸市
広島市	26,611,734	7	21,602,488	9	18,874,430	9	17	新潟市
北九州市	20,831,521	20	18,344,137	19	16,587,211	18	18	京都市
福岡市	23,587,787	14	20,449,649	11	17,319,303	14	19	北九州市
熊本市	20,919,868	19	17,174,437	20	15,482,173	20	20	熊本市

（出所） 筆者作成。

市，大阪市，堺市，広島市，熊本市が順位を落とした一方で，さいたま市，千葉市，京都市，岡山市，北九州市，福岡市は順位を上げている。2005年度から2010年度にかけては，川崎市，相模原市，名古屋市，京都市，大阪市，堺市，福岡市が順位を落とした一方で，札幌市，仙台市，千葉市，横浜市，静岡市，岡山市，北九州市が順位を上げている。教育資本の場合は，1人当たり額の順位変動の多さに加えて大きさも特徴的であり，特に札幌市は2005年度から2010年度の間に11も順位を上げて1位に躍り出ている。

新 国 富

　3つの形態の資本の価値の総計として定義された新国富の総額は，2000年度から2010年度の間に，すべての都市において減少していた。減少率がもっとも大きかったのは堺市（△17.1％）であり，もっとも小さかったのは福岡市（△4.1％）であった。富の総額は，3時点とも横浜市がもっとも高かった。もっとも低かったのは，2000年度と2005年度が熊本市であり，2010年度が相模原市であった。最大と最小の政令指定都市の格差は，6.1倍から6.4倍であった。

　順位の変動はあまりないが，下位においてやや多かった。2000年度から2005年度にかけては，浜松市と京都市が順位を落とした一方で，川崎市と新潟市は順位を上げている。2005年度から2010年度にかけては，川崎市，相模原市，堺市が順位を落とした一方で，静岡市，京都市，岡山市，熊本市が順位を上げている。

　新国富の1人当たり額がもっとも高かったのは，3時点とも大阪市であった。もっとも低かったのは，2000年度と2005年度は北九州市であり，2010年度は堺市であった。最大と最小の政令指定都市の格差は，1.4倍から1.5倍と比較的小さい。

　新国富の1人当たり額は，2000年度から2010年度の間に，ほぼすべての都市において減少していた。例外は札幌市のみであり，この期間に15％の増加を経験していた。この1人当たり額の増加は，人口の減少ペースが富の減少ペースを上回ったからではなく，人口の増加と富の増加が同時に達成され，しかも後者の方が前者よりも速いペースで進んだために達成されている。

　総額とは異なり，1人当たり額の場合には，順位の変動がかなりあった。

図表 3-5 新国富（総額・1人当たり額）のランキング

	2000年		2005年		2010年		時点をつうじた順位（総額）	
	総額（百万円）	順位	総額（百万円）	順位	総額（百万円）	順位		
札幌市	74,510,627	4	71,530,263	4	68,795,695	4	1	横浜市
仙台市	40,158,263	11	36,554,233	11	36,331,983	11	2	大阪市
さいたま市	41,285,860	10	39,161,399	10	38,514,775	10	3	名古屋市
千葉市	35,615,047	12	33,107,679	12	32,187,719	12	4	札幌市
横浜市	139,329,074	1	131,063,474	1	124,068,826	1	5	神戸市
川崎市	53,577,675	8	52,088,506	7	45,649,372	8	6	福岡市
相模原市	27,724,838	19	24,785,083	19	23,017,806	20	7	京都市
新潟市	31,970,549	15	30,781,933	14	30,120,887	14	8	川崎市
静岡市	29,986,487	17	26,923,316	17	26,258,146	16	9	広島市
浜松市	32,090,803	14	30,177,835	15	29,273,423	15	10	さいたま市
名古屋市	102,210,926	3	98,133,811	3	92,637,430	3	11	仙台市
京都市	53,904,038	7	51,273,280	8	47,201,474	7	12	千葉市
大阪市	135,145,179	2	124,834,291	2	118,778,609	2	13	北九州市
堺市	30,853,257	16	27,571,379	16	25,570,179	18	14	新潟市
神戸市	62,224,399	5	58,620,852	5	56,193,843	5	15	浜松市
岡山市	27,892,817	18	26,571,518	18	25,832,882	17	16	静岡市
広島市	48,505,298	9	44,418,263	9	43,373,798	9	17	堺市
北九州市	33,991,087	13	31,810,955	13	30,378,285	13	18	岡山市
福岡市	53,930,346	6	52,657,841	6	51,714,347	6	19	相模原市
熊本市	25,287,869	20	23,467,913	20	23,224,320	19	20	熊本市

	2000年		2005年		2010年		時点をつうじた順位（1人当たり額）	
	1人当たり額（円）	順位	1人当たり額（円）	順位	1人当たり額（円）	順位		
札幌市	41,455,548	6	38,087,011	8	47,667,800	1	1	大阪市
仙台市	39,856,272	14	35,836,605	15	34,906,606	11	2	名古屋市
さいたま市	36,402,661	18	33,397,749	18	31,744,185	18	3	広島市
千葉市	40,335,421	13	36,007,938	14	34,644,238	12	4	札幌市
横浜市	40,803,313	10	36,814,735	13	33,880,933	13	5	神戸市
川崎市	42,897,213	3	39,281,899	4	32,349,195	15	6	川崎市
相模原市	40,708,363	11	37,452,092	11	32,284,668	16	7	岡山市
新潟市	39,639,923	15	39,390,235	3	37,338,030	5	8	新潟市
静岡市	41,096,070	7	37,245,444	12	36,867,768	7	9	浜松市
浜松市	40,826,227	9	37,685,033	10	36,943,108	6	10	静岡市
名古屋市	47,566,426	2	44,734,625	2	41,635,081	3	11	福岡市
京都市	36,897,879	17	35,111,037	16	32,877,800	14	12	横浜市
大阪市	52,074,411	1	48,119,403	1	44,980,959	2	13	相模原市
堺市	37,260,632	16	33,400,096	17	30,507,516	20	14	千葉市
神戸市	41,704,970	5	38,560,186	6	36,736,934	9	15	仙台市
岡山市	41,374,671	4	38,353,532	7	36,844,797	8	16	京都市
広島市	42,828,886	3	38,818,602	5	37,568,880	4	17	堺市
北九州市	33,654,642	20	32,053,860	20	31,316,754	19	18	さいたま市
福岡市	40,350,988	12	38,029,135	9	35,829,562	10	19	熊本市
熊本市	35,110,386	19	32,295,901	19	31,994,621	17	20	北九州市

（出所）　筆者作成。

2000年度から2005年度にかけては，10の都市が順位を落とした一方で，新潟市，京都市，福岡市の3つの都市は順位を上げている。特に新潟市は，12も順位を上げて，2005年度には3位になった。2005年度から2010年度にかけては，9つの都市が順位を落とした一方で，同数の9つの都市が順位を上げている。川崎市は，この期間において11も順位を落としている。

4 結論

もし1人当たり新国富の非減少を経済の持続可能性の判断基準として採用するのならば，札幌市を除いてすべての政令指定都市が2000年度から2010年度の間にこの基準を満たせていなかった。これはほとんどの政令指定都市において，現行の政策パッケージを再考する必要があることを意味している。

持続可能性分析において問題となっているのは，ある経済が「他と比べて豊かであるか」ではなく，「以前とくらべて豊かになったか」であるから，富やその内訳である資本価値の順位が上がったとか下がったとかいうのは，直接的には重要でないかもしれない。しかし，本章で行ったように，新国富指標という共通の指標を用いて，多様な特性をもつ都市の経済的能力を表し，その水準の変化と相対的な順位の変化を把握することで，政策の立案や実施を担う者が現行の政策パッケージを再考する契機になるかもしれない。

補論 健康資本の価値

健康資本の価値は，人工，自然，教育の3つの形態の資本の価値を総計したもののおよそ8倍から14倍の大きさがある。2000年度から2010年度の間に，健康資本の価値は，すべての都市において減少している。価値の総額は，3時点とも横浜市がもっとも高く，熊本市がもっとも低い。両者の格差は年度によって若干異なっているが，5.8倍から5.9倍の開きがある。

順位の変動は上位から下位までをつうじてかなりある。2000年度から2005年度にかけては，仙台市と堺市が順位を落とした一方で，浜松市と北九州市は順位を上げている。2005年度から2010年度にかけては，札幌市，静岡市，浜松市，

第3章　政令指定都市ランキング

図表3-6　健康資本（総額・1人当たり額）のランキング

	2000年		2005年		2010年		時点をつうじた順位（総額）	
	総額（百万円）	順位	総額（百万円）	順位	総額（百万円）	順位		
札幌市	817,881,903	4	795,835,444	4	571,619,392	8	1	横浜市
仙台市	462,369,235	11	434,238,196	12	410,133,995	12	2	大阪市
さいたま市	555,776,780	10	537,287,202	10	518,081,552	9	3	名古屋市
千葉市	436,162,881	13	423,999,782	13	403,073,222	13	4	神戸市
横浜市	1,785,361,414	1	1,697,586,140	1	1,606,116,366	1	5	札幌市
川崎市	653,032,222	7	632,297,171	7	618,929,283	6	6	京都市
相模原市	356,094,443	18	315,563,027	18	312,706,781	18	7	川崎市
新潟市	376,341,385	17	345,534,148	17	334,071,239	16	8	福岡市
静岡市	379,531,113	16	364,910,812	16	325,896,785	17	9	広島市
浜松市	408,849,448	15	404,250,457	14	362,579,248	15	10	さいたま市
名古屋市	1,124,017,317	3	1,119,389,412	3	1,003,307,759	3	11	北九州市
京都市	697,577,419	6	669,970,081	6	626,542,067	5	12	仙台市
大阪市	1,296,597,991	2	1,232,458,387	2	1,151,372,394	2	13	千葉市
堺市	413,694,692	14	392,165,479	15	365,454,418	14	14	堺市
神戸市	709,563,245	5	680,770,348	5	626,839,452	4	15	浜松市
岡山市	308,666,846	19	311,082,401	19	286,801,720	19	16	静岡市
広島市	560,407,067	9	541,483,937	9	506,519,425	10	17	新潟市
北九州市	461,660,739	12	441,730,910	11	411,472,961	11	18	相模原市
福岡市	610,916,557	8	616,322,473	8	612,243,725	7	19	岡山市
熊本市	302,836,208	20	290,544,925	20	278,324,638	20	20	熊本市

	2000年		2005年		2010年		時点をつうじた順位（1人当たり額）	
	1人当たり額（円）	順位	1人当たり額（円）	順位	1人当たり額（円）	順位		
札幌市	455,045,730	19	423,750,619	19	396,068,956	18	1	名古屋市
仙台市	458,892,209	15	425,713,288	18	394,043,618	19	2	静岡市
さいたま市	490,040,753	11	458,210,984	12	427,006,948	12	3	浜松市
千葉市	493,971,362	10	461,142,505	10	433,835,173	11	4	横浜市
横浜市	522,853,262	2	476,839,056	5	438,601,080	5	5	相模原市
川崎市	522,853,262	2	476,839,056	6	438,601,080	7	6	川崎市
相模原市	522,853,262	2	476,839,056	4	438,601,080	5	7	広島市
新潟市	466,621,434	14	442,164,290	17	414,116,680	15	8	大阪市
静岡市	520,142,192	5	504,813,936	2	457,575,604	1	9	堺市
浜松市	520,142,192	5	504,813,936	3	457,575,604	2	10	千葉市
名古屋市	523,089,736	1	510,277,401	1	450,927,876	3	11	京都市
京都市	477,499,058	12	458,783,690	11	436,412,745	8	12	さいたま市
大阪市	499,607,739	7	475,071,085	7	436,019,875	9	13	神戸市
堺市	499,607,739	7	475,071,085	7	436,019,875	10	14	北九州市
神戸市	475,574,120	13	447,803,639	14	409,798,625	16	15	福岡市
岡山市	457,859,423	16	449,018,700	13	409,058,159	17	16	新潟市
広島市	494,824,511	9	473,220,879	9	438,729,565	4	17	岡山市
北九州市	457,091,198	17	445,103,908	15	424,184,498	13	18	仙台市
福岡市	457,091,198	17	445,103,908	15	424,184,498	13	19	札幌市
熊本市	420,466,273	20	399,839,986	20	383,429,590	20	20	熊本市

（出所）　筆者作成。

広島市が順位を落とした一方で，さいたま市，川崎市，新潟市，京都市，堺市，神戸市，福岡市が順位を上げている。2000年度から2010年度まで一貫して順位を上げたり下げたりしている都市はない。

　総額と同様に，1人当たり額についても，人工，自然，教育の3つの形態の資本の価値を総計したもののおよそ8倍から14倍の大きさがある。1人当たり額は，2000年度と2005年年度は名古屋市がもっとも高く，2010年度は静岡市が最も高かった。3時点をつうじてもっとも低かったのは，熊本市である。最大と最小の都市の格差は年度によって若干異なっているが，1.2倍から1.3倍と小さい。

　順位の変動は上位から下位までをつうじてかなりあった。2000年度から2005年度にかけては，6つの都市が順位を落とした一方で，同数の都市が順位を上げている。2005年度から2010年度にかけては，9つの都市が順位を落とした一方で，8つの都市が順位を上げている。静岡市，浜松市，京都市，北九州市，福岡市の5都市は，2000年度から2010年度まで一貫して順位を上げている。

謝辞

　本章の推計に関しては，方法について九州大学の池田真也氏に相談にのっていただいた。また，九州大学の山口臨太郎氏には原稿を読んでいただき有益なコメントをいただいた。これらの方に感謝を申し上げたい。

■注

1　一般的な都市ランキングの読み方に関しては，瀬田（2014）を参考にしていただきたい。
2　新国富指標を国の下位の単位に適用した例はまだ少ない。Managi（2016），Mumford（2012），Okubo（2016），Yamaguchi et al.（2016）は，その例である。
3　社会的福祉と新国富の動きを乖離させるような外生的な変化がないとき，新国富が時間をつうじて減少していなければ，われわれは経済が持続可能な発展の経路上にあると判断することができる。しかし，通常は技術，制度，人口その他の外生的な変化によって，社会的福祉と新国富の動きは乖離する。したがって，持続可能性分析にはこれらの外生的な変化の影響を調整した後の新国富を用いなければならない。また，貿易をつうじて他の経済の持続可能性を脅かしている場合（特に天然資源の貿易をつうじて相手国の環境的な持続可能性を脅威にさらしている場合）は，それについても調整しなければならない。これらの調整は，富の水準についてではなく，時点間の変化について行われる。この章の目的は，各時点における富の水準のランキングとその変化を示すことであり，また調整をしたとしても質的な結果は変わらないので，調整については省略する。

4 本章においては，新国富を人工，自然，教育の3つの形態の資本の価値の総計として定義している。そして，それらの価値は，投資額（建設コスト）や，市場で取引される財やサービスの量や価格にもとづいて推計されている。このような作業的定義とフレームワークの下において推計された価値は，経済の潜在的な稼得能力を表わしていると考えられる。

■参考文献

Arrow, K. J., Dasgupta, P., Goulder, L., Mumford, K., & Oleson, K. (2012) Sustainability and the measurement of wealth. *Environment and Development Economics*, 17：317-353.

Managi, S., ed. (2017) *Wealth of Nations and Regions*, New York: Routledge.

Mumford, K. (2012) Measuring Inclusive Wealth at the State Level in the United States, in UNU-IHDP and UNEP, *Inclusive wealth report 2012: Measuring progress toward sustainability*, Cambridge: Cambridge university press.

Okubo, K. (2017) Trend of changes in Fukushima's inclusive wealth: A preparation for disaster recovery study of the Great East Japan Earthquake. In: Managi, S., ed. (2017).

瀬田史彦（2014）「都市ランキングを批評する」『東京人』，344：124-131.

UNU-IHDP and UNEP（2012）*Inclusive Wealth Report 2012: Measuring Progress Toward Sustainability*, Cambridge: Cambridge University Press（植田和弘・山口臨太郎訳『国連大学　包括的「富」報告書』明石書店，2014年）

UNU-IHDP and UNEP（2014）*Inclusive Wealth Report 2014: Measuring Progress Toward Sustainability*, Cambridge: Cambridge University Press

Yamaguchi, R., Sato, M., & Ueta, K. (2016) Measuring regional wealth and assessing sustainable development: an application to a disaster-torn region in Japan. *Social Indicators Research*, 129（1）：365-389.

第Ⅱ部

地方創生の再検討

―地域の多様な豊かさと課題解決

第4章
福　島

1 はじめに[1]

　本書では，日本の地域別に富がどのように変化しているかを見てきた。天災に事欠かない日本に住んでいる限り，自然災害等の大きな外的ショックがあったときに，被災地域の富がどう変化するのか，そして地域の持続可能性のためにはどのように富を回復すればよいのか，といった問題は今後も避けて通れない。その際，本書で解説してきたように，人工資本のみならず，人的資本や自然資本の変化も考慮することで，これまでの復旧や復興の指標よりも[2]，現在・将来世代の地域住民の福祉（生活の質）を，地域に存在するストックの面からより包括的に把握できるだろう（本書序章，および植田・山口，2011）。

　主に津波による甚大な被害をこうむった宮城県の富については，震災による人工資本と人的資本の毀損が大きかったこと，しかし震災前から富は既に減少傾向にあったこと，また日本全体の富とは大きく異なる動きをしていることが明らかになっている（植田編，2016；Yamaguchi et al., 2016）。これに対して，地震，津波，原発事故の複合災害に遭い，いまだに帰還困難区域を抱える福島県は，宮城県とは異なる傾向を持つことが予想される。

　そこで本章では，2011年3月の東日本大震災で被災した福島県を対象に，被災と復興を経た富の変化を考察する。震災と原発事故によって，人工資本，人的資本，自然資本は，どのように毀損したのだろうか。また，2011年以降の震災復興を経て，富は回復傾向にあるといえるのだろうか。さらには，今後の福島県の持続可能な発展のためには，どのような資本整備が望まれるのだろうか。こうしたことを本章では考えたい。もちろん，本書の他の章と同様に，持続可

能性指標としての富にはおのずと限界もあり，答えられない問題の方が多い。特に，現在の被災者や地域住民の生活を含めた包括的な被害の把握には，別の議論が必要である（これらについては，植田編（2016）を参照）。以下，2，3節で富の変化の分析方法と結果を述べ，4節では原発事故と除染がもたらした各資本のシャドウ・プライスの変化を富の被害と回復としてとらえて分析する。

2 分析方法

　本書の他章と同様に，人工資本，人的資本，自然資本を集計した富を考える[3]。観察期間は，2001年から2013年である。震災の影響だけを知るためには，「震災がなかったらどうなっていたか」（反事実）と比較するのが理想だが不可能であるため，震災前の2001年から2010年までのトレンドと震災後のトレンドを比較する。各資本ストックについて，数量を算出したうえで，市場で取引のあるものは市場価格を，そうでないものはシャドウ・プライスを使って価値づけする。

　人工資本は，住宅資本，法人資本，公的資本に分けられ，具体的には，建物，機械・設備，道路・橋，鉄道，空港・港湾，公園などが該当する。計算方法としては，昭和45年国富調査の初期ストックを参照しつつ，県民経済計算の各年の投資（固定資本形成）を積み上げ，減耗を差し引いた（恒久棚卸法）。さらに，震災による偶発損として，日本政策投資銀行「東日本大震災資本ストック被害金額推計」の福島県全体のストック損害比率である6.2％（内陸部は3.7％，沿岸部は11.7％）を用いた。

　自然資本については，森林と農地のみを計上し，生産量が非常に少ない非再生可能資源や，都道府県への帰属が難しい漁業資源は対象外とした[4]。

　まず森林について，面積当たりのシャドウ・プライスは，木材としての価値と[5]，生態系サービス等の価値とからなる[6]。なお，地域住民がそのサービスを享受できる森林の面積は全体の10％とし（UNU-IHDP and UNEP, 2014），わが国の実情に照らして生態系サービスは主に天然林が供給していると考え，人工林の面積はストック量として計上していない。

次に農地について，面積当たりのシャドウ・プライスは，1 ha 当たりの農産物収入から労賃など他の生産要素への分配を除いたレントが無限期間にわたって得られるとして求めた[7]。これに耕地面積を掛け合わせたものが，自然資本としての農地の価値である。

人的資本は，教育を受けることで得られた感性，知識，能力，人脈などが，のちに労働市場において評価されるという考え方に基づき，福島県人口の教育達成度を価値化したものである。これはもちろん，健康に生きることの価値や，生命価値そのものを測るものではない。

なお，必ずしも富（ストック）には表れないものの，将来世代の福祉に影響する調整項目（二酸化炭素排出による被害，化石燃料の輸入によるキャピタル

図表4－1 各資本の算出に使用したデータと出所

資本形態		データ	出　所
人工資本		初期資本額（純資産額）	経済企画庁　昭和45年国富調査総合報告
		投資額（総固定資本形成）	内閣府　県民経済計算 http://www.esri.cao.go.jp/jp/sna/sonota/kenmin/kenmin_top.html
		デフレータ	United Nations Statistics Division (National Accounts) http://unstats.un.org/unsd/snaama/dnllist.asp
自然資本	農地	耕地面積	農林水産省　面積調査（作物統計） http://www.maff.go.jp/j/tokei/kouhyou/sakumotu/menseki/
	森林	材積・面積・樹齢分布	林野庁　森林資源の現況 http://www.rinya.maff.go.jp/j/keikaku/genkyou/index1.html
		山元立木価格	日本不動産研究所　山林素地及び山元立木価格調
人的資本		雇用者の学歴・平均年齢	総務省統計局　国勢調査
		県民雇用者数・1人当たり雇用者報酬	内閣府　県民経済計算 http://www.esri.cao.go.jp/jp/sna/sonota/kenmin/kenmin_top.html

（出所）　筆者作成。

ロス，技術革新，公債負担の非効率性等）は，本来は持続可能性分析に含めるべきであるが，定性的な結果に影響しないこともあり，本章では捨象している。各資本の価値の推計に用いたデータとその出所は，**図表 4-1** のとおりである。

3 分析結果

まず人工資本について，震災前の期間（2001年〜2010年）において，価値の総額は単調に減少していた（**図表 4-2**）。その後，2011年3月に起きた震災による大きな物量的被害を反映し，価値も急減した。しかし，2013年には復興もある程度進み粗投資が減耗分を上回ったので，人工資本の価値は増加している。一方，1人当たり額については，震災前はほぼ横ばいだったのが，震災による被害で大きく落ち込んだものの，その後は増加傾向にあり，2013年には震災前（2010年）における額の98.5％まで回復している。ただし，1人当たり額の改善の背景として，福島県の人口は1998年に213.8万人でピークを迎えて以降減少しており，震災後も減少に歯止めがかかっていないことに留意が必要である。

自然資本の価値の総額は，震災の前後をつうじて単調に増加していた（**図表4-3**）。これは，福島県においては，森林の材積や面積の増加による価値の増加分（特に前者）が，農地の減少による価値の減少分を上回っていたためであ

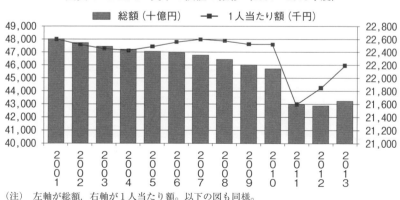

図表 4-2 人工資本の価値の推移（2001〜2013年度）

（注）左軸が総額，右軸が1人当たり額。以下の図も同様。
（出所）筆者作成。

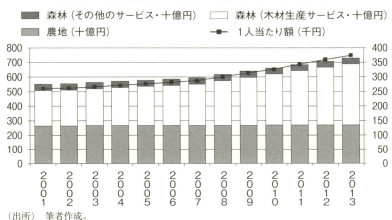

図表4-3 自然資本の価値の推移(2001～2013年度)

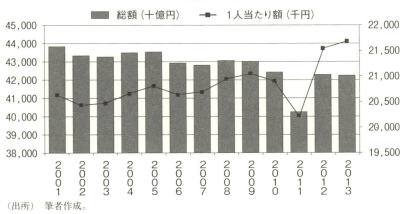

図表4-4 人的資本の価値の推移(2001～2013年度)

る。1人当たり額についても，震災の前後をつうじて単調に増加していた。ただし，津波による表土流出等，農地の減少は含まれているものの，森林については，林野庁による材積や面積の統計調査は5年ごとに行われ，データがない年については線形補完を行っていることから，震災の被害が反映されていないことに注意が必要である。

人的資本の価値の総額は，震災前から減少傾向にあったが，2011年にはさら

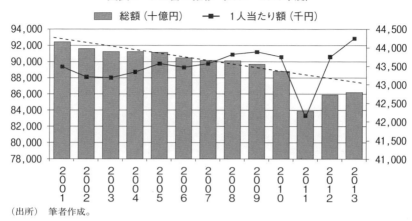

図表4-5 富の推移（2001～2013年度）

に大きく減少している（**図表4-4**）[8]。震災後の2012年には，2010年とほぼ同じ水準に回復した。しかし2013年には，人的資本の価値の総額はやや減少していた。一方，1人当たり額については，震災前の期間においては概ね増加傾向にあった。震災によって大きく落ち込んだが，震災後は増加傾向にあり，しかもその水準は震災前のそれを上回っている。

以上3つの資本の価値を合計した福島県の富に占める価値のシェアは，人工資本が約51％，人的資本が約49％，自然資本は1％未満であった。このように極端に自然資本の価値のシェアが小さくなっている背景として，農地と森林のみを価値づけの対象にしており，漁業資源などが含まれていないこと，対象とする森林が限られていること，近年においては農産物や木材の価格が低く推移していることなどがある。

富の総額のトレンドとしては，震災前から単調に減少しており（**図表4-5**），震災によって価値は大きく減ったが，その後は回復傾向にある。しかし，2013年においても，震災前の傾向を延長した線上の水準には届いていない。一方，1人当たり額については，震災前の期間は概ね増加傾向にあった。これは，福島県においては，富の総額の減少ペースよりも人口の減少ペースの方が速かったためである。震災によって1人当たり額も急減したが，2012年には震災前の2010年とほぼ同じ水準まで回復し，さらに2013年には震災前の期間を上回る水

準になっていた。

4 原発事故の影響と除染の効果

　前節で見た各資本の価値には，震災による量的な被害しか反映されていない。しかし，福島県の震災被害には，他の県にはない顕著な特徴がある。それは，原発事故がもたらしたストックの質的な変化である。風に乗って飛散した放射性物質は，農地，森林，住居，道路など様々な形態の資本を汚染し，少なくとも一定期間にわたってそれらの資本が供給するサービスを人々が享受できない状態にした。また，人々の健康に将来影響が現れるおそれもある。

　本節では，このような顕在的あるいは潜在的被害に加えて，放射性物質の除去等（いわゆる除染）の便益を推計する。原発事故による被害や除染による回復は，資本の量ではなく，シャドウ・プライスを変えると考えられる。通常，富の枠組みによる持続可能性分析は，資本のシャドウ・プライスは期間中に一定であると仮定して資本の量の変化を追跡する（Arrow et al., 2012）。しかし東日本大震災のような大きな外的ショックは，経済の資源配分メカニズムを大きく変えるため，各資本のシャドウ・プライスも調整すべきと考えられる。

　ただし，除染の目的はあくまで人の健康と生活環境への影響を低減させることに置かれており（環境省「除染等の措置に係るガイドライン」第2版），人工資本や自然資本（農地や森林）を利用できるようにすることが目的ではない。言い換えると，除染は地域住民の直近の福祉フローの改善を目指して行われているが，ここでは富（資本ストック）の改善に現れる効果を考えていることに注意が必要である。

　なお，被害や便益の推計の際に考慮するのは，除染特別地域（飯舘村，南相馬市，浪江町，富岡町，田村市，楢葉町，川内村，大熊町，葛尾村，川俣町，双葉町の全域または一部区域）に存在している資本のみである[9]。

① 人工資本

　国が放射性物質の除去等（いわゆる除染）の計画を策定し事業を進める除染特別地域[10]にある人工資本は，現状では利用することが実質的に不可能または

困難である。そのため，放射性物質が十分に低減するまでの期間は，資本を使った経済的活動が行えなくなる。環境省の除染情報サイトによると，今回の原発事故によって放出された主な放射性物質のうち，ヨウ素131，セシウム134は半減期が短いため，すでに消滅しているか，比較的速やかに減少する。これに対してセシウム137は半減期が約30年なので長期間影響が残りやすい。すなわち，除染の効果は，当該地域における経済活動の再開を，事故の30年後から近い将来（事故の10年後とする）に前倒しすることにあると考えられる。こうしたことから，原発事故によって，除染特別地域の人工資本が30年後までの減耗を経た価値まで下がったと仮定した。さらにその後の除染によって，経済活動が再開可能となる時点での価値まで上がったと仮定した。

除染特別地域には，2010年には福島県の従業者総数の9.3％が居住していた。人工資本が地域の従業者数に比例して分布していると考えると，2010年におけるこの地域の人工資本の価値は4兆2,703億円であったことになる。推計された被害額は，減耗率4％の場合は3兆442億円（2010年度における資本価値の71.3％），8％の場合は3兆9,950億円（同93.6％）である。除染によって回復される便益が2010年度の資本額に占める割合は，減耗率4％の場合は36.2％，減耗率8％とすると21.3％になる。この便益が上記の被害額に占める割合は，減耗率4％の場合は50.8％，減耗率8％の場合は22.7％である。

人工資本の減耗率を4％とすると，除染の便益は約1兆5,479億円となる。また，減耗率8％を採用すると，除染の便益は約9,084億円に減る。

2　人的資本

本章で検討している人的資本は，教育の価値のみを測定しているため，原発事故によるシャドウ・プライスの調整は行わない[11]。一方で，教育と並ぶ人的資本の側面として重要なのが健康であり，特に放射線被ばくの健康影響に対する懸念は大きい。そこで，人的資本としての心身の健康への被害を評価することが考えられるが，原発事故から5年しか経過していない現時点での判断は明らかに時期尚早であるため，本章では割愛する[12]。

3 自然資本

　放射性物質の汚染による農地と森林の社会的な価値の減少については，人工資本の被害と同様に，被ばく線量が十分に下がるまでの期間は，自然資本のサービスの一部（農作物や木材等の供給サービス等）が停止してしまうと考えられる[13]。したがって，事故後30年間は自然資本の一部のサービス価値がゼロとなる，また除染によって一部のサービス価値がゼロである期間が短くなる（事故後10年間と仮定する），という点を自然資本のシャドウ・プライスに反映させることになる[14]。

　人工資本と同様，除染特別地域の11市町村に所在する農地と森林のうち，除染計画の対象になっているもののみを被害や除染の便益の推計の対象とする。除染計画の対象になっている農地は9,670ha（全体の37.1%），森林は5,376ha（全体の3.8%）である[15]。

　森林については，すべてのサービス（2,091ドル/年/ha）のうち（UNU-IHDP and UNEP, 2014），食物や水などの供給サービス（171ドル/年/ha）とレクリエーションのサービス（27ドル/年/ha）だけが放射性物質による汚染によって損なわれたと考える。森林の価値のうち木材の生産に貢献するサービスの価値については，放射性物質による汚染によって，どの程度の木材が商品価値を失ったか判断が難しいので，今回の推計からは除いている[16]。

　2010年において11市町村は26,062haの農地を擁し，その価値は1,450億円であった。放射性物質による汚染で半減期までの30年間にわたってサービスが享受できなくなったと考えると，資本価値の78.5%にあたる1,139億円が損なわれたことになる。除染によってサービスの利用開始時期が20年間早まると仮定した場合[17]，回復される除染計画対象農地の価値は約207億円である。

　「福島県森林・林業統計書（平成22年度版）」によれば，2010年に除染特別地域には138,930haの森林があった。その10%に人が立ち入り，森林のサービスを享受することができると考えると，当該地域には773億円（損なわれたサービスに関する部分のみだと60億円）の価値の資本があったことになる。放射性物質による汚染で損なわれた価値は47億円であり，2010年における資本額全体の6.1%，損なわれたサービスに関する部分の78.5%である。除染によって

サービスの利用開始時期が20年間早まると仮定した場合，回復される価値は約9億円（被害額の19.1％）である[18]。

5 結びに代えて──まとめと課題

2，3節の分析により，福島県では，森林を除く，人工資本，人的資本，自然資本のすべてが，実は震災前から既に低下傾向にあり，震災によってさらに被害を受け，震災後は復興に伴って回復傾向にあるものの震災前の水準は下回る，という状況にあることが明らかになった。ただし自然資本については，森林の増加が農地の減少の影響を埋め合わせている。一方，1人当たり指標に直すと，震災以降に人口減少が加速したことから（特に生産年齢人口と年少人口が大きく減少），V字型回復しているように見える[19]。

以上の評価は，あくまで資本の数量に着目したものである。4節では，原発事故は，放射性物質の拡散を通じて，各資本のシャドウ・プライスを変えたと考えた。その結果，除染特別地域11市町村における人工資本の71％（減耗率4％の場合）と農地の79％と森林の6％が損なわれたという試算を示した。さらに，除染の便益については，富を構成する資本ストック価値の36～38％程度，金額では人工資本を9,000億円から1兆5,000億円，自然資本を数百億円程度，それぞれ回復させる便益があったと考えられる[20]。繰り返しになるが，除染の目的は資本価値の回復ではなく，住民の健康と生活の回復にあるとされているため，単純に費用便益分析をすることはできないものの[21]，人工資本と自然資本の価値の回復として現れた除染の便益は，除染の費用とされる2.5兆円程度[22]を下回ると考えられる。本章と対象が異なるため単純な比較はできないが，中西（2014）では，除染対象地域の土地価格の被害が1.7兆円，土地価格の回復としての除染の便益が1兆円という計算例が紹介されている[23]。

次に，人的資本の1つとしての健康影響のほか，本章で扱えないことについても述べておく。本章（ひいては本書）は，長期的な持続可能性の指標である，現在から将来の世代が生きていくための糧としての富に注目している。したがって，より緊急度の高い，現在世代が経験している福祉そのもの（地域住民や被災者の生活満足度，幸福度，潜在能力の発揮，定量化できない生活と自然

の一体性）は対象外である。また，各資本の評価はトップダウンに計測したマクロ的な値であり，空間的な不均一性（例えば浜通りと中通りの人的資本の違いなど），福島県の地域の実情に応じたシャドウ・プライス[24]，ボトムアップにしか評価できない資本（生息域の限られる動植物等）も対象外である。

さらに，地域別に富を計測すると，福祉と富との等価性が必ずしも成立しないという問題がより大きくなる。この点は，域外への移住者も多い福島県について特に大きな問題となる。人工資本と自然資本は基本的に土地に根差しているが，人口や人的資本は自由に動くことができるため，県内の富が県民の福祉と乖離しやすくなるのである。最終目標は，土地に根差した富そのものではなく，人々の福祉にある。

最後に，福島における今後の産業振興として，医療機器，観光，廃炉，再生可能エネルギー等が指摘されるが，これらへの投資が人工資本のみならず，人的資本，自然資本も含めた富に与える影響の分析が今後の課題である。

■注
1 　植田和弘氏，馬奈木俊介氏とは，大震災発生以来多くの議論を積み重ね，大きな示唆をいただいてきた。そのほか，学会や研究会でコメントをいただいた多くの方々に，記して感謝申し上げる。
2 　既存の復興指標としては，復興庁「復興状況に関する指標」，福島県「10の指標にみる福島県の復興」，総合研究開発機構「東日本大震災復旧・復興インデックス」，内閣府経済社会総合研究所「統計からみた震災の復興」などがある。
3 　詳細は，植田編（2016），Yamaguchi et al.（2016），Okubo（2017）を参照。なお，本章における資本価値の推計方法は，上記の参考文献や本書の他章のものと若干異なる点があるため，単純な比較は難しい。
4 　福島県の水産業は直接の被害だけでなく，風評被害も極めて大きいため，水産資源の分析は今後の研究対象として重要である。
5 　産業用丸太の商品価格から伐採・運搬費用を除いた山元立木価格（樹種を考慮した期間平均値）に，森林ストック量を掛けた。なお，国内で流通している木材のほとんどが人工林から供給されているため，ストック量は，出荷できる状態になった樹齢40年以上の人工林に限定している。
6 　具体的には，木材以外の供給サービス（食料，水等），調整サービス（大気の質，受粉，廃物同化），多様性，文化サービス（レクリエーション）等が含まれる。UNU-IHDP and UNEP（2014）にならって，TEEBデータベースに依拠し，毎年2,091ドル/haの価値があるサービスが生み出されているとした。これを無限期間，割引率5％で現在価値化すると，面積当たりのシャドウ・プライスは459万円/haとなる（2000年から2010年の為替レートの平均109.8円/ドルを適用）。

7　その際，震災前の10年間における生産費データを用いている。また，農地への分配シェアは農産物によって異なるので，作付面積で重みづけた各年の値をまず求め，それらの10年間の平均値を使用している。
8　本章では，データの都合等により雇用者数を人的資本ストックとしている。
9　人工資本については，市町村の一部のみが除染特別地域に指定されている場合も，全域にあるものを被害や除染の効果の推計対象とする。
10　事故後1年間の積算線量が20ミリシーベルトを超えるおそれがあるとされた「計画的避難区域」と，東京電力福島第一原子力発電所から半径20km圏内の「警戒区域」からなる。
11　厳密には，原発事故が教育投資の効率性や収益率に影響すると考えられる。
12　福島県の県民健康調査の2016年3月「中間とりまとめ」では，事故後4か月間における外部被ばく実効線量の推計については，「統計的有意差をもって確認できるほどの健康影響が認められるレベルではないと評価」されている。
13　厳密には，すべての資本のシャドウ・プライスを震災の前後で計算しなおす必要があるが，ここでは自然資本のシャドウ・プライスのみ変化したと単純に仮定する。
14　これを数式で表すと次のようになる。事故前，事故直後，除染後のそれぞれの自然資本のシャドウ・プライスを p_1, p_2, p_3 とする。放射性物質の影響を受けないサービス（大気の浄化，炭素の固定，受粉等の調整サービス，生物多様性保護）を C_t，放射性物質の放出によって価値がゼロになるが除染によって回復されるサービス（農作物や木材等の供給サービス，レクリエーション等の文化サービス）を D_t とする。δ は割引率，t は年を表し，事故があった年を0とする。

$$p_1=\sum_{t=0}^{\infty}\frac{C_t}{(1+\delta)^t},\ p_2=\sum_{t=0}^{\infty}\frac{C_t}{(1+\delta)^t}+\sum_{t=30}^{\infty}\frac{D_t}{(1+\delta)^t},\ p_3=\sum_{t=0}^{\infty}\frac{C_t}{(1+\delta)^t}+\sum_{t=10}^{\infty}\frac{D_t}{(1+\delta)^t}$$

したがって，原発被害と除染の効果の割引現在価値は，それぞれ下記となる。

$$p_1-p_2=\sum_{t=0}^{29}\frac{D_t}{(1+\delta)^t},\ p_3-p_2=\sum_{t=10}^{29}\frac{D_t}{(1+\delta)^t}$$

15　これらのデータは，環境省「国直轄除染の進捗状況」から得た。なお，「住居，農用地等に隣接する森林については，林縁から約20mの範囲について除染」が行われている。
16　実際，復興需要が高まるにつれて，木材への需要も高まったと予想される。
17　ただし，まだこの地域には，避難している地権者との調整がつかない，空間線量が高い地区にあって人が立ち入ることができないなどの理由で放置されたままの農地がある。
18　先述のとおり，震災前にあっては，除染特別地域に含まれる，11市町村に存在する森林面積の10%から供給されるサービスを人間が享受できていたと考えている。これに対して，震災後の除染については，除染すれば除染計画の対象になっている面積（注10参照）すべてから供給されるサービスを人間が享受できると考える。なお，3節までの推計においては，森林による水・食料・燃料の供給サービスやレクリエーションのサービスの供給源を天然林に限定していたが，除染計画の対象面積の内訳が不明であるため，ここでは人工林を含むすべての森林を対象としている。
19　ただし，今後の帰還を含む人口動向が読めないこともあり，これをもって福島が持続可能な経路にあると判断するのは性急であろう。
20　除染の費用便益分析を厳密に行うためには，除染に支出することで犠牲となった人工資

第4章　福　島

本への投資など，各資本への影響をすべて計算する必要がある（Dasgupta, 2009）。
21　森林に放射性物質を封じ込める，木材を活用する，という2つの相反する考え方が政策にあることも混乱を招いている（濱田他，2015）。
22　「原子力災害からの福島復興の加速に向けて」（平成25年12月20日閣議決定）による。
23　中西（2014）での計算例は，農地，宅地，家屋，償却資産を対象に，固定資産税評価額に係数を掛けて市場価格を設定している。これに対し本章では，宅地は対象外であるが，森林が含まれる。もちろん対象の計算方法は全く異なる。
24　森林のシャドウ・プライスに関しては，例えば住宅建て替え用資材，シイタケ原木，山菜やキノコなどの価値が挙げられる（濱田他，2015）。

■参考文献

Arrow, K. J., Dasgupta, P., Goulder, L., Mumford, K., & Oleson, K. (2012) Sustainability and the measurement of wealth. *Environment and Development Economics*, 17：317-353.
Dasgupta, P. (2009) The welfare economic theory of green national accounts. *Environmental and Resource Economics*, 42：3-38.
濱田武士・小山良太・早尻正宏（2015）『福島に農林漁業をとり戻す』みすず書房．
環境省除染情報サイト「国直轄除染の進捗状況」http://josen.env.go.jp/area（2016年10月14日閲覧）
Managi, S., ed. (2017) *The Wealth of Nations and Regions*, New York: Routledge.
中西準子（2014）『原発事故と放射線のリスク学』日本評論社．
Okubo, K. (2017) Trend of changes in Fukushima's inclusive wealth: A preparation for disaster recovery study of the Great East Japan Earthquake. In: Managi, S., ed. (2017).
植田和弘編（2016）『被害と費用の包括的把握』東洋経済新報社．
植田和弘・山口臨太郎（2011）「持続可能な発展理論からみた震災復興」『環境経済・政策研究』4(2)：69-72.
UNU-IHDP and UNEP (2014) *Inclusive Wealth Report 2014: Measuring Progress Toward Sustainability*, Cambridge: Cambridge University Press.
Yamaguchi, R., Sato, M., & Ueta, K. (2016) Measuring regional wealth and assessing sustainable development: an application to a disaster-torn region in Japan. *Social Indicators Research*, 129(1)：365-389.

コラム2　水俣市―地方公共交通の経済性

　少子高齢化などに伴い，公共交通のあり方が問われている。住民のモビリティ確保や環境負荷の低減といった都市の持続可能性の観点から，さらに，地方公共交通の要であった路線バスの規制緩和による廃止などの問題から，近年では地方都市や地区でのコミュニティバス（以下コミバス）の導入が相次いでいる[1]。熊本県南部の地方都市である水俣市でも，2003年の導入を皮切りに，2015年までに6路線のコミバス「みなくるバス」が運行されている[2]。

　しかし，地方の足として期待されるコミバスの多くは，運行経費の大部分を地方自治体や国の補助金が占め，地方財政にとって大きな負担となっているのも事実である。一方で，コミバスは高齢者などの交通弱者のモビリティ確保という目的を考慮すると，経済性だけでなく，福祉的な評価も必要である。

　そこで，コミバスを福祉インフラとみなし，新国富指標を用いて2014年度のみなくるバスの公的補助金（4,389.5万円）を健康資本量に換算したところ，65歳以上の水俣市民の健康資本量の0.17％に相当する結果となった。この公的補助金額は同年の老人福祉費[3]の3.25％に相当し，同じ量の健康資本を生み出すのに公的補助金の方が高くつくため，福祉面で大きく貢献できるとは言い難い。

　今後の地方公共交通の展望として，自動運転車の導入が考えられる。日本でも企業や大学による実証実験も始まり，早ければ5年以内には路線バスでの導入が実現する見込みから[4]，想像より非現実的な話ではない。図は現在のみなくるバス路線にロボタクシー[5]を導入した場合のコストの比較である。通常のタクシーのように1台当たりの乗車人数が少ない場合はコミバスの経常費用や公的補助金額よりはるかに高いが，3〜4人になれば同程度になる。さらに，将来的に集住が進むことを前提に，2014年度のコミバスの経常費用と公的補助金額で同年の輸送人員を維持できる距離を試算したところ，1台当たり1人では約3 km，4人だと約11kmとなった。現在の水俣市の中心市街地がおよそ半径3 km程度であることから，その効果が期待できる。今後自動運転技術に関するコストが下がるであろうことも考慮すると導入のメリットはあると言える。

コラム2 水俣市―地方公共交通の経済性

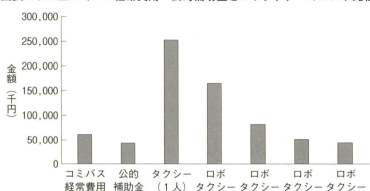

図表コラム　コミバス経常費用・公的補助金とロボタクシーのコスト比較

（出所）　文献2と5を元に筆者作成。

■参考文献
1　松本幸正，他：成功するコミュニティバス，学芸出版社，2009.11.
2　水俣市：水俣市地域公共交通網形成計画，p.8，2015.3.
3　総務省：地方財政状況調査関係資料（市町村別決算状況調査），http://www.soumu.go.jp/iken/zaisei/h26_shichouson.html，2016.10.3取得
4　レスポンス：自動車運転が過疎地を救う？　ソフトバンクが描く路線バスの未来とは，http://response.jp/article/2016/10/29/284461.html，2016.10.29取得
5　ボストンコンサルティンググループ：自動運転車市場の将来予測，http://www.bcg.co.jp/documents/file197533.pdf，2016.10.18取得

第5章
離島の現状と今後の発展にむけて

1 日本は島国

　日本は大小さまざまな島から構成されている島国である。昭和62年に海上保安庁が発表した情報によれば，日本は6,852の「島」からできており，そのうち，北海道・本州・四国・九州・沖縄本島の5島を「本土」，残りの6,847島を「離島」としている。離島の中でも6,400島以上は無人島であり，有人島は420島程度である。また，日本は4つのプレート（ユーラシアプレート，北米プレート，太平洋プレート，フィリピン海プレート）の上に位置し，地殻変動の影響を受けやすい。例えば，2013年には海底火山の噴火，堆積により西之島が新たに誕生したことは，記憶に新しい。一方，世界に目を向けてみれば，地球の陸地の約7％が島嶼であり，世界人口の約10.5％がそこに住んでいる。そして，そこには世界の絶滅種危惧種の約90％が生息していると言われている。

　島嶼では，大陸から隔離されたことで，独自の文化や自然が育まれることが多い。絶滅種危惧種の約90％が島嶼地域に生息していることから見ても，その特殊性がわかるだろう。日本も島国であるため，日本自体が大陸とは異なった文化や自然を有しているが，日本の離島には本土では見られない，さらなる独自の文化や生態系が存在している。小笠原諸島や屋久島など，その独自で豊かな自然が世界的に有名な島も多く存在する。

　2016年に総務省統計局が発表した国勢調査の人口速報集計結果によれば，我々が住む日本全体の人口は減少へと転じ始めた。すでに人口減少が深刻な問題となっている離島地域では，人口流出やIT化によって独自の文化が失われていく危機に瀕している。離島地域における住人の減少は，地域コミュニティ

の存続の危機であり，今後数十年の間に廃村となり，無人島へと移り変わる島が多数出てくる可能性も現実味を帯びている。そのような中，独自の自然を生かして，観光業を活性化させることで，人口減少率を抑えることのできている離島も存在する。大きな変動が生じている現状況において，どのような未来を目指すべきなのであろうか。

　本書で提案している新国富指標は，地域の持続可能性を測ることのできる指標の1つである。離島が抱える人口問題や環境を含めて，その持続可能性を定量的に評価できることがその指標の特徴である。本章では，まず，離島の現状について着目し，離島が抱えている問題を定量的に明らかにする。続いて，離島の中でも稀有な生態系を持ち，その価値から世界遺産に登録されている屋久島にスポットを当てる。屋久島の知名度は高く，海外からも多くの観光客が訪れる島であり，離島の中でも活性の高いところである。具体的に，屋久島における新国富を計測することで，屋久島の持続可能性について言及し，最後に今後の課題についてまとめよう。

2 離島地域の抱える問題

離島振興のための特別法の制定

　日本の島嶼地域における問題は，近年始まったわけではない。離島[1]の人口推移を見てみると，1955（昭和30）年の時点ですでに人口は減少傾向であることがわかる（**図表5-1**）。太平洋戦争後より立て直しが図られていた昭和20年代後半から，離島振興のための特別法の制定に向けた動きがみられていた。離島では，本土との隔絶性による生活環境等の後進性が問題となっており，1953年，ついに島民の生活向上に向けて離島振興法が制定されていた。

　この法律は，10年間の時限法であり，以後10年ごとに改正されている。最近では，2012年に公布，一部施行され，2013年に全面施行された。国土交通省によれば，これまでの離島振興法と大きく異なる点として，①目的規定への「居住する者のない離島の増加及び離島における人口の著しい減少の防止並びに離島における定住の促進」の追記，②様々なソフト施策等に関する配慮規定の追

加，③ソフト施策等を総合的かつ着実に推進するための離島活性化交付金等事業計画の創設，④関連施策の充実を図るための主務大臣の追加，を挙げている。

例えばソフト施策として，産婦人科医のいない離島における妊婦の通院・入院に対する支援や介護サービスの充実などが含まれている。平成27年7月現在では，人口数や地理的条件などによって定められている指定基準を満たした，沖縄，奄美，小笠原を除く78地域260島が対象となっている。沖縄，奄美群島，小笠原諸島においても，それぞれの地域に向けた振興を目的とした特別措置法が制定されている。これらの特別措置法には，戦後の日本からの行政分離と，復帰・返還という歴史的背景ある。

昭和の半ばから，これらの法によって支援を受け，社会インフラ等の整備が進められてきたものの，図表5-1に見られるように人口減少に歯止めがかからず，すでに離島の人口は1950年代の半分適度にまで減少している。2012年に改訂されたように，ハードによる対策だけでなく，ソフト施策を含めた対応により，離島における課題の改善が期待されている。

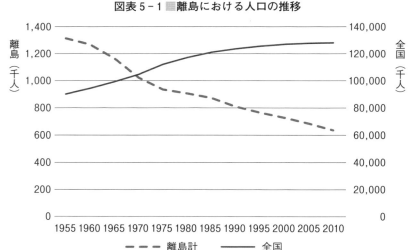

図表5-1 離島における人口の推移

(出所) 離島統計年報 (2012) より作成。

離島における人口減少

　❶でも触れたように，戦後間もない頃から，すでに人口が減少している。2000年から2010年にかけての10年間に着目するだけでも，100人以下の離島の割合が増え，逆に3,000人以上いる離島の割合が減っていることがわかる（図表5－2）。それに加えて，高齢者比率が高いことも離島における大きな問題である。図表5－3に示したグラフは，2010年の人口ピラミッドであるが，日本全国のグラフと比べてもその高齢化率の高さは一目瞭然である。特に10代後半から20代にかけて極端に減少していることがグラフより見て取れる。

　1つ注意すべきことは，出生率が低いわけではないことである。0歳から14歳当たりの人口とその親世代の人口を比べるとわかるように，離島の1家族当たりの子供の数は日本全国のそれに比べて高いだろうと推測される。その証拠に，例えば2010年の国勢調査では，出生率のトップ3は離島で占められている（1位：徳之島伊仙町2.81，2位久米島町2.31，3位宮古島市2.27）。それ以下のランキングにおいても離島によって出生率の上位が占められている。ではなぜ，人口減少や高齢化が深刻な問題となるのであろうか。その大きな理由とし

図表5－2　人口規模から見た離島の比率

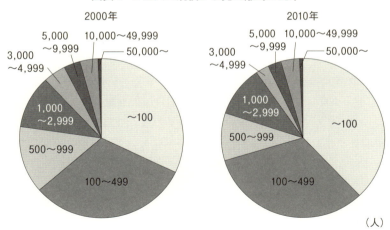

（出所）　離島統計年報（2002及び2012）より引用。

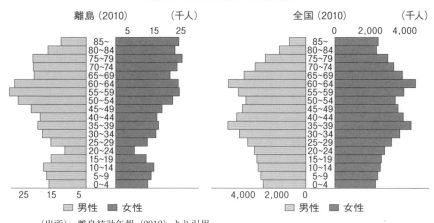

図表 5-3 男女別年齢構成比

（出所）　離島統計年報（2012）より引用。

て，若者が高校，大学へ進学の際に島を離れてしまうことにある。

離島は，一般的に海によって隔離された狭い地域であるため，それがゆえの不便さを強いられている。例えば，島外への移動手段は高額であり，病院や学校などの公的施設も充実しているとは言い難い。島内で手に入れられないモノやサービスを享受するためには，島外に出ていくほかなく，若者の島離れが深刻になる一因であろう。次の節では，離島の教育や医療問題を見ていこう。

3　離島における教育と医療の問題

若者が故郷である島を離れてしまう理由として，学校の問題がある。**図表 5-4**に示すように，学校を保有する島の割合は年々減少しており，30％以上の離島において，すでに小学校が存在しない。また，高校に着目すれば，90％近くの離島に存在しないことがわかる。日本において，高校への進学率は97％を超えている。つまり，離島の若者が本土の若者と同等の教育を受けるためには，本土や大きな離島へと中学卒業時に移動する必要があるのだ。

このような現状から考えても，図表 5-3 の人口ピラミッドのような若者の極端な減少が起こることも納得のいく結果である。それぞれの離島において，十分な教育を受けられる環境が整っていれば，若者の島外への移動を抑えるこ

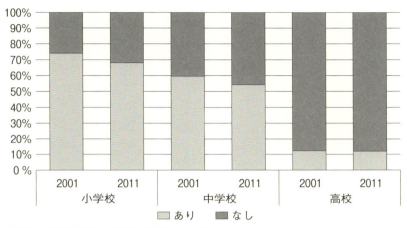

図表5-4 学校を保有する離島の割合

（出所）離島統計年報（2002及び2012）より作成。

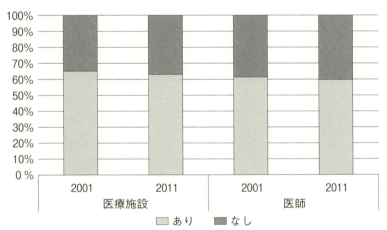

図表5-5 医療施設を保有する離島の割合

（出所）離島統計年報（2002及び2012）より作成。

とができるかもしれないが，学生数が減少している現状において，学校数を増やすことは厳しいだろう。人口が減少している状況を鑑みれば，学校数の減少率も許容範囲と言えるのかもしれない。

次に医療状況にも着目しよう。島内に医療施設や医者がいる離島は60％程度

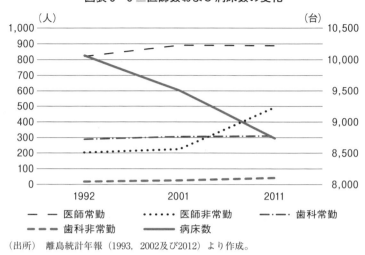

図表5-6 医師数および病床数の変化

（出所）　離島統計年報（1993, 2002及び2012）より作成。

である（**図表5-5**）。これらも徐々にではあるが，減少傾向が見て取れる。病床数に着目しても，ここ10年で1,300台ほど減少していることが**図表5-6**からわかる。しかしながら，医師の数はほとんど減っておらず，逆に非常勤の医師の数は増加している。つまり，人口減少が進んでいる離島の現状を考えれば，医療体制は改善されていることがわかる。ただし，高齢化が激しい離島地域において，病床数の減少のような病院施設の不足は死活問題となる。巡回診療などが行われているものの，急病の際はヘリコプターや船で移動する必要がある。そのため，ヘリポートが設置されている離島数は増加傾向にある。

離島における産業の変化

　人口減少に伴い，離島における産業構造も大きく変化している。離島では，日本全国に比べ第一次産業の割合が高かった。豊富な漁業資源に恵まれていることに加え，外部との交通の不便さにより自給自足が大前提としてある。しかしながら，高齢化と人口減少により，第一次産業に対する就業者が半減している（**図表5-7**）。第二次産業の就業者は減少しているものの，第一次産業ほど激しくはない。一方，第三次産業就業者数は高い値を維持している。これは，

第5章 離島の現状と今後の発展にむけて

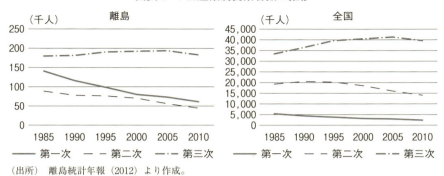

図表5-7 産業別就業者数の推移

(出所) 離島統計年報 (2012) より作成。

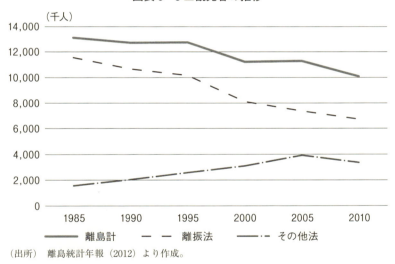

図表5-8 観光客の推移

(出所) 離島統計年報 (2012) より作成。

観光業の発達が大きな要因として挙げられるだろう。ただし，観光業も順風満帆とは言えない。

図表5-8では，離島振興法指定離島とその他の法による指定離島（沖縄，奄美，小笠原）の観光客推移を示しているが，離島振興法指定離島の観光客数は減少傾向にあり，離島全体としても徐々に減少していることがわかる。また，2010年には減少しているものの，沖縄などの有名な離島の観光客数は増加して

109

いることがうかがえる。観光業を起爆剤にした島の活性化は有用な手段の1つではあるが，すべての島において可能なわけではない。加えて，観光業を中心に島の経済の立て直しが図られたように見えても，もともとの厳しい地理的・環境的制約により，環境資源や水資源の過剰利用が生じ，環境や生態系の悪化が生じるリスクがあることも忘れてはならない。

離島における政策と今後の展望

　以上見てきたように，離島では人口減少や高齢化によってサービスの低下や産業構造の変化などが発生し，また，それらの変化によって人口減少や高齢化が加速されているように見受けられる。すでに日本全体において人口が減少し始めている今，離島における人口増加を当面の目標に据えるのは現実的ではないだろう。離島振興法などに見られるように，昭和中頃からすでに危機感を持ち，対策がとられてきたにもかかわらず，人口減少や高齢化に歯止めがかかっているとは言えない状況である。ただし，この法が制定されていなければ，より深刻な状況になっていただろうことは想像に難くない。

　離島では様々な支援策が実施されている。例えば，高校未設置離島の高校生に対しての通学・居住経費の支援，漁業再生活動の支援などである。また，離島振興法の改正によって，離島の地域活性化および定住化の促進のための交付金も新規に創設されている。島外への人口流出を防ぐための，島内のサービス向上だけでなく，一度島外に出てしまった人や島への移住に関心がある人が島に移住しやすくなる支援も増えており，その効果が期待される。島の持続可能性を高めるためには，いかに人口減少率を抑えつつ，その他有用な資本をどのように未来へ残していくか考えることが重要である。そのためにも，持続可能性を定量的に評価できる手法が不可欠である。続く節において，実際に新国富指標を屋久島に適用した例を紹介する。

3 屋久島における新国富

 屋久島の特徴

屋久島は鹿児島県の大隅半島佐多岬より約60kmの会場に位置する島であり，熊毛郡屋久島町に属している。面積は504.29km²であり，東西，南北それぞれ28km，24km程度の島である。島の約90%が森林におおわれ，島の中央部にある宮之浦岳は九州地方最高峰であり，日本の百名山の1つに掲げられている。1993年には，ユネスコ世界遺産に登録された。

海からの湿った風が屋久島にぶつかることで，多雨地帯となっている。年間降水量は平地で4,500mm，山間部では8,000-10,000mmに達しており，小説家の林芙美子は「月のうち三十五日は雨」と評しているほどである。この大量の降雨によって，屋久島には独自の生態系が築かれている。標高の高い山々もあることも相まって，亜熱帯から亜寒帯の多様な植物の生息が確認され，Yahara et al. (1987) によれば，47種・2亜種・30変種の固有植物が知られている。

屋久島の代表的な植物と言えば屋久杉であるが，一般に500年程度が平均寿命と言われる杉において，屋久島では2000年を超える巨木が存在している。多雨な環境でありながら，栄養の乏しい花崗岩の産地に生息しており，一般に比べて成長が遅いという特徴がある。それゆえに，緻密で樹脂分の多い樹木として成長するため，優良な木材として伐採されてきた歴史がある。今から約7,000年前には既に人々が生活していたといわれる屋久島であるが，日本の歴史上に記録されたのは，日本書紀における「推古二十四年 (616年)，掖玖人三口帰化す」という記載である。屋久杉の存在が注目され始めたのは，太閤秀吉の京都方広寺大仏殿の建立に向けた建築材の調達のために，その木材資源量の調査が行われたころにさかのぼる。そして，江戸時代において，島民の生活向上のために泊如竹によって屋久杉の活用が島津家に献策され，本格的な伐採が始まったとされる。明治時代に入ると森林の国有化がすすめられ，国と島民との間で長い争いが続いた。大正末期には裁判に敗れ，屋久島の森林のほとんどは国有林とされ，国による事業が本格化してしまう。大戦後の昭和30年代には，復興

および経済成長のため，大量の伐採がすすめられてきた。その後，自然保護の動きが徐々に活発になりはじめ，1992年には森林生態系保護地域に指定された。

屋久島の人的資本・人工資本・自然資本

屋久島では，豊かな自然を生かした観光業が盛んに行われてきた。芝崎らによれば，1970年ごろに5万人ほどであった年間入込客数は，80年代に10万人を

図表5-9 (a)屋久島の新国富［十億円］，(b)1990年を基準とした新国富の変化

（出所）Kuroiwa et al. より引用。

超え，2000年には30万人近くにまで及んでいる。観光業の発展により，人口減少に対する歯止めはかかっている。しかし，観光客の増加による，もともと環境収容力の少ない島地域での観光資源や水資源の過剰利用が生態系や環境の悪化を引き起こす可能性も考えられる（湯本，2014）。

新国富指標は，その地域にある人や自然，構造物などの資本からその地域の持続可能性をとらえることが可能である。それでは，屋久島における新国富を用いることで，その持続可能性について見ていこう。

図表5-9は屋久島の新国富を1990年から2010年までを示したものである。その合計は年々増え，20年間で約30％増加している。図表5-9からわかるように，人的資本は，減少傾向を示している。世界遺産に登録後より，若者の移住がなどによって人口の減少に歯止めがかかっているものの，人的資本は依然低下していることが見て取れる。人的資本を教育資本と健康資本に分割して，その詳細を見てみよう。

図表5-10は教育資本と健康資本の変化が1990年を基準として示されている。これを見ると，教育資本は増加傾向であるのに対し，健康資本は2000年ごろに増加がみられるものの，全体として減少傾向である。つまり，健康資本の減少が人的資本の減少に大きく影響を及ぼしているのである。屋久島において1990年ごろから，人口減少はほとんど進んでいないものの，高齢化は進んでいる。

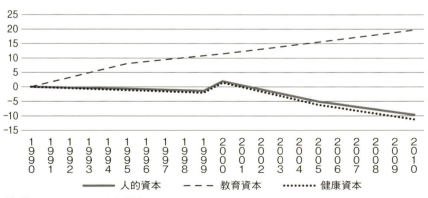

図表5-10 産屋久島の教育資本（education）と健康資本（health）

（出所）　Kuroiwa et al. より引用。

1990年に2,500人ほどだった高齢者の人口は2010年時点で約3,800人となっている。そのため，健康資本が減少傾向を示し，人的資本全体としても減少傾向として表れていると考えられる。

一方，人的資本は2005年あたりまでは増加傾向を示し，その後，ほぼ横ばいの値を示している。屋久島においても，第一次産業就業者人口は減少しているが，第三次産業就業者は増加傾向にあり，約7割が第三次産業に従事している。屋久島が世界遺産に登録されたことで，観光客が増加し，それに伴い観光産業も発展してきた。人工資本の増加もその影響が大きく表れていると言える。

自然資本についても，増加傾向が図表5-9より窺える。図表5-11に示すグラフは，自然資本の推移を，1990年を基準として，森林資源（forest），漁業資源（fishery），農地資源（agriland）ごとに分けて示したものである。第一次産業に関係のある農地資源はや漁業資源は減少傾向にあるが，森林資源は増加している。屋久島の場合，2010年時点で森林資本が自然資本の8割を占めており，この自然の豊かさが屋久島の特徴と言えるだろう。

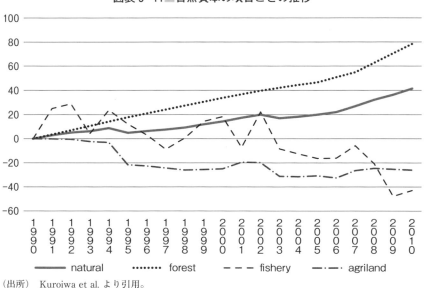

図表5-11 自然資本の項目ごとの推移

(出所) Kuroiwa et al. より引用。

屋久島の持続可能性

　屋久島では，人口減少の歯止めはかかったものの高齢化問題によって，人的資本が減少傾向を示している。一方，人工資本や自然資本は増加傾向を示し，全体として屋久島の新国富は増加傾向にあると言える。つまり，総合的に言えば屋久島は持続可能の開発が行われていると言えるだろう。しかし，より詳細にみれば，健康資本や第一次産業に関する資本の低下が観測されている。これらの問題は他の多くの離島においても課題に挙げられるものである。屋久島の場合，観光業の発展により若者の移住も見られたが，一方で，環境保護のために入山者数の規制も議論に上がっている。現時点では，森林資本は増加しているものの，観光客が増えすぎれば，屋久島の生態系への負荷が増加し，自然資本の減少につながりかねない。

　いかにして自然保護と観光事業を両立するべきか，そのための政策評価を行うためにも新国富は有用な指標となるだろう。

4 離島の今後と新国富

　以上みてきたように，前半では，日本の離島全体の抱えている問題を，統計データをもとに確認し，後半では，具体的に屋久島における新国富の推計結果を紹介した。日本全体として人口減少に転じている現在，離島の人口減少問題および高齢化は難題と言えるだろう。

　人口減少問題を解決するためには，出生率を上げること必要があるが，離島においては，さらに若者の島外への流出を防ぐことが不可欠である。そのためには，育児のしやすい環境や労働条件を実現し，離島への移住を受け入れやすい体制を築くことが求められる。一方で，観光業の発展などにより人口減少が抑制されたとしても，新たな問題が浮上する可能性がある。狭小性の高い離島において，観光客の増加は，その地の生態系や資源の過剰利用を強いることがある。度が過ぎれば生態系の破壊により観光業の衰退も考えられる。

　新国富は，これを用いることで，検討されている政策を持続可能性の観点から評価できる。また，許容される開発水準を予測することも可能だろう。豊か

な自然や独自の文化を失ってしまわないためにも，新国富を用いた長期的な視点で政策や開発を評価すべきではないだろうか。

■注
1　ここでは，離島振興法指定離島，小笠原諸島振興開発特別措置法指定離島，奄美群島振興開発特別措置法指定離島および沖縄振興特別措置法指定離島を対象とする。

■参考文献
岩波書店編集部編集（1958）『屋久島・種子島』岩波写真文庫
国土交通省（2012）「離島の現状」http://www.mlit.go.jp/common/000228919.pdf（2016年10月現在）
国土交通省（2013）「離島をとりまく現状」，第2回国境離島の保全，管理及び振興の在り方に関する有識者懇談会配布資料，http://www.kantei.go.jp/jp/singi/kaiyou/ritou_yuusiki/dai02/2.pdf,（2016年10月現在）
芝崎茂光・坂田裕輔・永田信（2003）「屋久島における年間観光客数と観光需要特性の推計」『東京大学農学部演習林報告』，110：1-25.
藤田陽子・渡久地健・狩俣繁久編著（2014）『島嶼地域の新たな展望』九州大学出版会.
屋久杉自然館（2016）http://www.yakusugi-museum.com/（2016年10月現在）
日本離島センター（1993，2002，2012）「離島統計年報」
Kuroiwa, A., Kanemoto, K., Managi, S. (2016) Sustainability of the World Natural Heritage Site：the case of Yakushima. In *The Wealth of Nations and Regions*, ed. Managi, S.：271-291, Routledge, NY.
Yahara T, Ohba H, Murata J, Iwatsuki K (1987) Taxonomic review of vascular plants endemic to Yakushima Island, Japan. *Journal of the Faculty of Science*, the University of Tokyo, Sect. III.

コラム3　災　害

　新国富を用いることで，防潮堤などの公共財の評価を行うことも可能となる。例えば，A市における防潮堤の建設について考えてみよう。まず，A市の人工資本に着目すると，建設される防潮堤分だけ資本が増加するだろう。ただし，建設に際し，民家や工場，公共施設などの立ち退きが必要な場合には，それらの増減分も人工資本に影響を与えると考えられる。また，自然資本についても同様に，農地や森林が開拓されれば，それらも自然資本の減少量として考慮されるべきである。人的資本についても，建設に際して人口移動が生じれば，その変化量分が建設による影響に加えられ

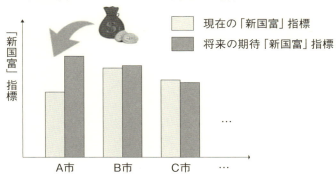

A市で国費によるプロジェクトを実施した場合

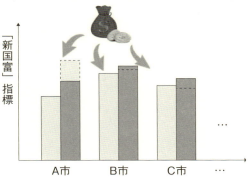

プロジェクトが実施されなかった場合
（プロジェクト費用が各地域に還元された場合）

117

る。以上が，建設時に生じる資本変化であるが，防潮堤建設による影響はこれだけではない。防潮堤の建設を行ったことで，災害から守られる人々や自然などの資本も増加するだろう。防潮堤が建設されなかった場合と比較して，防潮堤の建設によって守られる将来の人工資本，人的資本，自然資本の期待増加量が建設による影響として考えることができる。

　一方，防潮堤が建設されなかった場合はどうなるだろう。A市の人工資本は増加しないし，他の人的資本や自然資本も増加しない。また，将来的に災害から守られる資本も現状のままである。しかし，防潮堤を建設するための投資費用は他のプロジェクトに用いられることになり，その恩恵がA市を含めその他地域に分配される可能性がある。つまり，一般的な費用便益分析同様，複数のプロジェクトによる複数の地域への影響を比較し，最適なプロジェクトを検討できる。特に，新国富を用いれば，防潮堤を建てた場合と立てなかった場合の新国富の将来予測を比較することで，その防潮堤の建設が持続可能な開発であるのか否か分析することも可能になる。

　従来の費用便益分析に加えて，新国富を用いた評価手法を用いることで，地域の持続可能性を考慮したプロジェクトや政策の議論を深めることができるだろう。

■ 第**6**章

佐渡島—地方創生にむけた新国富指標の可能性に関する考察

　日本海に浮かぶ佐渡島。日本史の中でも度々登場するこの国内最大の離島は，独自の文化や自然からなる豊かさを持ちつつも，国内外の中山間地域[1]や離島の多くが背負う諸難題を抱えている。本章では，「新国富指標」を地方創生にどう活用し得るか，佐渡島をケーススタディとして議論する。

1 佐渡島の概要

　2004（平成16）年に10市町村が合併してから，佐渡島全体が新潟県佐渡市の管轄にある。面積は東京23区の約1.5倍に匹敵する85,525ha，人口は57,465人（佐渡市ホームページ，2017年1月現在），と面積・人口ともに国内最大の離島である。空路は整備されておらず，本州からはフェリーで約2時間半，高速船で約1時間かかる。その自然環境は，『日本ジオパーク』として認定された多様な地形や，離島がゆえに今も生存する多数の生物固有種，そして最後の野生のトキの生息地であったことなどに象徴されるように，豊かで固有なものである。また，世阿弥などの文化人が流刑に処されたことや，金山や北前船交易で繁栄したことなど，歴史的背景により形成された独自の文化が今も色濃く受け継がれている。

　人口は，今でこそ6万人弱だが，1960（昭和35）年にはその倍近くの11万3,296人が記録されている（図表6-1）。この賑わいの背景には，昭和末期まで採掘された金山や，北前船の交易がある。佐渡島の金については，平安時代の『今昔物語集』にも記されている。当初は砂金のみが産出されていたが，1542（天文11）年に鶴子銀山で金鉱石，1601（慶長6）年に現在相川金銀山として知られる鉱山が発見され，江戸時代には全国でも突出した金銀産出量を

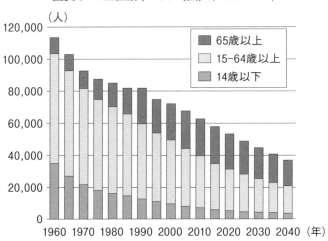

図表 6-1 佐渡市の人口推移（1960〜2040）

（出所）　総務省統計局 国勢調査（1960〜2010），国立社会保障・人口問題研究所「日本の地域別将来推計人口（平成25（2013）年3月推計）」（2015〜2040）データより筆者作成。

誇った（島津・神蔵，2011）。また，1672（寛文12）年には小木港が北前船の公式寄港地と指定された。当時，北前船は京都と昆布の産地である北海道などを定期的に結ぶ重要な流通手段であり，その寄港は小木をはじめ佐渡島の発展に大きく関与した（加藤，2002）。往年の佐渡島の繁栄の痕跡は，有形・無形の文化遺産や山奥まで開墾された棚田風景として現在に受け継がれている。

　特有の歴史や文化を持つ佐渡島だが，本土との往来に船を必要とする離島，すなわち中山間地域であり，現代では人口減少や少子高齢化が大きな課題となっている。高度成長期以降，多くの島民が季節労働者として関西や首都圏へ出稼ぎに行くようになったが，近年では島内にない大学への進学のため移住した若者の半分以上が，卒業後も本土に定住している。2000年代初頭には約7万人だった人口が，年間約1,000人のペースで減少しており，2040年には4万人を下回ることが予測されている（図表6-1）。総人口の32.1%が65歳以上の高齢者ということもあり，これらの傾向は島内産業の担い手不足，里地里山の荒廃，さらには伝統文化の喪失などを引き起こし，住民の生活や市全体としての経済活動に関する基盤を脅かしつつある。

2 新国富指標からみた佐渡島

　地域の長期的な存続を考えるには，その現状を捉える枠組みや指標が必要となる。本書でも紹介されてきたように，これまで利用されてきたのは国内総生産（GDP）に代表されるフローの経済指標であった。しかし，生産活動だけでなく，人の幸せ，福利（wellbeing）を包括的に評価するため，持続可能な開発の指標として新たに提唱されたのが本書のテーマでもある「新国富指標（Inclusive Wealth Index; IWI）」である（武内・渡辺，2014）。

 新国富指標の計算

　これまでの章と同様，本章でも新国富報告書（UNU-IHDP and UNEP, 2014）などで利用された計算方法を佐渡島レベルに応用した。利用可能なデータに差異があるため，国や県レベルの研究成果と直接比較することはできないが，今後の理論あるいは計算方法の発展や，それを利用した政策的な議論に資すると考えられる。

　新国富指票は自然資本，人的資本，人工資本の3つの資本からなる。自然資本は土地の生産能力であり，農地と森林の年々の生産量に基づき推計した（図表6-2）。資本としての農地の価値は，農産物ごとの年々の生産量と作付面積を基に推定した。森林価値は木材と非木材，それぞれについて計算した。木材に関しては，伐採可能とされる土地面積分の木材と，推定される市場価格，レンタル・レートを掛け，金銭評価している。非木材は，生態系サービスへのアクセスが可能と想定される，森林面積の10％に単位面積当たりの生態系サービスの価値を乗じて評価した（van der Ploeg and de Groot, 2010）。

　以上を総合した自然資本の値は，農地と森林それぞれについて計算した面積ごとの平均価値を全地域に反映させて算出した。石油や鉱石は，現在佐渡島で生産されていないため本計算には含まれていない。また，二次林や人工林は人工資本に含み，自然資本の計算からは除外している（UNU-IHDP and UNEP, 2014）。

　人的資本は教育の価値として捉え，就学年数と雇用者報酬に基づき推計した。

図表6-2 自然資本のデータ項目

データ項目			備　考	出　所
面積			土地利用ごと	国土交通省国土地理院 全国都道府県市区町村別面積調
農地		農業生産	生産量・価格・栽培面積	佐渡農協・羽茂農協
		ディスカウント・レート	5%	UNU-IHDP and UNEP, 2014
		レンタル・レート	4%	UNU-IHDP and UNEP, 2014
森林	木材	天然林	材積・面積	新潟県　佐渡地域森林計画書
		伐採可能な面積率	86%	FAO　2005年世界森林資源評価
		市場価格	20,873円/m³ [a]	FAOSTAT 2002-2008
		レンタル・レート	21.8% [b]	Bolt et al., 2002　農林水産省林業経営統計調査
	非木材	非木材生態系サービス	33,103円/ha	Van der Ploeg and de Groot, 2010
		サービスへのアクセス可能面積	10%	UNU-IHDP and UNEP, 2014
		ディスカウント・レート	5%	UNU-IHDP and UNEP, 2014

(注)　価格データはGDPデフレーター（平成17年を100とする連鎖方式）（新潟県の県民経済計算より）で実質化した。
　　a　1990-2013年の輸出額（円換算）と輸出量から算出した，日本の産業用丸太の平均輸出価格。
　　b　Boltら（2002）と同様，レンタル・レートは（（市場価格－生産費用）/市場価格）から算出した。その際，上記の市場価格と，林業経営収支累年統計より入手可能な生産費用のデータを使用したが，両者のデータが揃う2002-2008年のレンタル・レートの平均値を計測期間で一定のレンタル・レートとして計測に用いた。

具体的には，生産活動を行う人材のシャドウ・プライスにより求めた（**図表6-3**）。平均就学年数は，コーホートごとの最終卒業学校からもとめ，シャドウ・プライスは実質化した雇用者報酬から推計している。ただし，人材の資本価値は正規の学校教育で身につくものと仮定しているため，修了後の人的資本

第6章　佐渡島―地方創生にむけた新国富指標の可能性に関する考察

図表6-3　人的資本のデータ項目

データ項目	備　考	出　所
人口	年代ごと	総務省統計局　平成17年度国勢調査
最終卒業学校	年代ごと	総務省統計局　平成12年度国勢調査
雇用者報酬	1人1年当たり	平成23年度市町村民経済計算
教育の利率・減耗率	8.5%	UNU-IHDP and UNEP, 2014
ディスカウント・レート	8.5%	UNU-IHDP and UNEP, 2014

図表6-4　人工資本のデータ項目

データ項目	備　考	出　所
市町村内総生産	総生産・成長率	平成26年度　市町村民経済計算
新設投資額	国家レベル	民間企業資本ストック　平成17年基準
減耗率	4%	Feenstra et al., 2015

価値は年々減耗することとなる（UNU-IHDP and UNEP, 2014）。また，人的資本のもう1つの大きな構成要素である健康の価値は含まれていない。

人工資本は投資額の累積であるが，入手可能なデータに基づき，初期投資時点は，1990（平成2）年と設定した。初期資本は，以降の総生産と成長率，新設投資額から推計した（**図表6-4**）。

以上，3つの資本の合計額が新国富である。以下では，この新国富と総生産額の比較を行う。

　新国富指標からみた佐渡島の現状

上記の推計方法に基づき算出した1人当たりの新国富と総生産の比較を**図表6-5**に並べて示した。新国富と総生産の絶対値（a，c）と2001（平成13）年を基準とした経年変化（b，d）を比較すると，2つの指標の違いは明らかである。まず，年々のフローを示す総生産の変動がより激しいことが見て取れる。例えば，総生産（d）には2004年の台風による第一次産業への打撃[2]が明白に表れているが，一方で新国富指標（b）にはそのような年々変わる事情は表れず，長期的な傾向が読み取れる。本推計では，自然資本の構成要素のほと

図表 6-5 佐渡島の新国富指標

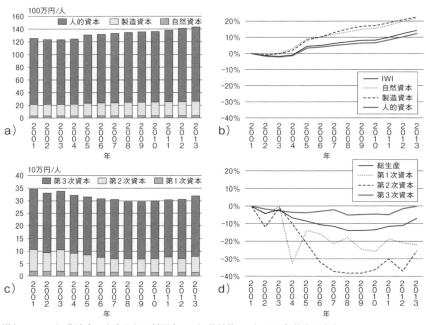

(注) a, b) 佐渡市1人当たりの新国富　a) 絶対値　b) 2001年基準の変化
　　 c, d) 佐渡市の1人当たりの市町村内総生産　c) 絶対値　d) 2001年基準の変化
(出所) 平成25年度新潟県市町村民経済計算データより筆者作成。

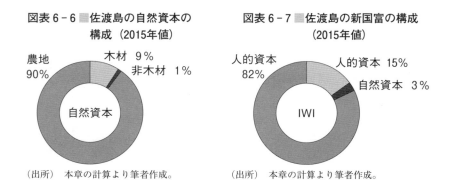

んどを農業が占めており，土地やその生産力が失われないかぎり，農業生産の一時的な変動は，農地の長期的な生産能力に影響することはないと考えられ，

これが推計に反映されていることによる。

　また，総生産だけでなく第一次，第二次，第三次のいずれの産業の生産額も減少している一方（図表 6 - 5 d），自然資本と人工資本の値はわずかながら増加している（図表 6 - 5 b）。総生産額は減少，もしくはかろうじて横ばい傾向である一方（図表 6 - 5 c），新国富とその資本は年々増加している（図表 6 - 5 a）。ただし，後者の結果から佐渡島が持続可能だと結論づけるにはまだ早い。

　自然資本の増加のほとんどは，その90％（**図表 6 - 6**）を占める農地資本の増加によるものである。しかし，農地の増加は取るに足らないため，1 人当たりの増加は図表 6 - 1 にも表れている人口減少が大きな要因となっていることが考えられる。農地の集約は機械化や若手農家による規模拡大にも限界があるためすでに顕在化している耕作放棄などとあいまって，やがては生産維持管理が難しい農地の増加に繋がり得ることに留意すべきだろう。

　主に産業活動や投資に基づき算出された人工資本も増加している。しかし，付加価値額がより大きい産業の多くは先々供給され続けられるか不確定な助成金など，国や県の財源に依存する「総合工事業」や「社会保険，社会福祉，介護事業」であり（内閣府まち・ひと・しごと創生本部，2016年閲覧），持続可能性の観点からは，今回示された増加傾向をそのまま受け入れることはできない。人的資本については，図表には示さなかったが，島全体としては人口とともに減少している。1 人当たりの人的資本が増加しているのは，就学年数と雇用者報酬が増加しているためである。ただ，大学のない佐渡島で引き継がれる資本や次世代の福利を予測するためには，就学年数だけでなく，一度離島した人材がどの程度帰島するかも考慮すべきである。

　ここまで，佐渡島について算出した新国富指標をみてきたが，その顕著な特徴は，新国富のほとんどが人的資本であり，豊かな自然に恵まれていると思えるこの地域でも自然資本は3％にすぎないということである（**図表 6 - 6**）。人的資本が大きいことは他の地域と共通する結果であるが，自然資本については過小推計の可能性があり，項目を加えるなど，改善の余地が残されている。これについては，次項で言及する。

3 | 新国富指標の今後の可能性

新国富指標の1つの長所は、次世代へ引き継ぐ資産の生産能力を直接論議することを可能にするということだ。しかし、現段階での計算方法には佐渡島特有の歴史や環境から成る文化や自然資源の多くが把握されていない。特に自然資本の金銭評価では限られたものしか把握されておらず、算出方法は今後改善されるべき点といえる。ここからは、佐渡島の事例を通じ、自然資本が現在、そして次世代の福利にとり今回の推計で示される以上に寄与している可能性を指摘し、これらの持続可能性を確保する上での新国富指標の有効性を探る。

 自然資本と生態系サービス

まず、生態系サービスの例を通じて、現在の推計に限られた資本しか含まれていないことを指摘したい。生態系サービスとは、人々が生態系からその時々に受け取る便益である[3]。すなわち生態系サービスは、ストック概念である資本や「富」とは異なり、フロー概念である。しかしながら、資本はフローの蓄積でもある。そのため図表6-2から6-4に記載されている、それぞれの資本の計算に使われた項目の多くが、フロー指標となっている。また、これらの項目から示唆されるのは、現在の計算方法の評価対象は、主に農産物や木材など、生産物の供給サービスだということである。

しかし生態系サービスには、①供給サービス（生産物）の他、気候調整や洪水制御など、生態系の調整による便益である②調整サービス、景観やレクリエーションなど、非物的な③文化的サービス、そして他の生態系サービスの供給を可能にする、光合成や土壌形成などの④基盤サービスがある[3]（**図表6-8**）。新国富報告書（UNU-IHDP and UNEP, 2014）に従った本章における佐渡島の自然資本の推計で、供給サービス以外のサービスが換算されているのは天然林[4]のみである。つまり、天然林を除くと、①がほとんどで、②～④の大部分が含まれていないということである。

実際に示された結果では、佐渡島の自然資本の大部分が農地の価値であった（図表6-6）。農地の金銭評価には、市場に流通する佐渡産農産物のほとんど

図表6-8 中山間地域の便益は多面的である

(出所) 筆者撮影。

が含まれ、推計結果は面積当たりの生産額として表される。現計算方法では、新国富指標でも、市場生産額のより高い地域の農地が高く価値評価されることになる。しかし、現在の市場価格に土地の管理状況などの将来世代の繁栄を左右する資本価値が全て表れているとは考えにくい。そこで、佐渡島の生態系を象徴するトキの例を通し、島で重要と思われる自然資本と生態系サービス、そしてその持続可能な管理について考えてみる。

❷ トキを通してみる佐渡島の生態系サービス

佐渡市は、国の特別天然記念物に指定されたトキの保護に島をあげて取り組んでいる。トキはドジョウなど、田んぼに生息する小型動物を餌にし、ねぐらとして周辺の森林を必要とするため、その生息環境は人間の活動に大きく影響される。そこで佐渡市はトキの生息地や餌場を確保するために生物多様性に配慮した環境保全型農業を普及させるなどし、2011年には国際連合食糧農業機関 (Food and Agriculture Organization of the United Nations；FAO) により「世界農業遺産 (Globally Important Agricultural Heritage System；GIAHS)」に指定されている。「トキと共生する佐渡の里山」の認定は、代々受け継がれ

127

てきた農業システムを活かした，トキに象徴される自然環境と島民の共生が評価されたことを意味している。

　GIAHS認定から見て取れるように，佐渡島がその象徴的存在であるトキから得ているものは計り知れない。まず，トキを中心とする観光業の発展を挙げることができよう。トキを観察したり，資料を集めた展示館を閲覧できる「佐渡市トキの森公園」といった施設や，トキをテーマにした土産品や特産品の販売などがある。2009年にはトキをモチーフとした「トッキッキ」が新潟県のマスコットキャラクターとして採用され，あらゆるところで「ゆるキャラ」として活用されている。現在の新国富指標では，このようにトキの存在により創出された価値は，総生産の一構成要素として人工資本に含まれる。

　トキの象徴する佐渡島の生態系から得られる生態系サービスは，観光業に留まらない。GIAHSに認定されるまでに普及した環境保全型農業の成果の1つとして，ブランド化され付加価値のついた「朱鷺米」を挙げることができる。トキを使ったブランド化によって農産物の販売価格があがることは，トキが土地の生産能力（自然資本）の増加をもたらしたとみなされる。

３　今後有用な自然資本を中心とした新国富指標の補正

　しかし，佐渡島のように，豊かな自然環境，文化，歴史に基づき比較的変化の少ない，いわば安定した地域があることにより，その他の地域社会が得る便益は非常に大きい。市場で取引される物品の供給はもちろん（図表6-9），農地や森林，漁村の多面的機能[5]や，里山里海の生態系サービスを評価した学術研究[6]が次々と発表され，これらの地域の便益が，その地域に留まらず，都市圏を含む広域に及んでいるということが明らかにされている。つまり，人々の福利への寄与をより正確に捉えるためには，項目を追加するなどしてさらに指標の改良を進める必要がある。

　先ほどの例に戻ると，トキの餌場作りに広まった環境保全型農業の蓄積により，農地や周辺の生態系サービスの供給能力が向上すれば，土地面積が変わらなくても，自然資本が増加する。現在のIWIで含まれるのは供給サービスである農林生産や観光業による売り上げのみであるが，金銭取引のされない物品や土壌形成，文化的景観など，その他の生態系サービスを的確に把握する手法の

図表6-9 島内の直売所では少量多品目な農産物が見られる

(出所) 筆者撮影。

開発が期待される。

① **自然資本とレジリエンス**

　これまで含まれてこなかった資本価値の1つとして，佐渡島の農業生産の特徴である少量多品目生産が挙げられる（図表6-9）。正確な統計はないものの，多くの島民は自家消費や身内・知人との分かち合い目的で生鮮野菜を少量多品目生産している（農産物の非市場生産について，筆者は現在アンケート調査中である）。青果市場で流通する佐渡産野菜は全流通量の8％[7]に留まっているが，市場に乗らない生産物は相当量になると推定される。今回推計された自然資本には，非販売農家の生産活動や，農地と指定されていない土地は含まれていない。すなわち供給サービスでも，自家消費やおすそ分けとして消費される農産物は計算に含まれないのである。

　島内の地域差に注目すると，少量多品目生産が主流である点は共通しているが，生産される作物は地区により異なる。これには気候や地形の違いと，生産条件も多様であることが影響しているが（**図表6-10**），長期的な持続可能性の観点からすれば，このように多様な農業生産には即時の供給サービスに留まら

図表6-10 島の地形も，農林水産物の多様さに寄与している

（出所）筆者撮影。

ない多面的機能があると考えられる。一例は，災害復元力（レジリエンス）である。都市圏で交通網が遮断された時の食料供給はどうなるのだろうか。東日本大震災の際，東京をはじめとし，都市圏での食料不足を体験した方も多いだろう。そんな時，少量多品目で分散型の農業生産が行われている中山間地域は対応することができる。実際，東日本大震災直後に，佐渡市は被災者の受け入れを表明している。食料自給力以外にも田園・農村風景などの景観整備や新鮮で多様な食料へのアクセスなども，地域の自然資本として考慮すべきであろう。

② 人的資本の非正規雇用

　佐渡島をはじめとする中山間地域の自然資本の中には，即時の市場価値として表れないために評価されていないものもあるように，人的資本も過小評価されている可能性がある。人的資本のシャドウ・プライスは雇用者報酬から算出されているが，実際のところ，島民の活力の多くは，正式な雇用や報酬として把握されていない。市場を通らない農林水産物を生み出す労働力の多くは，定年後も活発に生産活動を続ける高齢者である。離島中山間地域ということで起こる人口減少や高齢化を労働力の低下として捉えることもできるが，同時に，佐渡島の社会システムでは高齢者も生産的に活動できていることも考慮すべきであろう。

③ 歴史・文化遺産

佐渡島は歴史や文化遺産も豊富である。今回の推計ではそれらの価値を充分に考慮できていないが，新国富の枠組みに従えば，文化的資産も価値評価すべきである。佐渡島には，古くから順徳天皇，世阿弥，日蓮などが流刑に処され，彼らの影響で普及した文化は今も伝わっている。北前船による繁栄が感じられる古民家や相川金銀山などの有形文化遺産，能や鬼太鼓，おけさ踊りなどの無形文化遺産などは，観光資源として活用されている。しかし，観光産業を評価基準にしてしまうと，景気の一時的な悪化などで客足が悪くなった際に評価価値が下がってしまう。ここで考えなくてはならないのは，知識や文化の伝承など，文化遺産の存在価値は文字通り計り知れないということだ。しかし，年々の観光収入だけでなく，より長期的な価値評価を求める新国富の理論は，それらの保全を経済理論的に裏付けるツールとなり得るのである。

 資本の維持や相互作用

最後に，トキのケースで明らかになった，現在の新国富の枠組みには含まれていない観点に言及しておきたい。それは，資本の維持管理やフローを抽出する地域の潜在能力だ。そもそも，かつて日本中に分布していたトキが絶滅危惧種となった理由の1つは，田んぼを踏み荒らす害鳥として嫌われていたことである。さらに，肉や羽毛（フロー）の消費が資本（ストック）である個体群の減少をもたらさなければ，持続可能な状態を保持できていたのだろうが，明治から大正時代にかけた過度の狩猟は，その喪失（絶滅）までもたらした。その後中国のトキが贈られ，熱心な佐渡島の活動家や複数の保護団体による人工繁殖や放鳥，生息環境の確保が行われた。2016年10月現在217羽（環境省佐渡自然保護官事務所，2016）となった個体群は，これら「投資」活動の蓄積である。

トキの保護活動自体が地域の社会関係資本となっており，それは本章における新国富の推計には明示的に含まれていないが，トキを害鳥として捉えていた多くの農家が，時には生産性をも犠牲にした保全活動に協力するまでになる意識的変容は，次世代にも影響を及ぼすことであろう（**図表 6 -11**）。また，保全に関連した市民活動や，地域ぐるみの農業に根付いたトキへの関心や保全のための知識も，社会関係資本を通じて今後の経済や保護活動，活動参加者自身の

図表6-11 市民や専門家有志の協力のもと，小学生による「いきもの調査」が行われる

(出所) 筆者撮影。

福利に影響すると考えられる。端的には，トキの保護活動に伴い形成された社会関係資本は，現在新国富を構成している3つの資本の存続を可能にすると期待できよう。

さらに，新国富を構成するそれぞれの資本（ストック）からフローとしての便益を享受するには，伝統知識や社会関係資本など，現在の新国富指標に含まれない資本が必要であろう。トキの個体群を維持し，関連施設や景観から観光収入などを得るには，その生息環境（自然資本）などの継続的な維持が必要である。生息環境を維持するためには，生態や保全についての知識，そして人的資本である労働力や，農機具などの人工資本が欠かせない。このことは，棚田や森林など，その他の自然資本についても該当する。自然資本の維持管理，そして資本からフローを抽出するには，人的資本の活用や，生態系や伝統についての知識，さらには共同作業のための地域コミュニティなどが必要となる。そしてまた，このような相互作用は自然資本のみならず，人工資本の維持管理や，人的資本から労働力（フロー）を作り出すことにも該当する。現在の新国富指標には，このような資本の相互作用や創出過程のシャドゥ・プライスについてまでは含まれていないが，資本自体と同じように，新国富指標が示そうとする将来の人間の福利の包括性の向上に欠かせないため，今後検討する意義のあるテーマだと考える。

4 おわりに

　本章では，新潟県佐渡島を事例に，地域創生の指標としての新国富指標の可能性を考察した。新国富は人工資本，自然資本，人的資本の3つの資本からなり，従来の総生産に比べより多くの資本を金銭評価したことに特徴がある。また，経済理論に基づいていることで，これまでGDPの代替として提示されてきた指標と比べ，社会実装のハードルがより低いはずである。そして新国富指標の最も革新的な特徴は，資本（ストック）を指標としたこと自体であろう。流動的に変化するこれまでのフロー指標と異なり，経年蓄積の結果であるストックの直接的評価は，対象地域の将来的な持続可能性の評価基準になると考えられる。

　佐渡島の場合，他の離島や中山間地域の例に漏れることなく，人口減少や高齢化，産業の斜陽化により，従来の経済指標によると衰退傾向にある。しかし，地域レベルで応用した新国富指標は，佐渡島が持続可能であることを示している。本章では，総生産と新国富指標を地域レベルで比較し，新国富の指標としての特徴を明らかにすることを試みた。

　佐渡島のような，自然環境や文化遺産の充実した地域では，どちらの指標にも捉えられていない地域特有の「資本」が多く存在する。これらは指標にある資本の存続を可能にするなど，地域の持続可能性とは切り離せない存在である。さらに，広範囲に渡る地域の便益や，その地域の様々な「富」を評価することは，地方創生にむけた戦略を構築するための第一歩である。推計方法に関していまだ発展途上にあるが，新国富指標は，これまで提示されてきた指標に対し，このような地域の資本を捉える理論的基盤を備えている。佐渡島の事例についてのこの章が，新国富指標が社会実装されるための議論の促進に貢献できれば幸いである。

■注
1　ここでは，農林水産省の定義を利用する。
　　http://www.maff.go.jp/j/study/other/cyusan_siharai/matome/ref_data1.html（2016年11月6日閲覧）

2　潮風により，この年の佐渡の水稲収量は半減している。新潟県の被害額72億円のうち41億円が佐渡で最も著しかった，水稲の被害であった（山本・岩谷，2006）。
3　詳しくは，「生物多様性の経済学（TEEB）」報告書の第0部『生態学と経済学の基礎』http://www.iges.or.jp/jp/archive/pmo/pdf/1103teeb/teeb_d0_j.pdfや，関連ウェブサイト『生物多様性と生態系サービス』https://www.biodic.go.jp/biodiversity/activity/policy/valuation/service.htmlを参照。
4　しかし，新国富報告書（UNU-IHDP and UNEP, 2014）に倣い，含まれたのはアクセス可能とされる，天然林面積の10％のみとなっている。
5　農林水産省農村振興局農村政策部地域振興課日本型直接支払室のウェブページ「農業・農村の多面的機能」http://www.maff.go.jp/j/nousin/noukan/nougyo_kinou/，林野庁森林整備部計画課のページ「森林の有する多面的機能について」http://www.rinya.maff.go.jp/j/keikaku/tamenteki/index.html，水産庁による「水産業・漁村の多面的機能」http://www.jfa.maff.go.jp/j/kikaku/tamenteki/sankou/index.htmlなどを参照。
6　参考文献　「日本の里山・里海評価」など。
7　平成27年度現在。新印佐渡中央青果株式会社提供。

■参考文献

加藤貞仁（2002）『北前船：寄港地と交易の物語』無明社出版。
環境省佐渡自然保護官事務所（2016年11月1日）「トキかわら版」第50号．
佐渡市ホームページ（https://www.city.sado.niigata.jp, 2016年11月6日閲覧）
島津光夫・神蔵勝明（2011）『離島 佐渡 第二版』野島出版．
武内和彦・渡辺綱男（2014）「自然とともに歩む―自然共生社会への長期展望」武内和彦・渡辺綱男（共編）『日本の自然環境政策：自然共生社会をつくる』東京大学出版会：217-236．
内閣府まち・ひと・しごと創生本部「RESAS 地域経済分析システム」（https://resas.go.jp/，2016年11月6日閲覧）
日本の里山・里海評価（2010）『里山・里海の生態系と人間の福利：日本の社会生態学的生産ランドスケープ　概要版』国際連合大学．
山本晴彦・岩谷潔（2006）「2004年台風15号（MEGI）により東北・北陸地方の日本海沿岸で発生した水稲の潮風害」日本作物学会紀事，1：73-81．
Bolt, K., Matete, M. and Clemens, M.（2002）*Manual for calculating adjusted net savings*. Washington, DC: Environment Department, World Bank.
Food and Agriculture Organization of the United Nations (FAO). (2006). Global forest resources assessment 2005 – main report. Retrieved from http://www.fao.org/docrep/008/a0400e/a0400e00.htm
Food and Agriculture Organization of the United Nations (FAO). (2013). FAOSTAT. Retrieved from http://faostat.fao.org/site/291/default.aspx
Feenstra, Robert C., Robert Inklaar and Marcel P. Timmer(2015), "The Next Generation of the Penn World Table" American Economic Review, 105(10), 3150-3182. Retrieved from www.ggdc.net/pwt
UNU-IHDP and UNEP（2014）*Inclusive Wealth Report 2014: Measuring Progress Toward Sustainability*, Cambridge: Cambridge University Press.

Van der Ploeg, S. and R.S. de Groot（2010）The TEEB Valuation Database – a searchable database of 1310 estimates of monetary values of ecosystem services. Foundation for Sustainable Development, Wageningen, The Netherlands.

第7章
沖縄の富

1 はじめに

　この章では沖縄に関して，県レベル及び市町村レベルの面から沖縄の新国富についてみてみる。

　沖縄本島は東京からは約1,553.6km，日本本土の一番南にある鹿児島県からは約655.7km離れた場所に位置している。沖縄は多くの島で構成され，363の島で構成される。沖縄の面積は約2,281km²であり，日本で4番目に小さい県である。その小さい島には約140万人が住んでいる。その小さな沖縄県にはどれくらいの富があるのだろうか。

2 沖縄の資本の変化と比較

　沖縄の資本は1990年以降全体的に増加傾向にある（**図表7-1**）。まず新国富を見てみると右上がりのグラフとなっている。1990年以降約8兆円増加したことが見てとれ，これは2013年には沖縄の富が1990年よりも約1.4倍になったことを表している。人工資本に関しても新国富と似た右上がりのグラフとなっている。1990年には約11兆円だった人工資本が2013年には約19兆円にもなり，この期間人工資本は約1.7倍になった。健康資本はこの期間とても緩やかに上昇している。増加率は11％で約1,000億円増となっている。教育資本は健康資本に比べると少し増加率が高く，この期間約1.6倍増加した。1990年には約18兆円だった教育資本は，2013年には約28兆円にまで増加している。自然資本は他の資本とは少し異なった推移となっている。U字型のグラフとなっており，

図表 7 - 1 ■沖縄県の新国富の推移

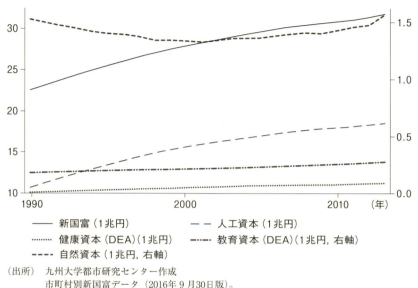

―― 新国富（1兆円）　　　　－－ 人工資本（1兆円）
……… 健康資本（DEA）（1兆円）　－・－ 教育資本（DEA）（1兆円,右軸）
－－－ 自然資本（1兆円,右軸）

（出所）　九州大学都市研究センター作成
　　　　 市町村別新国富データ（2016年9月30日版）。

1990年には約15兆円あった自然資本は，2001年には約13兆円まで減少した。しかしそれ以降は増加しており，2013年には1990年の資本レベルを少し上回るくらいまで回復した。2001年までの減少は主に農地面積の減少が大きな原因となっている。

次に沖縄の資本を東京と比べたのが**図表 7 - 2**である。1990年から2013年の間，新国富・人工資本の資本比率（対東京）はほぼ横ばいとなっている。この期間これらの資本比率は約5％の増加となっている。人的資本比率は全体としては約6％増加となっているが，健康資本はこの期間若干減少した。1990年の比率に比べ約1％減となっている。一方，教育資本比率は50％増となった。自然資本比率に関しては右肩上がりの傾向にあることが見てとれる。1990年には東京の約352倍の自然資本が沖縄にあり，2000年代には30％ほどの減少があるが，2013年には東京の約470倍の自然資本が沖縄にあることがわかった。

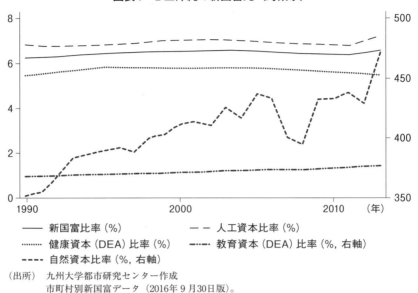

図表7-2 沖縄の新国富比（対東京）

― 新国富比率（％）　－－ 人工資本比率（％）
…… 健康資本（DEA）比率（％）　－・－ 教育資本（DEA）比率（％, 右軸）
---- 自然資本比率（％, 右軸）

（出所）九州大学都市研究センター作成
市町村別新国富データ（2016年9月30日版）。

3 沖縄県内の新国富ランキング

　まず，人工資本ランキングを見てみる（**図表7-3**）。人工資本には機械・建物・インフラなどが含まれる（UNU-IHDP & UNEP, 2014）。那覇市が4.89兆円のトップで2位の浦添市（1.59兆円）の約3倍となっている。県内の人工資本のうち，約27％が那覇市に集まっていることがわかる。那覇市は沖縄の県庁所在地であり，平成26年経済センサス基礎調査によると県内事業所数の約30％が那覇市にある。

　次に自然資本のランキングを見てみる（**図表7-4**）。自然資本には森林面積や農産物生産量などが含まれる（UNU-IHDP & UNEP, 2014）。自然資本ランキングの第1位は宮古島市であり，石垣市，竹富町と続いており，上位3市町はいずれも沖縄の離島となった。特に県内の自然資本のうち，24％は宮古島市にあり，12％は石垣市に所在している。宮古島市は総面積の約55％が畑地と

図表7-3 ■人工資本ランキング（上位10市町村）

ランキング	市町村	人工資本（10億円）	%
1	那覇市	4,890	26.99
2	浦添市	1,590	8.78
3	沖縄市	1,520	8.39
4	うるま市	1,150	6.35
5	宜野湾市	960	5.30
6	名護市	845	4.66
7	宮古島市	755	4.17
8	石垣市	696	3.84
9	糸満市	690	3.81
10	豊見城市	595	3.28

（出所）九州大学都市研究センター作成
市町村別新国富データ（2016年9月30日版）。

図表7-4 ■自然資本ランキング（上位10市町村）

ランキング	市町村	自然資本（10億円）	%
1	宮古島市	309.00	24.09
2	石垣市	165.00	12.87
3	竹富町	84.88	6.62
4	名護市	70.49	5.50
5	国頭村	58.63	4.57
6	久米島町	53.54	4.17
7	南大東村	50.84	3.96
8	糸満市	45.53	3.55
9	南城市	39.49	3.08
10	うるま市	35.22	2.75

（出所）九州大学都市研究センター作成
市町村別新国富データ（2016年9月30日版）。

なっている。石垣市は総面積の約30％が田・畑となっている。

続いて人的資本ランキングを見てみる（**図表7-5**）。人的資本は教育資本と健康資本で構成され，教育資本には平均就学年数や平均引退年齢などが含まれ，健康資本には平均余命などが含まれる。人的資本を構成する教育資本・健康資本ともに那覇市が第1位，沖縄市が第2位となっている。那覇市にはそれぞれの資本の約23％が集まっており，これは那覇市が雇用・報酬面で他市町村より

図表 7-5 人的資本・教育資本・健康資本ランキング（上位10市町村）

ランキング	市町村	人的資本（10億円）	％
1	那覇市	2,540	22.56
2	沖縄市	1,070	9.50
3	うるま市	949	8.43
4	浦添市	892	7.92
5	宜野湾市	754	6.70
6	名護市	477	4.24
7	豊見城市	475	4.22
8	糸満市	467	4.15
9	宮古島市	407	3.61
10	石垣市	380	3.37

ランキング	市町村	教育資本（10億円）	％
1	那覇市	51.20	23.77
2	沖縄市	18.86	8.75
3	浦添市	18.84	8.75
4	うるま市	15.63	7.26
5	宜野湾市	14.78	6.86
6	豊見城市	9.78	4.54
7	糸満市	8.78	4.08
8	名護市	8.62	4.00
9	石垣市	7.37	3.42
10	宮古島市	6.95	3.23

ランキング	市町村	健康資本（10億円）	％
1	那覇市	2,490	22.54
2	沖縄市	1,050	9.51
3	うるま市	933	8.45
4	浦添市	873	7.90
5	宜野湾市	739	6.69
6	名護市	469	4.25
7	豊見城市	465	4.21
8	糸満市	458	4.15
9	宮古島市	400	3.62
10	石垣市	373	3.38

（出所）九州大学都市研究センター作成
市町村別新国富データ（2016年9月30日版）。

図表 7-6 ■新国富ランキング（上位10市町村）

ランキング	市町村	新国富（10億円）	％
1	那覇市	7,440	24.26
2	沖縄市	2,590	8.45
3	浦添市	2,480	8.09
4	うるま市	2,140	6.98
5	宜野湾市	1,720	5.61
6	宮古島市	1,470	4.79
7	名護市	1,390	4.53
8	石垣市	1,240	4.04
9	糸満市	1,200	3.91
10	豊見城市	1,080	3.52

（出所）九州大学都市研究センター作成
市町村別新国富データ（2016年9月30日版）。

も優れていることや年齢・性別別の労働力が高いことを表している。

ランキングの最後に上の人工資本・自然資本・人的資本を総合した新国富を見てみる（**図表 7-6**）。県内の市町村の新国富ランキングは那覇市，沖縄市，浦添市と続いている。那覇市の新国富は 2 位の沖縄市 3 位の浦添市の 2 倍以上あり，7.4兆円となっている。県内の新国富の約24％が那覇市にあり，約 8 ％が沖縄市と浦添市にあることがわかる。

新国富及び人工資本・人的資本ランキングではほぼ同じ市がランクインしている。特にうるま市・宮古島市・糸満市・石垣市・名護市は全てのランキングに登場した。一方で自然資本ランキングでは他の資本の上位には見られない町村が表れているのが見て取れ，久米島市・竹富町・南大東村などの沖縄の離島に自然資本が多くあることがわかる。

4 沖縄の豊かさとは

さて，ここまで県レベル及び市町村レベルの新国富指標を通して沖縄県及び県内の市町村を見てきたが，沖縄の富・豊かさとは何だろうか。

新国富には，機械・インフラなどが人工資本として含まれ，平均就学年数などの教育資本と平均余命などの健康資本が人的資本として含まれ，森林・土

地・化石燃料などが自然資本として含まれている。新国富は国内総生産（GDP）ではとらえることができない豊かさを表す指標として環境や寿命などの価値を金銭的に評価している。しかし，その新国富ではその土地にある豊かさを過小評価している可能性がある。それは文化的な価値が含まれていないためである。

　沖縄には他の都道府県と異なった独特の文化がある。その1つは言語であろう。今では標準語を話している世代が多いが，70年前のウチナーンチュ（沖縄の人）はウチナーグチ（沖縄方言）を話していた。一言でウチナーグチといっても，沖縄には57の有人島が琉球列島約1,000km[1]にわたって点在しているため，沖縄本島・石垣島・宮古島など島が違うと言葉が通じないことがある。本島内でも場所が違えばウチナーグチが異なっている。ウチナーグチは「標準語に近づける」という教育[2]や近代化による通信手段の変化や移動がしやすくなったことなどによる言語の交代などにより，標準語化が起こり，方言の消滅危機に瀕している。現在の若い世代はウチナーグチを母語として習得はしていないが，エイサー[3]で用いられる沖縄の歌など，ウチナーグチは沖縄にしっかり残っている。

　また，独特の文化として沖縄の食文化もある。琉球の時代から中国などのアジア諸国及び日本と交流していた沖縄の料理は様々な影響を受けており，特に中国の影響を強く受け，豚肉中心の料理が発達した。豚肉は顔から足までいろいろな料理に用いられている。ほかにも沖縄の食といえば沖縄そばやチャンプルーなど独特の料理がある。沖縄以外にも独特の文化を持っている国・地域・都市はたくさんあるはずである。その文化的価値は新国富指標にも大きな影響を与えると考えられる。

5 基地と沖縄の価値

　沖縄の新国富指標を解釈する上で，注意点が1つある。それは基地の問題である。新国富を計算するためには，道路などのインフラを含んだ人工資本，森林面積などの自然資本，平均余命などの健康資本や平均就学年数や雇用者報酬などの教育資本のデータが必要である。基地内にあるそれらの価値は沖縄の価

図表7-7 沖縄県の基地面積

	陸地面積 (km²)	米軍基地面積 (千m²)	米軍基地面積割合 (%)
沖縄県	2,281.00	229,921.00	10.08
沖縄本島　北部	825.46	161,405.00	19.55
沖縄本島　中部	283.40	65,601.00	23.15
沖縄本島　南部	353.39	2,000.00	0.57
宮古	226.17	—	—
八重山	592.62	915.00	0.15

（出所）　沖縄県知事公室基地対策課「沖縄の米軍及び自衛隊基地（統計資料集）平成26年3月。

値として考えられるのかという問題を含んでいる。

　ここで沖縄の基地について少し触れることにする。在沖縄米軍人・軍属および家族数は4万7,300人（2011年6月末現在）が沖縄に住んでいる。沖縄には32施設・総面積約230km²の米軍基地が所在している（2015年3月末現在）（**図表7-7**）。これは県土面積約2,281km²のおよそ10％にものぼる。地域別にみると，本島北部は19.6％，中部は23.1％，南部は0.6％，そして八重山は0.2％となっている。市町村レベルで見てみると，施設面積が一番広いのは国頭村（くにがみ・そん）の44.85km²であり，東村（ひがし・そん：33.93km²），名護市（なご・し：22.80km²）となっている。市町村面積に占める割合の大きい順に列挙すると，嘉手納町（かでな・ちょう：82％），金武町（きん・ちょう：55.6％），北谷町（ちゃたん・ちょう：52.3％）となっている。

　次に基地と経済についてみてみる（**図表7-8**）。基地関係受取の県民総所得に占める割合は右下がりになっており，1974年には10.9％あったが，2015年には5.1％ほどとなっている。これは県民総所得の増加が大きな要因である。1975年に比べて2013年の期間に，軍関係受取は1.24倍となっている。それに比べて，その期間に沖縄の実質県民総所得は約2.5倍に成長している[4]。

　基地依存度（歳入総額に占める基地関係収入比率）に関してみてみると，沖縄全体では3.8％とそれほど高くないが，市町村レベルで見てみると，基地依存度が高い市町村がある。恩納村が42.1％，宜野座村が33.5％，金武町が27.6％となっている。ほかにも10％を超える自治体は読谷村（よみたん・そ

コラム4　健康資本における平均余命とは

　Inclusive Wealth Report 2014では，健康は直接的な幸福と生産性，長命を通して人間の幸福度に影響を及ぼすものとしている。これは健康が人に直接の幸せをもたらすだけでなく，様々な財の生産や消費，サービスを受けることによって間接的にも幸せをもたらすことを意味している。幸福度研究においても，健康は主観的幸福度の重要な要因と考えられている（Helliwell and Putnum, 2004）。本コラムでは健康資本の1要素である平均余命について説明する。

　生命表は，ある期間において死亡状況が今後変化しないと仮定して，男女別，年齢別にある人が1年以内に死亡する確率や平均的に残り何年生存できるかという期待値を表したものである。

　まず，生命表の種類についてである。厚生労働省が公表している生命表には1年ごとに作成される簡易生命表と5年ごとに作成される完全生命表がある。前者は推計人口や人口動態統計月報年計（概数）を用いて作成される。後者は国勢調査や人口動態統計（確定数）から作成される。

　健康資本として用いている平均余命（x歳における平均余命）は，x歳の者がその後生存する年数の平均として定義され，次の式で算出される。

$$x歳の平均余命 = \frac{x歳以上の定常人口}{x歳における定常人口}$$

　x歳以上の定常人口及びx歳における定常人口は上記統計より算出された生存率（x歳の人がx＋n歳まで生存する確率）及び死亡率（x歳の人がx＋n歳までに死亡する確率）を用いて，各年齢における生存数（一定の出生数に対して，上記生存率及び死亡率に従って死亡が減少すると考えた場合，x歳に達するまで生き残ると期待される者の数）と死亡数（x歳における生存数のうち，x＋n歳に達することなく死亡する者の数）より産出される（詳細な計算方法は厚生労働省「第21回生命表（完全生命表）の概況」を参照されたい）。特に，0歳における平均余命を平均寿命という。

　平均余命の推移を見てみると，各世代ともに右上がりの傾向が見れる。これは第8回調査（1947年）よりも第21回調査（2010年）において，平均余命が長いことがわかる。この期間，0歳の平均余命は女性で約25年，男

図表7-7 ■沖縄県の基地面積

	陸地面積 (km²)	米軍基地面積 (千m²)	米軍基地面積割合 (%)
沖縄県	2,281.00	229,921.00	10.08
沖縄本島　北部	825.46	161,405.00	19.55
沖縄本島　中部	283.40	65,601.00	23.15
沖縄本島　南部	353.39	2,000.00	0.57
宮古	226.17	―	―
八重山	592.62	915.00	0.15

(出所)　沖縄県知事公室基地対策課「沖縄の米軍及び自衛隊基地（統計資料集）平成26年3月。

値として考えられるのかという問題を含んでいる。

　ここで沖縄の基地について少し触れることにする。在沖縄米軍人・軍属および家族数は4万7,300人（2011年6月末現在）が沖縄に住んでいる。沖縄には32施設・総面積約230km²の米軍基地が所在している（2015年3月末現在）(**図表7-7**)。これは県土面積約2,281km²のおよそ10％にものぼる。地域別にみると，本島北部は19.6％，中部は23.1％，南部は0.6％，そして八重山は0.2％となっている。市町村レベルで見てみると，施設面積が一番広いのは国頭村（くにがみ・そん）の44.85km²であり，東村（ひがし・そん：33.93km²），名護市（なご・し：22.80km²）となっている。市町村面積に占める割合の大きい順に列挙すると，嘉手納町（かでな・ちょう：82％），金武町（きん・ちょう：55.6％），北谷町（ちゃたん・ちょう：52.3％）となっている。

　次に基地と経済についてみてみる（**図表7-8**）。基地関係受取の県民総所得に占める割合は右下がりになっており，1974年には10.9％あったが，2015年には5.1％ほどとなっている。これは県民総所得の増加が大きな要因である。1975年に比べて2013年の期間に，軍関係受取は1.24倍となっている。それに比べて，その期間に沖縄の実質県民総所得は約2.5倍に成長している[4]。

　基地依存度（歳入総額に占める基地関係収入比率）に関してみてみると，沖縄全体では3.8％とそれほど高くないが，市町村レベルで見てみると，基地依存度が高い市町村がある。恩納村が42.1％，宜野座村が33.5％，金武町が27.6％となっている。ほかにも10％を超える自治体は読谷村（よみたん・そ

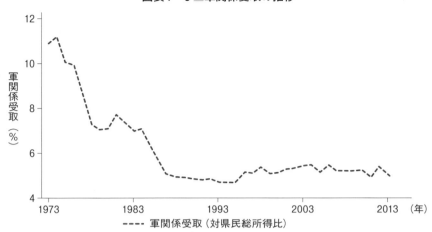

図表7-8 軍関係受取の推移

（出所）　沖縄県知事公室基地対策課「沖縄の米軍及び自衛隊基地（統計資料集）平成26年3月。

ん），嘉手納町，北谷町の3町村ある現状にある。

　これらの統計を見ると，基地が沖縄の新国富指標に大きな影響を与えると考えれる。現在の新国富は日本にある人工資本・自然資本・人的資本で評価される。基地は沖縄に存在するが，沖縄の価値なのだろうか。人工資本に関して考えてみると，基地内にある建物や道路などのインフラは一般の沖縄の人や観光客が自由に利用できないという点である。自然資本に関して考えてみると，沖縄北部はたくさんの森や海などの自然で囲まれている。そこには北部練習場やキャンプ・シュワブなどの米軍施設が所在している。人的資本に関しては，在沖縄米軍人・軍属および家族が日本人でない場合，平均余命などの健康資本や教育資本は日本人の場合と異なる。そのため，基地内の新国富の計算および沖縄の基地返還による新国富の変化も計算できると沖縄の富がさらに詳しく理解できるだろう。

6 おわりに

　新国富指標はその土地にある資本要因を金銭単位で総合的に評価し，政策要因の効果を比較できる特徴を持っている。そのため，政策面において新国富を

利用できる可能性は大きい。新国富は市場で取引されていない資本（環境や健康など）の価値を富の指標として組み込んでいる。そこで，その価値評価を応用し，文化的な要素もその土地の豊かさとして新国富指標に含めることができると考えられる。

■注
1　東京と大阪の都府庁間の距離は約400kmである。
2　昭和22年度学習指導要領国語科編参照。
3　沖縄のお盆の時期に先祖を送り出すための踊り。
4　実質化する際には消費者物価指数（基準年：2015年）を用いた。

■参考文献
石垣市ホームページ（参照日：2016年10月1日）
　（http://www.city.ishigaki.okinawa.jp/home/index.php）
大城郁寛「図説沖縄の経済」東洋企画，2007年
沖縄県公式ホームページ（参照日：2016年10月1日）
　（http://www.pref.okinawa.jp/index.html）
沖縄県知事公室基地対策課「沖縄の米軍及び自衛隊基地（統計資料集）」平成26年3月
　（http://www.pref.okinawa.jp/site/chijiko/kichitai/toukei.html）
国土地理院都道府県間の距離（参照日：2016年10月1日）
　（http://www.gsi.go.jp/KOKUJYOHO/kenchokan.html）
総務省統計局　第六十五回日本統計年鑑平成28年
藤田陽子・渡久地健・かりまたしげひさ編『島嶼地域の新たな展望：自然・文化・社会の融合体としての島々』九州大学出版会，2014年
宮古島市ホームページ（参照日：2016年10月1日）
　（http://www.city.miyakojima.lg.jp/）
UNU-IHDP & UNEP (2014) *Inclusive Wealth Report 2014: Measuring Progress Toward Sustainability*, Cambridge: Cambridge University Press.

コラム4　健康資本における平均余命とは

　Inclusive Wealth Report 2014では，健康は直接的な幸福と生産性，長命を通して人間の幸福度に影響を及ぼすものとしている。これは健康が人に直接の幸せをもたらすだけでなく，様々な財の生産や消費，サービスを受けることによって間接的にも幸せをもたらすことを意味している。幸福度研究においても，健康は主観的幸福度の重要な要因と考えられている(Helliwell and Putnum, 2004)。本コラムでは健康資本の1要素である平均余命について説明する。

　生命表は，ある期間において死亡状況が今後変化しないと仮定して，男女別，年齢別にある人が1年以内に死亡する確率や平均的に残り何年生存できるかという期待値を表したものである。

　まず，生命表の種類についてである。厚生労働省が公表している生命表には1年ごとに作成される簡易生命表と5年ごとに作成される完全生命表がある。前者は推計人口や人口動態統計月報年計（概数）を用いて作成される。後者は国勢調査や人口動態統計（確定数）から作成される。

　健康資本として用いている平均余命（x歳における平均余命）は，x歳の者がその後生存する年数の平均として定義され，次の式で算出される。

$$\text{x歳の平均余命} = \frac{\text{x歳以上の定常人口}}{\text{x歳における定常人口}}$$

　x歳以上の定常人口及びx歳における定常人口は上記統計より算出された生存率（x歳の人がx＋n歳まで生存する確率）及び死亡率（x歳の人がx＋n歳までに死亡する確率）を用いて，各年齢における生存数（一定の出生数に対して，上記生存率及び死亡率に従って死亡が減少すると考えた場合，x歳に達するまで生き残ると期待される者の数）と死亡数（x歳における生存数のうち，x＋n歳に達することなく死亡する者の数）より産出される（詳細な計算方法は厚生労働省「第21回生命表（完全生命表）の概況」を参照されたい）。特に，0歳における平均余命を平均寿命という。

　平均余命の推移を見てみると，各世代ともに右上がりの傾向が見れる。これは第8回調査（1947年）よりも第21回調査（2010年）において，平均余命が長いことがわかる。この期間，0歳の平均余命は女性で約25年，男

性で約30年延びている。50歳の平均余命は女性で約15年，男性で12年延びている。さらに，男性よりも女性の線が上にあることより，男性よりも女性の平均余命のほうが長いこともわかる。

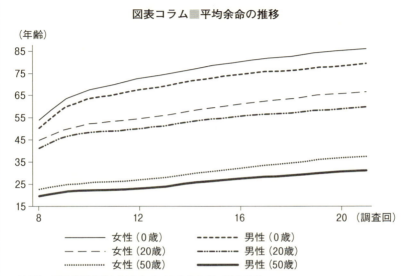

図表コラム■平均余命の推移

(出所) 厚生労働省第21回生命表（完全生命表）平成22年。

■**参考文献**
厚生労働省 第21回生命表（完全生命表）の概況（参照日：2016年10月21日）
(http://www.mhlw.go.jp/toukei/saikin/hw/life/21th/)
第1章 生命表の概念（参照日：2016年10月21日）
(www.e-stat.go.jp/SG1/estat/Pdfdl.do?sinfid=000031330056)
Helliwell, J. F. and R. D. Putnum. (2004) The social context of well-being, Philosophical Transactions of the Royal Society of London, Series B, Biological Sciences, 359(1449), pp. 1435-1446.

第8章
地域農林政策の持続可能性
——農林水産政策の評価にむけて

1 はじめに

　人口減少と高齢化は，日本が直面する大きな課題である。過疎化とともに，これらの現象を真っ先に経験しているのが中山間地域であり，地方だ。加えて，農林水産業の競争力の低さもこうした人口動態的な変化を加速させる一因となり得る。安倍政権においても，地方創生として農林水産業の強化を含む地方の持続的な成長を重視している。本章では，そうした地方を豊かにするための農林水産政策について，新国富指標の観点から考えてみたい。

　九州大学都市研究センターが発表した新国富指標を見ると，地方の富は豊かとはいえない（馬奈木ら，2016）。宮崎，佐賀，島根，高知，鳥取といった大都市圏を含まない地方の県が下位に並んでいる。また，資本別に見ると，日本の持続的成長は，人工・人的資本による貢献が大きく，自然資本はそれらの資本に比べると大きく劣っている。前述の5県も，島根，高知において自然資本は10％強の貢献をしているが，他の県では全国の傾向と同じく0％近辺である。残る大部分（90から100％）の富は，人工・人的資本による豊かさに起因する。

　地方の現状を改善する政策は様々考えられるが，本章では特に，地方において特に重要と考えられる自然資本の豊かさを増加させるような政策に絞って検討したい。都市と同様，地方においても教育や医療に更なる投資が求められ，こうした政策の重要性は変わらない。しかし，地域の政策と自然資本の関係は密接なので，自然資本による新国富の増加，といった目標を掲げることは大いに意味があることだろう。

　農林水産業においてよく見られる政策として，価格規制，数量規制，参入規

制，補助金，関税などがある。これらの政策は，産業を保護する効果とともに，生産者のインセンティブを歪め，生産性の向上に繋がらないものもある。こうした産業保護政策は，経済学において，死荷重（deadweight loss）を生むことが知られ，本来ならば生み出されていた取引が政策によってその機会を失い，社会的な損失となる[1]。

　地方の自然資本の豊かさを今後増加させていくためには，資本量やその価値を改善していく農林水産政策が期待される。産業保護的な政策から農林水産業を成長産業へと競争力を高めていくような政策への転換が求められるだろう。政府による発表においても，市場における競争から産業を守る政策から，農業における資源配分を市場に任せる方向に向かっているといえる。農林水産省（2014）でも，「主食用米の作付や生産調整の達成とリンクしない新たな支払（デカップリング）は，経営判断をゆがめることがなく，選択の幅を拡げる」（19頁）とあり，こうした政策の推進によって，自然資本の価値を高めていくことが期待される。

　本章の構成は次のとおりである。次節では，農林水産政策を例に，地方の自然資本の活用に影響を与えるような政策を概観する。3節では，新国富指標を用いた政策評価の概念を紹介し，その応用に向けて課題を整理する。4節は，本章のまとめである。

2 農林水産政策と新国富

1　農　　業

　「農林水産業・地域の活力創造プラン」[2]において，政府は主に4つの柱を定めた。①輸出促進，地産地消，食育などの推進による需要の拡大，②6次産業化の推進，農協の見直しによるバリューチェーンの構築，③日本型直接支払制度の創設と地域活性化への取り組みによる多面的機能の維持・発揮，④農地中間管理機構の創設による生産コストの削減，経営所得安定対策や米の生産調整の見直しによる生産現場の強化，である。この方針から，農地の流動性向上による集約・大規模化の促進や水田フル活用と米政策の見直し，直接支払制度の

活用，作物選択における農家の経営判断の尊重などが進められるだろう。そうした動きは，農業における資源配分を市場に任せる方向性の表れともいえる。米政策に関しては，米の生産数量目標に従った補助金制度の見直しを通じて，米価調整から離脱する一方で，飼料用米等の作付けインセンティブの導入は，農家の意思決定に間接的に介入しており，流れに逆行しているといえる。

　農業において，政策による介入が望ましい例として，③農業の多面的機能の維持・増強が挙げられる。農業が農産物の生産だけではなく，景観を美しく保ったり，教育の機会を提供したり，生態系を保全するなどの市場では評価されない価値を生み出している場合，社会的に望ましい水準より少ない生産活動が均衡となる。そうした不足分に対して，政府が補助金を出して農業を推進することができる。こうした目的に沿った政策として直接支払制度がある。直接支払制度の設計にあたっては，農家の生産行動に影響しない，デカップリングという考え方が重要となってくる。実際の制度設計や運用にあたっては，様々な問題点も指摘されているが，詳細な分析は観山（2015）に譲りたい。

　また，耕作放棄地も日本の農業において深刻な問題であり，自然資本の価値を低下させる。日本の耕地面積は昭和36年をピークに減少傾向にあり，現在，450万ヘクタールの田畑が耕されている一方，耕作放棄地は年々増加しており，平成27年の統計によると，42万ヘクタールとされている。これらの土地は，私的財として価値を生み出していないだけでなく，公共財として隣接する農地や民家に負の外部性を生み出している可能性もある。前述の農業の多面的機能を考えると，耕作放棄地を耕地に転換することによって，農産物の生産だけでなく，美しい景観や昆虫などの棲息，洪水時の貯水機能など様々な便益をもたらすだろう。農地中間管理機構の活用によって，農地の流動性を向上させ，地域内で各所に分散している農地の集積を担い手ごとに図ることで，大規模化による経済メリットを実現できるとされている。この時，農地中間管理機構は耕作放棄地等も借受け，その活用を促す。

　こうした政策は，自然資本としての農地を増加させたり，資本の価値（シャドー・プライス）を高めたりする。富の変化率に影響を与える要因には，各資本のそうした大きさだけでなく，富の調整がある。富の調整は，全要素生産性の変化，炭素による被害，石油のキャピタル・ゲインによって行う。日本の農

業にとって,特に重要となる項目は,全要素生産性の変化によって反映される技術進歩の役割だろう。例えば,A国とB国において同じ生産要素を投入しても,生み出される生産量や付加価値といったアウトプットは異なるかもしれない。そうした状況を技術的な違いとして理解できる[3]。

では,日本の農業の生産性はどのような状況にあるのだろうか。例えば,田中（2015）によると,日本の農林水産業における2000年から2007年の平均年率で見た全要素生産性上昇率は,約マイナス0.3％であった。これは,約3％の上昇率を達成したドイツやアメリカと比べて,日本の農業の生産性が低い状況を示している。政策によって,こうした状況を改善できた場合,富への影響も大きいだろう。

例えば,農林水産業のように産業保護的な政策によって守られてきた産業では,規制緩和によって生産者間の競争が促され,技術革新につながるようなケースが考えられる。そうしたケースは,すでに電力やガスなどで観察されている。また,Managi（2010）においても,日本の補助金が競争を妨げ,生産性を下げていることが林業における実証分析で明らかになった。

2 林　業

林業においては,分収林制度に注目したい。農業と同様,林業においても森林は多面的機能を有し,市場では評価されない生態系サービスを提供していると考えられる。こうした財は,政府の介入によって社会的に望ましい水準での供給が達成できる。分収林制度は,市場に任せておくと過小投資になる森林経営を是正する政策として有望である。

分収林とは,土地所有者,植林や森林の保全を行う者,資金を提供する者の3者またはいずれか2者で分収林契約を結び,植林・保育したのち伐採して収益を一定の割合で分け合う。日本では,古くから分収林制度が存在し,現在もこの制度が続いているが,実際の制度設計では,必ずしも社会的に望ましい水準を達成するようなインセンティブをもたらしていない。高橋・赤尾（2012）によると,現行の契約形態では,契約時に伐採する時期を決めてしまうため,期間中の木材価格の変化に対して伐採の判断を柔軟に変更できない点が指摘されている[4]。例えば,木材価格が高騰しても伐採を早めたり,逆に下落した局

面で採伐時期を伸ばしたり，といった自由度を高めることが必要だろう。

また，市場では取引されない森林の生態系サービスを金銭的に評価していく取り組みも始まっている。特に，生物多様性を保全する枠組みで，生態系サービスへの支払い（PES）が国際的に注目されており，日本でも森林においていくつかの事例が存在する[5]。同じようなフレームワークで，森林に特化したものとしては，REDDプラス（REDD+）があり，途上国が自国の森林を保全する活動に対して，国際社会が経済的な利益を提供するものだ。これは，森林破壊を防止するとともに，森林が提供する生態系サービス（ここでは，二酸化炭素の貯蔵機能）に金銭的な価値を与え，国際的に森林を保全していく取り組みである。

こうした政策を新国富指標の観点からみると，農業と同様，資本量を増やしたり，資本の価値を向上させたりするだろう。分収林制度によって，リスクを回避したい土地所有者が植林を避けるような状況でも，森林の造成と保全が進められるかもしれない。そうした動きは，資本の量を増大させるだろう。森林がもたらす生態系サービスを経済的に評価する取り組みは，今まで市場では評価されなかった財が金銭価値を持つようになるので，資本の量にも価値にも影響する可能性がある。

3 漁業

漁業政策においては，譲渡性個別割当方式（ITQ）が国際的に注目されている。これは，対象漁場における対象魚種の総漁獲量を定め，漁業者ごとに個別に割り当てる制度である。漁業者ごとに個別に割り当てることで，漁業者が一斉に漁獲を競うオリンピック方式を改めることができる[6]。さらに，譲渡性のある場合は，割り当てられた個別漁獲量を売買することが可能である。生産性の高い漁業者が，生産性の低い漁業者から漁獲枠を買い取って新規に漁業を始めたり，拡大したりすることで，漁業全体の効率性が高まることが経済学的に知られている[7]。

こうした管理制度の変更は，漁業資本の価値を高めるだけではなく，資本量の増加も期待できる。ITQの効果を実証的に検証した研究として，Costelloら（2008）がある。ITQが資源量に対してどのような効果があるかを世界の漁業

を対象に定量化した。結果によると，ITQの導入によって，枯渇傾向にあった水産資源の回復に寄与していることが認められた。ITQを適正に導入することで，資源量を回復させる効果が期待できる。

さらに，Costelloら（2016）では，経済的な効果も含めて，シミュレーションしている。現在から2050年までのITQ導入の効果を世界的に合算すると，1,600万トンの漁獲量，530億ドルの純益，3億3,800万トンの資源量が現行のまま推移する場合に比べて増加するという結果となった。この効果は，日本においても大きいことが指摘されている。また，Yagi & Managi（2011）の日本漁業に限ったシミュレーションでも，ITQの導入によって，3,000億円の費用削減につながると結論している。

3 新国富を使った政策評価にむけて

地域における政策において，持続可能な成長を達成するという目標は不可欠であり，新国富を基に政策の展開を考えていくことは，今後ますます重要となるだろう。

では，新国富を使って，どのように政策を評価すれば良いのだろうか。本章では，政策評価に応用する際のフレームワークと今後の課題を整理したい。

Dasgupta（2009）は，新国富指標による政策評価を理論的にまとめ，以下のように定式化した[8]。

$$\text{将来世代も含めたウェルビーイング（福利）の変化} = \text{政策の実施期間に実現される社会的便益の割引現在価値}$$

この式における右辺が正の値となる政策について，実行されるべきだとしている。右辺が正の値をとるということは，簡単化すると，政策による新国富の蓄積が，政策（資源の再配分）によって消耗する人工資本，人的資本，自然資本の合計よりも大きいことを意味する。例えば，資源の再配分によって，人工資本が増え，人的資本が減るかもしれない。この場合，人工資本の増分から人的資本の減少分を差し引いた新国富の純増分が，政策による社会的便益である。

こうした抽象的な理論を単純化して，例えば，**図表8-1**のようなイメージ

図表 8-1　政策評価のイメージ

① 政策オプションの評価

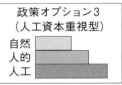

② 自然資本関連の政策が資本に与える影響のイメージ

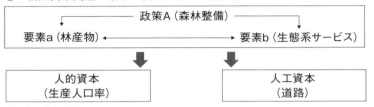

（出所）筆者作成。

図を考えてみる。図表 8-1 ①に，それぞれの資本を重視した政策オプション 3 つを考える。例えば，政策オプション 1 を評価したいとする。この状況で生み出される富の増分の割引現在価値を 100 とし，ある期間中，政策によって資源を再配分した際の減耗による損失が 100 よりも小さければ，政策は実行されるべきだということになる。同じような評価が，人的資本への再配分の政策オプション 2 や人工資本を重視した政策オプション 3 についても可能である。

また，図表 8-1 ②において，そうした資源の再配分と資本の増減の関係を簡単に図式化した。自然資本に関連した政策，例えば，森林整備の政策は林業における生産物にも影響するが，森林の生態系サービスの供給にも影響するだろう。また，森林整備の政策は，林業における労働者の生産人口や道路の新たな建設など人工資本にも作用するだろう。そうした構造を説明するシミュレーションが考えられる。

政策評価の具体例として，石油輸出国において新国富を使って政策評価を行った Collins ら（2017）があり，実践において参考となるだろう。サウジアラビア，クウェート，アラブ首長国連邦の 3 カ国において，非化石エネルギーによる発電を促進する政策が新国富に与える影響をシミュレーションした。Collins ら（2017）では，電力部分とマクロ経済部分の大きく 2 つから成るモ

デルを使っている。電力部分において，電力需要と発電容量，石油消費，石油資本の関係性をモデル化し，マクロ経済部分において，石油輸出や石油価格，国内総生産（GDP），人口，人的資本，人工資本の関係性を説明している。両者は，石油消費やGDP，人口，電力需要などを通して相互に影響を与え合う。自然資本を消費し，人工・人的資本に投資するモデルとなっており，自然資本は化石燃料（石油）のみを考慮している。シミュレーション結果によると，サウジアラビアとクウェートにおいては，非化石電力を促進する政策は富の増大につながることが示されたが，アラブ首長国連邦では必ずしも富を増大させる結果とはならなかった。このモデルによって，化石燃料による石油の消費よりも，石油から発生するレントを使って非化石エネルギーによる発電を賄うほうが，石油輸出国における持続的な発展につながることが示された。

　実践では，データやモデルで説明できる現象は限られるため，どういった地域でどのような政策を評価するかによって判断していく必要がある。Collinsら（2017）では，動的シミュレーションモデルによって政策評価を行っているが，データとしては，自然資本の全ての資本を網羅していないし，発電に使われた自然資本によって公害などの経済の外部性による影響が異なるが，そうした違いはモデルでは捉えていない。より包括的な議論のためには，石油以外の自然資本への影響や電力構成と公害の関係（化石燃料から太陽光発電に変わることで，空気や他の自然資本が改善し，近隣住民の健康が増強される，等）など，発展の余地は十分ある。データの充実はもちろん，適切なモデルの選択も重要となろう。例えば，複数の産業やセクター間の相互依存を重視するならば，応用一般均衡モデル（CGE），経済における当事者の意思決定や選好における多様性を考慮するならば，エージェントベースモデル（ABM）などもありうるだろう。応用する地域の状況によって，そうした個々の判断をしていく必要がある。

4 おわりに

　新国富指標は，それ自体が発展途上にあり，指標としての正確さを増していくことが期待される。それにともなって，政策評価への実用性も重要となって

くるだろう。持続的な成長戦略のためには，新国富に基づいた費用便益を定量的に行う必要があり，今後の課題である。社会全体として最適な政策の提案に寄与するためには新国富による政策評価が広まっていくことが期待される。

　本章では，最近の農林水産政策を概説し，それらが新国富指標に与え得る影響について考えた。保護された農林水産業から競争力のある成長産業へという方向性は，新国富から見ても，富を豊かにしていく政策として有用である。また，新国富指標による政策評価に関する理論によると，政策実施によって，資本の蓄積から資本の減耗を引いた社会的便益の割引現在価値がプラスであれば，政策は実施すべきであると判断できる。こうした新国富の理論に基づいた政策評価の実施例は，数少なく，指標の充実とともに実用へ向けた調査・研究が今後も期待される。

　筆者らが所属する九州大学都市研究センターでは，新国富指標の充実とともに，政策への活用を模索している。従来含まれていなかった資本（例えば，漁業資本など）を組み込むことで，より包括的な指標とし，さらに，市場で取引されないような財についても価値の計測を進めている。そうしたデータをもとに，今後は，特定の地域における政策評価へと実用に向けて取り組んでいく予定である。

■注
1　こうした政策がどのようにして非効率性を招くのかを平易に説明したものに，馬奈木（2015）がある。
2　安倍政権の農林水産業・地域の活力創造本部によって2013年決定，2014年に改訂された。
3　ここでは，生産性の議論を簡略化して進めていることをご留意いただきたい。より詳細な生産性の議論は，深尾・宮川（2008）を参照されたい。また，農業の生産性に関する概観は，田中（2015）が参考となる。
4　他にもオーバーシュートや林業公社の莫大な借入金の問題など，分収林制度の詳細は，高橋・赤尾（2012）を参照されたい。
5　http://www.biodic.go.jp/biodiversity/shiraberu/policy/pes/ （最終アクセス2016年10月26日）にいくつかの事例が紹介されている。
6　厳密には，いくつかの条件がある。Boyce（1992）を参照されたい。
7　しかし，ITQは漁業管理の万能薬ではなく，様々な課題も指摘されている。詳細は，東田（2015）を参照されたい。
8　ここでは議論を簡略化しているため，厳密な議論はDasgupta（2009）を参照されたい。

■参考文献

高橋卓也・赤尾健一（2012）「第5章　森林資源―国内林業をどう制度設計するか」馬奈木俊介編，『資源と環境の経済学―ケーススタディで学ぶ―』昭和堂．pp.61-77.

田中健太（2015）「第3章　農業の生産性分析」馬奈木俊介編『農林水産の経済学』中央経済社．pp.52-65.

鶴見哲也・蒲谷景・馬奈木俊介（2016）「生活満足度アプローチ（LSA）を用いた評価」『平成28年度環境経済の政策研究（第五次環境基本計画の策定に向けた各種指標の開発，指標の評価方法等の開発，諸施策・統合的環境指標の在り方の検討）報告書』

農林水産省（2014）『平成25年度　食料・農業・農村白書』

東田啓作（2015）「第8章　利用権の設定―区画利用権漁業（TURF）と譲渡可能な漁獲割当（ITQ）」馬奈木俊介編『農林水産の経済学』中央経済社．pp.152-175.

深尾京司・宮川努（2008）『生産性と日本の経済成長―JIPデータベースによる産業・企業レベルの実証分析』東京大学出版会．

馬奈木俊介（2015）『農林水産の経済学』中央経済社．

馬奈木俊介・池田真也・中村寛樹（2016）「「人的資本」の充実が日本の優位性を支える」『中央公論2016年5月号』pp.62-69.

観山恵理子（2015）「第2章　農業直接支払い」馬奈木俊介編『農林水産の経済学』中央経済社．pp.26-51.

Boyce, J. R. (1992) Individual transferable quotas and production externalities in a fishery. *Natural Resource Modeling*, 6(4): 385-408.

Collins, R. D., Selin, N. E., de Weck, O. L. & Clark, W. C. (2017). Using inclusive wealth for policy evaluation: Application to electricity infrastruce planning in oil-exporting countries. *Ecological Economics*, 133: 23-34.

Costello, C., Gaines, S. D., & Lynham, J. (2008) Can Catch Shares Prevent Fisheries Collapse? *Science*, 321(5896): 1678-1681.

Costello, C., Ovando, D., Clavelle, T., Strauss, C. K., Hilborn, R., Melnychuk, M. C., … Leland, A. (2016) Global fishery prospects under contrasting management regimes. *Proceedings of the National Academy of Sciences*, 113(18): 5125-5129.

Dasgupta, P. (2009) The Welfare Economic Theory of Green National Accounts. *Environmental and Resource Economics*, 42(1): 3-18.

Managi, S. (2010) Productivity measures and effects from subsidies and trade: an empirical analysis for Japan's forestry. *Applied Economics*, 42(30): 3871-3883.

Yagi, M., & Managi, S. (2011) Catch limits, capacity utilization and cost reduction in Japanese fishery management. *Agricultural Economics*, 42(5): 577-592.

第III部

評価できなかったものを評価する

―環境・交通・技術の価値

第9章
生態系サービスと勘定体系

1 はじめに

　2005年に報告されたミレニアム生態系評価以来，豊かな生物多様性や健全な生態系を人間福祉の基盤として位置付け，生態系サービスを経済的に評価して政策に活用することが世界的に目指されている。2010年に愛知で開催されたCOP10においてもこの動きが継承され，2020年までに生態系勘定を構築することが愛知目標として定められた。2010年にはTEEB報告書も公表され，経済的評価の方法論も深まっている。

　一方で，持続可能な発展の達成にむけても様々な研究や政策論が展開されている。そこでは政策立案・評価にも関わる持続可能性指標の開発において生態系サービスを位置付けることが急務とされている。こうした背景を踏まえて，生態系サービスの評価手法をさらに発展させること，またそうした手法を用いてより多くの評価事例を蓄積することだけでなく，自然共生や持続可能な発展の実現に向けた政策活用に結びつけるための生態系勘定フレームワークを開発することが求められている。

　価格を持たない価値物たる生態系を経済的に評価するためには，評価者が目的と方法をもつ必要がある。こうした方法論は，環境の経済評価論や生態系サービス評価という領域で研究される。本章では，実験的生態系勘定（SEEA-EEA）などの世界的なフレームワーク構築の動きを踏まえながら，豊かな生物多様性や健全な生態系という無形資産を経済的に評価し，国内の生態系サービス勘定・報告制度を確立することについての，現状における到達点，ならびに重要となる理論的論点や技術的課題について議論する。

2 生態系勘定の枠組みと実例

　欧州委員会（EC），経済協力開発機構（OECD），国連（UN），世界銀行が2013年に共同で作成した『System of Environmental-Economic Accounting 2012-Experimental Ecosystem Accounting』（『環境経済統合勘定（SEEA）2012-実験的生態系勘定』，United Nations Statistics Division, 2013）は，生態系資産および生態系サービスの体系的な勘定に関する世界初の報告書である。ここでは，「生態系資産」と「生態系サービス」について「物量」と「金額」の双方で勘定を作成していくことが目指されている。SEEA-EEAは，状態勘定（condition account），供給勘定（service supply account），使用勘定（service use account），容量勘定（capacity account），生物多様性勘定（biodiversity account）など異なるいくつかの勘定からなる。状態勘定は，生態系の状態を記述するために物量指標を用いている。サービス供給勘定は経済活動への生態系サービスの流れを補足するための勘定，またサービス使用勘定は特定の生態系からの便益を計測するための勘定である。容量勘定は，現状のもとで特定の生態系がどのくらいの生態系サービスを生産可能なのかを示し，生物多様性勘定は生態系の保全・管理について，関連情報を提供するための枠組みである。

❶　生態系勘定の概念枠組

　SEEA-EEAでは，ストックとフローとの関係を生態系勘定において重要な視点として捉え，**図表9-1**のような概念枠組みを提示している（United Nations Statistics Division, 2013）。ストックは「生態系資産」として定義され，土地被覆や生物多様性，土壌，標高，気候などにより特徴づけられた空間領域であるとされる。生態系には，生態系の内部および生態系同士で物質を移動・交換させる生態学的なプロセスがあるが（いわゆる生態系機能），このうち経済活動などの活動により人々に対して便益をもたらすものが「生態系サービス」として定義される。生態系サービスには，木材資源など環境から経済への投入のフローや，排出や廃棄物など経済活動からの環境へのフローの双方が含

第9章 生態系サービスと勘定体系

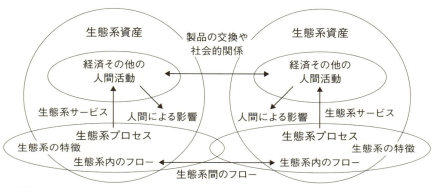

図表9-1 ■生態系ストックとフローの基本モデル

（出所） System of Environmental-Economic Accounting 2012: Experimental Ecosystem Accounting, by United Nations Statistics Division, ©2013 United Nations より転載許可。筆者仮訳。

まれる。

SEEA-EEAではさらに，生態系勘定の測定対象と範囲を以下の2つに限定している（United Nations Statistics Division, 2013）。

1．生態系と人間活動との間の生態系サービスのフロー
2．生態系資産のストックとその変化

これはすなわち，生態系の内部における物質循環などの生態系機能については，それが人々に便益をもたらし生態系サービスとして認識されない限り，明示的には扱わないということを意味する。生物多様性や生態系サービスには，非人間中心価値（あるいは固有価値）のような非利用価値があることは環境の経済評価論において議論されている点であるが，ここではその全てが評価されているわけではない点が重要である。生態系には不可逆性という，一度破壊したら回復できない（あるいは回復に極端に大きなコストを要する）性質があるため，生態系破壊をもたらす開発においては，現時点での経済的評価値以上の慎重な取り扱いが必要であることもある。このように，政策的意思決定の際には，勘定が何を測っているのかを確認し，総合的に判断することが求められる一方で，評価対象の拡大と評価手法の発展も生態系評価の大きな課題である。

163

生態系勘定の空間的単位

　生態系の空間性，すなわち生態系がどこにどれだけ存在するかを示すことは，生態系勘定の構築の上で非常に重要である。生態系サービスの価値を評価するためにいくつかの空間モデルが開発されているが，どのモデルがどのような政策立案に適しているかについての結論は得られていない。そのなかで，Shörter et al.（2015）では，生態系勘定に有用な空間モデルには以下の機能を有するべきと主張している。

- モデル化された生態系サービスを定量化できる指標
- 生態系サービスの空間的分布を把握するのに十分な解像度
- 勘定フレームワークに導入するのに十分な精密度

　実際には，空間ごとに生態系サービスの供給量には違いがあり，その違いをどれだけモデルに反映できたかによってモデルでの推定値と実際の供給量の間にはどうしても誤差が生じるが，これを精度誤差と呼ぶ（Shörter et al., 2015）。一般的に，供給サービスは空間ごとの生態系サービス量の供給量の違いは小さく（異質性が低く），文化的サービスなどに比べて精度誤差は低い。Remme et al.（2015）でも，供給サービスに関しては概して多様性が小さく，1区画に単一の作物のみが作付けされる傾向にあると主張している。ただし，小さな土地区画を1単位とすればするほど作付けされる作物の多様性が小さくなり，逆に計測する土地単位を大きくすればそれだけ作物の多様性は大きくなり，これが地域間では大きな多様性の違いになる可能性が残されている。また，調整サービスについては，複数の環境要因によって影響を受け，さまざまなタイプの生態系からさまざまなタイプのサービスが供給されるため概して異質性が高い。文化的サービスについても，同様に複数の生態系タイプにまたがって供給され，かつ複数の環境要因に影響を受けるため異質性が高い。例えば，文化的サービスの1つとしてハイキングのサービスを取り上げると，ハイキングコースはさまざまな景色や生態系の中を通るコースが設定されるのが通常であり，複数の環境要因や生態系タイプにまたがってサービスを供給している。

生態系評価の空間的単位が，生態的に望ましい単位と，政策ニーズとして望まれる単位が乖離している場合に特に難しい問題となる。流域ごとに測定された評価結果が得られたときに，その流域を複数の意思決定主体（自治体）がシェアしていれば協調的な保全政策をとることが求められる。例えば広域にわたる流域管理には，複数の自治体の連合体が有効性を持つだろう。こうしたことから，勘定体系を構築する際の統計単位の設定は非常に重要であるが，生態系のなかの相互作用を極力考慮できるような空間をとり，保全主体が必要に応じて協調することが望ましいと考えられる。

 生態系勘定の時間的単位

　従来より用いられている国民経済計算（SNA）では，1年や四半期など，取引やフローが記録される時点や期間について明確な基準がある。しかし，生態系のプロセスは必ずしもこのような人間社会の年単位で進行するわけではなく，さらに生態系のプロセスが年単位で進行する場合でも，私たちの年や年度の始まりのタイミングとは期首が異なる可能性がある。そのため，生態系勘定の時間的単位をどのように設定するかは難しい課題である。

　しかし，生態系勘定の目的がSNAの拡張や補完にあるとすれば，やはりSNAに合わせることが最も望ましいであろう（United Nations Statistics Division, 2013）。そのためには，適切な係数や仮定なりを用いて，生態系に関するフローの情報も一般的な年単位へと変換する必要がある。

　ここにおいても，ある評価体系がどのような前提を想定しているかについて十分認識しておく必要がある。将来の不確実性や持続性について考慮する場合は，毎年の確実なフローの測定以上に複雑な評価メカニズムが求められる。こうした評価手法が今日においては十分に開発が進んでいるとはいえないが，今日提供されている評価結果の理解や，今後の評価手法のあり方についてこの点は引き続き議論されなければならない論点であろう。

3 生態系サービスの評価

 生態系勘定の概念枠組

　生態系サービスの物量勘定の目的は，サービスのタイプ毎，生態系資産毎に生態系サービスのフローの情報を整理することである（United Nations Statistics Division, 2013）。SEEA-EEAでは，**図表9-2**のように生態系毎に情報を整理することが提案されている。

　生態系勘定を作成する場合には，地域の現状やニーズに応じて，評価する生態系サービスの優先順位を検討すべきである。評価の容易さから考えれば，供給サービスが最も測定しやすいものであるが，そもそも生態系勘定を作成する目的が，これまでSNAにおいて測定されていないサービスの評価であることに鑑みれば，調整サービスや文化サービスを優先することには一定の意義がある。なお，生態系サービスの測定の課題には次のようなものがある（United Nations Statistics Division, 2013）。

- 供給サービス：一般に食料の生産量や水の消費量などで表されることが多いが，それらには人為的な設備や労力による貢献も含まれている。生態系

図表9-2　生態系サービスの物理的フロー

生態系サービス	生態系				
	森林被覆	農地	都市	開放湿地	…
供給サービス	木材 (t)	小麦 (t)			
調整サービス	CO_2固定量／排出量(t-CO_2)	CO_2固定量／排出量(t-CO_2)	CO_2固定量／排出量(t-CO_2)	全リン吸収量 (t)	
文化サービス	観光者数／ハイカー数		公園面積（ha）	カモの生息面積(ha)	

（出所）System of Environmental-Economic Accounting 2012: Experimental Ecosystem Accounting, by United Nations Statistics Division, ©2013 United Nationsより転載許可。筆者仮訳。United Nations Statistics Division, 2013.

の貢献分をどのように切り出して評価するかということが課題。
- 調整サービス：例えば洪水被害は人々が居住または財産を所有している流域以外では起きないので，実際にどこにおいて生態系の機能が便益をもたらしているかということを把握することが課題。
- 文化サービス：宗教的価値や教育的価値などそもそも物量が存在しないものがあるため，これらに対してどのような指標を設定するかということが大きな課題（レクリエーションについては参加者で評価することが可能）。

 ## 生態系サービスの経済価値評価

「生態系サービス」について，Edens and Hein（2013）は，生態系サービスの定義は生態系勘定の重要な課題の1つとしている。論点は，生態系サービスが，生態系を利用することによる便益なのか，単に生態系による便益への貢献に留まるのかという点である。例えば，作物成長という生態系サービスは作物の販売から得られる便益と等価なのか，もしくは生態系サービスは，労働や資本と同様にこれらの便益を得るために投入された投入物に相当するのかという点である。Edens and Hein（2013）では，生態系勘定の枠組みの中においては，生態系サービスは「生態系による生産的活動への貢献」と定義されるべきであると主張している。EdensとHeinは生態系に最も直接的に関連するフロー及び産出物を生態系サービスと定義していると言える。また，SEEA-EEAでは，生態系サービスは「経済的またはその他人間活動を通じて人々が生態系資産から得られる資源の所有による利益を反映したフロー」と定義されている（Obst et al., 2015）。さらに，Boyd and Banzhaf（2007）では，最終生態系サービスを「人々の豊かさを得るために直接的に利用・消費される自然の構成要素」と定義している。

生態系サービスの評価には，特にその目的がSNAにその価値を組み込むことである場合，特段の配慮が求められる。生態系サービスの評価にはいくつかの評価手法があるが，おおきく分けて，余剰価値（効用）と交換価値の2つがある。前者は社会全体の費用便益の変化を評価するものであり，後者は市場が存在した場合に交換から得られる価値を評価するものである。政策の効果に関心がある費用便益分析では主に余剰価値による評価が用いられるが，標準的な

SNAとの整合性を重視する生態系勘定では交換価値アプローチを用いることが妥当であると考えられる。交換価値アプローチでは，生態系サービスの非経済的価値を考慮できないことも課題であり，さらなる検討が必要な論点である（林・佐藤，2016）。

生態系サービスの価値評価を実施するためには，サービスがどのように便益に繋がるか，これらの便益が経済活動とどのような関係を持つかを理解する必要がある。供給サービスのようにSNAに計上されている生産物の価値に繋がるような場合には，生態系サービスを直接評価するよりも，市場価格における生態系の貢献分に注目することがよいであろう。

一方で調整サービスなど一部の生態系サービスは実際の交換経済の構成要素とは見なされていない。これらのサービスを評価するには，当該サービスの交換価値を推計する別の方法がある。例えば，「次善の代替物」は，当該サービスの市場価値の代理変数として見なすことができる。Obst et al.（2015）は，このように生態系サービスに価値を割り当てる方法をいくつか紹介している。

- 資源レント：資源レントは，直接的に生態系サービスに関連する財・サービスの市場における営業余剰から生態系関連資本への全支出を控除して求められる。この値は，財・サービスの生産における生態系サービスの貢献部分と考えられる。Edens and Graveland（2014）は資本レントの計算式を以下のように定義している。

    $GOS = Y - IC - W - Tp$

    $RR = GOS - (Se - Te) - UC$

    RR：資源レント，GOS：粗営業余剰，Y：生産額，IC：中間消費，W：賃金・年金，Tp：生産に関する税金，Se：採取に関する補助金，Te：採取に関する税金，UC：資本のユーザー価値

- 費用関数・生産関数：最終生産財・サービスの生産関数を推計するもので，計量経済学的手法により市場財への生態系サービスの貢献部分を推計する。

- 表明選好による限界価値：需要関数の微分により厚生の変化を評価する。

生態系サービスの限界価値は，実際の生態系サービスの使用状況（例えば訪問者数など）に応じて需要曲線のある一点を選択することで得られる。

- 代替法：大気浄化機能などの生態系サービスに利用されるもので，生態系サービスの価値はその機能を代替する次善策の費用により定義されるというものである。

- ヘドニック法：市場財価格を，価格に影響を与える要素ごとに分解する方法であり，生態系サービスもその要素の1つに含めることにより，生態系サービスの価値を求めることができる。市場財価格には住宅や土地の価格が多用され，例えば生態系サービスに近い住宅とそうでない住宅の価格差が生態系サービスの価値となる。

以上のような評価手法は特定の対象を定めて適用するものである。しかし，生態系勘定の作成の目的を国レベルでの政策立案やモニタリングなどとするならば，より広い範囲での空間情報が必要となる。1つの方法として，異なる空間スケールや限られた場所で得られた情報を他のサイトやより大きな領域に応用することが考えられる。SEEA-EEAでは，具体的に以下のような手法が提示されている（United Nations Statistics Division, 2013）。

- 数値移転：ある研究事例の情報を用いて，対象地で推計を行う。
- スケールアップ：ある研究事例の情報を用いて，同様の特徴を持つより大きな領域で推計を行う。
- メタ分析：多様な研究事例の情報を収集・分析し，抽出された要素を用いて対象で推計を行う。

3 勘定体系における生態系サービスの取り扱い

「生態系勘定」について，Hein et al. (2015) では，生態系勘定を「SNAに準拠した形で生態系から経済や他の人間活動へのサービスのフローを計測・監視するための統合的方法」と説明している。Hein et al. (2015) では，生態系

勘定はSNAには含まれていない以下の3つの情報を補足すると主張している。第1に経済活動への生態系の貢献度，第2にいわゆる生産境界の問題からSNAには含まれない生態系サービスの便益，第3に生態系が常に変化することによる量的変化の3つである。

　本章の冒頭で触れたとおり，2020年までに生態系勘定を構築することが愛知目標として定められ，TEEB勧告以降，SEEAなどの開発を通じてSNAの中に生態系勘定を組み込むことへの関心が各国で高まっている。しかしながら注意すべき点は，SNAもSEEAも生態系サービスや生態系資本向けに開発されたものではないということである。もともとSEEAは，市場で取引されない多様な環境の作用が経済活動へもたらすさまざまな貢献を評価するために開発されたものである。SEEAでは環境保全のために実際に支出された環境税・環境補助金や環境保護支出の勘定を導入しているが，これまで生態系サービスの価値は明示的に導入していないのである。全ての生態系サービスをSNAに導入するには，SNAの生産境界を拡張しなければならない。このSNAの生産境界では，生産とは「財・サービスの産出のために，労働，資本，財・サービスを投入する制度単位（institutional unit）の責任と管理の下で行われる活動」と定義される。その意味では，多くの生態系サービスは経済活動の投入物として認められず，現行のSNAには組み込まれないのである。それに対して2012年に公表されたSEEA-EEAは生産境界を拡張し，生態系サービスを生産物としてSEEAに導入したモデルである（Obst et al., 2015）。

　SNAに生態系サービスの価値を整合的に導入するには，交換価値で評価する必要があることはすでに述べたが，生態系がもつ非市場的価値，例えば，生態系サービスの宗教的価値もしくは審美価値などはその評価が困難である。これらの価値を評価するには多くの場合，表明選好法が用いられ，交換価値ではなく余剰価値を評価することになるが，この場合はSNAとの整合性に問題が生じるのである。

4 生態系評価におけるその他の論点

 生態系の劣化・減耗

　生態系勘定では生態系の状態が記述される。これは生態系の劣化・減耗も考慮されるべきであることを意味するが、これには物量評価、貨幣評価の双方において、その劣化・減耗分をどう計上すべきか、さらに各部門にどう分配し計上すべきかという課題が生じる（Edens and Hein, 2013）。物量評価では、どの物量指標が生態系の状態を適切に表しているのかという点である。Edens and Hien (2013) は、生態系が国ごと、地域ごとに大きく異なるので、生態系の物理的状態を評価する指標は国ごと、生態系サービスごとに決めるべきと主張している。さらに、生態系のどのような状態を「基準点」として参照すべきかという問題も生じる。生態系は長年の人間活動によって変化してきたので、全ての生態系が明確な「原初状態」を有するわけではないのである。

　一方の貨幣評価については、Edens and Hein (2013) によると、生態系の劣化・減耗を貨幣評価する方法は2つある。1つは「原初状態」に復元するためにどのくらいの費用がかかるかを推計する方法、もう1つは生態系サービスを供給する能力に応じて生態系を評価し、2つの状態の差分を劣化・減耗の評価額とする方法である。一方で、生態系の劣化は「基準点」まで状態を復元するのに必要となるであろう費用で評価すべきではない。これは、その費用が必ずしも復元後に得られるであろう生態系サービスの価値を表すものではないからである。生態系の劣化・減耗を評価するには、2つの状態での生態系サービスの割引現在価値の差を計測するのが望ましい（Obst et al., 2015）。

　そして、生態系の劣化・減耗はそれを引き起こした部門とそれに影響を受ける部門が異なるため、生態系の劣化・減耗を部門ごとに配分するのはさらに難しい作業になる（Edens and Hein, 2013）。

 生態系のディスサービス

　生態系は必ずしも正、すなわち経済活動に好影響をもたらすサービスばかり

を提供するものではない。例えば疫病・伝染病や鳥獣害の供給という負，すなわち経済活動に悪影響をもたらすディスサービスも提供しうる。生態系のディスサービスは全体の経済厚生に与える負の影響を反映しているが，既存の勘定システムは正の影響のみを考慮している。したがって，生態系の負のサービスを勘定体系に組み込むのは困難であるが，これらは供給サービスのフローの減少などとしてある程度は反映されるであろう。また，例えば殺虫剤の生産者など，これらのディスサービスにより恩恵を受けている産業があることも忘れてはならない。似たような議論は生態系の相互依存関係にもある。例えば，生態系における害虫という生態系のディスサービスは，作物生産という別の生態系サービスにも影響を与えることがあるなど，ある生態系サービスが他の生態系サービスにも影響を与えるということはよく見られることである。これら生態系サービス同士の相互関係を勘定内でどう記述するかも課題である。

 低・負資源レント

資源レント法を用いて評価した場合，生態系サービスの価値が非常に低くなったり，時には負になったりする場合もある。このような事象は，生態系の非持続的な利用をして劣化・減耗費用が大きくなる場合や生態系サービスに補助金が投入されている場合などに生じる。生態系サービスは生産活動に貢献し，正のフローを生み出すと考えられていることから，このような低・負資源レントを勘定内で取り扱うのは困難である。Obst et al.（2015）は，このように資源レントが非常に低い場合や負になった場合には，生態系サービスの評価に資源レント法以外の別の手法を用いるべきと主張している。

 中間的及び最終生態系サービス

生態系勘定は最終生態系サービスの価値に着目した勘定である。最終生態系サービスは市場財・サービスに直接的に貢献するサービスを指す。しかしながら，生態系サービスの中には経済や社会に大きく貢献している中間的サービスも存在する。例えば，農産物生産に直接貢献する「作物成長」という生態系サービスは，最終生態系サービスであるが，「栄養循環」は農産物生産には直接的には貢献しないサービスであり，中間的生態系サービスに該当する。生態

系サービス勘定ではこれらの中間的生態系サービスの価値は計上されないのである (Hein et al., 2015)。

5 おわりに

　豊かな生物多様性をもつ生態系は，人間に多大な恵みをもたらす。こうした認識はすでに世界的にも共有されており，今日ではその量的把握が課題とされている。これは生態系サービスの可視化とよばれる。それだけでなく，可視化された生態系サービスをいかに意思決定に反映させるかという課題がある。これは生態系サービスの主流化とよばれる。

　日本においても，生態系や生態系サービスを可視化と主流化することが愛知目標として目指されている。そのための有力なツールが本章で議論した生態系勘定である。本章で見たとおり，生態系サービスという不可視の対象を貨幣単位で評価することは非常に困難な挑戦であるが，日本においては，過去に農林業の多面的機能評価を発端に国内のさまざまな生態系サービスの貨幣評価事例が多数蓄積されているなど，一定の研究蓄積がある。勘定体系の構築を先行して進めている諸外国の事例に学びながら，日本における生態系勘定の目的と意義に照らし合わせながら勘定枠組みを構築し，そこに日本において蓄積されている経済評価事例を組み合わせていくことが，愛知目標の達成のみならず，生態系と共存した豊かな生活を実現することに繋がる。その過程において，本章で取り上げた理論的あるいは技術的課題についてさらなる研究が必要とされよう。

■参考文献

林岳・佐藤真行 (2016)「生態系勘定の開発における諸外国の動向と日本の課題」,『環境経済・政策研究』, 9(2)：44-47.

Boyd, J., Banzhaf, S., (2007) What are ecosystem services? The need for standardized environmental accounting units, *Ecological Economics* 63：616-626.

Edens, B., Graveland, C., (2014) Experimental valuation of Dutch water resources according to SNA and SEEA, *Water Resources and Economics* 7：66-81.

Edens, B., Hein, L., (2013) Towards a consistent approach for ecosystem accounting. *Ecological Economics* 90：41-52.

Hein L., Obst, C., Edens, B., Remme, R. P., (2015) Progress and challenges in the development ofecosystem accounting as a tool to analyse ecosystemcapital, *Environmental Sustainability* 14：86-92.

Obst, C., Hein, L., Edens, B., (2015) National accounting and the valuation of ecosystem assets and their services. *Environmental and Resource Economics, Not assigned to an issue*：1-23.

Remme, R. P., Edens, B., Schröter, M., Hein, L., (2015) Monetary accounting of ecosystem services: A test case for Limburg province, the Netherlands. *Ecological Economics*, 112：116-128.

Shörter, M., Remme, R. P., Sumarga, E., Barton, D., Hein, L., (2015) Lessons learnedforspatialmodellingofecosystemservicesinsupportof ecosystemaccounting, *Ecosystem Services* 13：64-69.

United Nations Statistics Division, (2013) *System of Environmental-Economic Accounting 2012: Experimental Ecosystem Accounting*, United Nations.

第10章
森林の価値

1 自然資本としての森林

　自然資本は「市場価格を持たない価値物」（植田，1996）である。こうした自然資本の持つ非市場的価値を評価するために，環境の経済評価手法が開発されてきた。環境の経済評価手法は，非市場的な価値を含めて環境・資源・生態系のもつ価値は貨幣単位という一元化された尺度で計測しようとするものである。したがって，我が国における生態系サービスを勘定体系の枠組みで評価するという本研究課題の目的に沿った分析手法である。

　非市場価値をもつ自然資本は，市場においてはその本来の価値よりも低く評価されるため開発における意思決定において常に破壊の圧力にさらされる。生態系サービスをふくめて，環境評価手法が評価対象とする価値は，一般的に次のように定められている（Turner et al. (1994)）。

　　総経済価値（*TEV; Total Economic Value*）
　　　＝利用価値（*Use value*）＋非利用価値（*Non-use value*）

　利用価値には，実際に利用して得られる価値（Actual use value；実際的利用価値）のほかに，将来の利用のために保持する価値（Option Value；オプション価値）がある。非利用価値とは，その自然環境を全く利用しないにもかかわらず，それに価値があると感じるときに認められるものである。なかでも，それが消失することを「損失」と感じる場合に認められるのが存在価値と呼ばれるものである。また，自分は利用しないが，他人のために存在することが望ましいと感じる場合，利他的価値（その他者が同世代の場合）ないし遺贈価値

第Ⅲ部　評価できなかったものを評価する

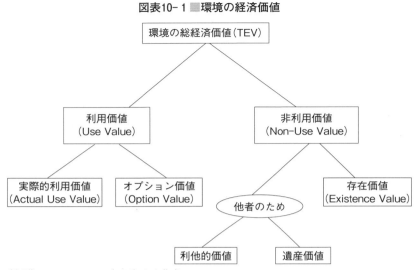

図表10-1　環境の経済価値

（出所）　Bateman et al.（2002）から作成。

（将来世代の場合）と呼ばれる価値が見出される。これらは，**図表10-1**のようにまとめられる。

　このように，自然資本たる環境は多面的な諸価値を有しており，それらのすべてが取引される性質のものとは限らない。このために，市場価格（＝利用のためのコスト）は，社会的価値ないしは福祉を反映したものであるシャドウプライスから下方に乖離し，その結果，自然資本の過剰利用（減耗）が発生するのである。

　したがって，持続可能性指標等で必要とされる自然資本ストック評価において市場価値ベースで評価付けを行っていくと，深刻な過小評価につながりかねない。例えば，世界銀行のWorld Development Indicators（WDI）などでは，森林資源の価値評価において木材価格と伐採費用に基づく市場レントを用いている。これは図表10-1における実際的利用価値に相当するものであるが，その他の価値を反映しているものとはいえない。これは森林資源の過小評価である。したがって，WDIデータベースが提供する森林資源評価をそのまま持続可能性指標に取り入れることは，誤った持続可能性の判断を導く危険性がある。

　したがって，自然資本評価については非市場価値を考慮する評価手法が求め

られる。その際によってたつ理論的基礎は，効用理論から導かれる消費者余剰による測定である。消費者余剰には，マーシャルの消費者余剰とヒックスの消費者余剰があるが，環境評価では一般にヒックス余剰に基づいた評価がなされる。それは，マーシャル余剰には価格変化の順序（経路）に依存して消費者余剰の値が変化してしまうという経路従属性の問題があるからである（Johansson, 1987）。

　ヒックス余剰は，変化する対象と効用水準の参照点の置き方によって4つに分類される（Hicks, 1943）。変化する対象が価格の場合，参照点が変化前ならば補償変分（CV；Compensating Variation），参照点が変化後ならば等価変分（EV；Equivalent Variation）と呼ばれる。また，変化する対象が物量の場合，参照点が変化前ならば補償余剰（CS；Compensating Surplus），参照点が変化後ならば等価余剰（ES；Equivalent Surplus）である。

　環境評価の文脈で定式化するならば次のようになる（栗山，1998；Flores, 2003）。pを市場財の価格（ベクトル），Qを環境財（質），yを所得とし，間接効用関数を$V(\cdot)$，添え字0を変化前，1を変化後，とすると，

$$V(p^0, Q^0, Y^0) = V(p^1, Q^0, Y-CV) = U^0 \tag{1}$$
$$V(p^0, Q^0, Y+EV) = V(p^1, Q^0, Y) = U^1 \tag{2}$$
$$V(p, Q^0, Y) = V(p, Q^1, Y-CS) = U^0 \tag{3}$$
$$V(p, Q^0, Y+ES) = V(p, Q^1, Y) = U^1 \tag{4}$$

　(1)式がCV，(2)式がEV，(3)式がCS，(4)式がESを，それぞれ定義している。通常，環境評価は，環境質Qの変化を測定することを目的とするため，(3)式あるいは(4)式が用いられることが多い。一般に，環境質変化$Q^0 \to Q^1$が「改善」である場合，CSは環境を改善させるための支払意思額（WTP；Willingness to Pay），ESは環境改善をあきらめることの受入意思額（WTA；Willingness to Accept）と呼ばれる。また，環境質変化$Q^0 \to Q^1$が「悪化」の場合は，CSがWTA，ESがWTPとなる。CSとESのどちらの厚生測度を用いるかは，環境に対する権利の所在に依存するが（鷲田，1999），NOAAパネルなどで一般に推奨されている生態系価値の評価枠組みは，WTPに基づくものである。

2 森林の経済的評価

前節で概観したとおり，経済理論の枠組みにもとづいて自然資本としての森林を評価するためには，利用価値だけでなく非利用価値を合わせてWTPを測定することにある。そのために利用可能な環境評価手法としては，表明選好法が適用可能である。図表10-2が示すとおり，環境の経済評価手法には表明選好法だけでなく顕示選好法もある。しかしながら顕示選好法は，レクリエーション価値など生態系サービスの重要な要素を評価することができる一方で，存在価値などの評価対象を測れない性質が指摘されているため，日本においても顕示選好法による森林ストックの評価事例が蓄積しているが，その評価値を持続可能性指標における自然資本のシャドウプライスとして用いる際には注意を要する。

それに対して表明選好法は，生態系サービスの幅広い価値を測定することが可能である。表明選好法には仮想評価法（CVM；Contingent Valuation Method）やコンジョイント分析がある。これらは環境評価手法として，とりわけ発展の目覚しい手法である。CVMの歴史は比較的古く，Ciriacy-Wantrup（1947）がその概念を最初に提案したと言われている。また，CVMの手続きを体系的にまとめたMitchell and Carson（1989）によれば，CVMを

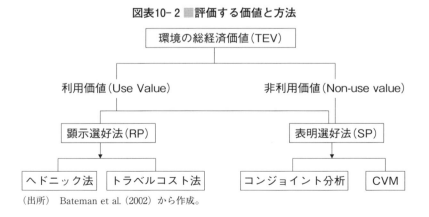

図表10-2 ■評価する価値と方法

（出所） Bateman et al.（2002）から作成。

用いた最初の実証研究はDavis（1963）であると言われている。

CVMは生態系の価値を経済的に評価する要請（1989年のエクソン＝バルディーズ号事件およびオハイオ裁判）を受けて開発された[1]。これまで開発されたCVMの調査票は，大きく分けて，自由回答型，付け値ゲーム型，支払カード型，二肢選択型がある。どのタイプを用いるかによって，支払意思額の推定値が異なることがあるため，その選択は重要である。Welsh and Poe（1998）では，自由回答型，支払カード型，二肢選択型のそれぞれでの評価値を推定し比較した。その結果，それぞれ，＄54，＄37，＄98という結果を示し，およそ165％程度の乖離率を示した。Ready et al.（2001）も同様に，支払カード型で低い評価値を示した。こうしたことから，しばしば大きくなりがちな非利用価値の推定にたいして「控えめな推定」（NOAAパネル）を行いつつ，マクロ規模での調査のために汎用性のある生態系サービス評価を行うためには，支払カード型は有力な手法の1つである。

また，CVMをさらに発展させたコンジョイント分析と呼ばれる評価手法もしばしば利用されている。これは評価対象である自然資本が多属性（多面的要因）を持つ場合に，それぞれの属性ごとに評価値を求める手法である。日本の森林のように，量的には安定しつつもその質的変化が観察される場合，森林の性質を属性として表現して評価することが可能であるため，日本の持続可能性指標を精緻に測定するために活用することが考えられる。

3 評価手法とその対象

自然資本としての森林を評価するにあたって，環境評価手法がどの価値を測定対象にしているか，そしてどのように評価しているかによって，持続可能性指標に応用可能かどうかが判断される。ここでは，評価手法，評価主体単位，評価の時間的単位，評価の空間的単位の観点から検討し，森林資源を測定するこれまでの評価事例を概観する。

評価手法

前節でまとめた表明選好法のほかにも，森林の経済的評価において利用され

る手法は次に挙げるようなものがあり，こうした手法の差異を考慮する必要がある。

(1) 置換法（特定の生態系サービスに着目して，その機能を人工物で代替するために掛かる費用から推定）
(2) 家計生産法（生態系サービス保全のための家計支出から推定）
(3) ヘドニック価格法（生態系サービスが地価や不動産価格に与える影響から推定）
(4) トラベルコスト法（生態系サービスが訪問行動に与える影響から推定）
(5) 仮想評価法（アンケート調査により生態系サービスに対する支払意志額から推定）
(6) コンジョイント分析（アンケート調査により生態系サービスに対する支払意志額を，生態系の属性ごとに推定）
(7) 市場価格・レント（市場取引される生態系サービスを，その交換価格から推定）

評価主体

次に評価主体の単位についても注意が必要である。これまでの評価事例では次のようなものがある。

(1) 国家・自治体単位で評価して公共部門の支出として生態系サービスを評価。国民経済計算，県民経済計算，産業連環などのマクロデータから推計するため，評価主体は国あるいは県全体となる。
(2) 世帯・家計に着目したもの。家計生産法や世帯単位での支払意志額を推計した場合には，評価主体は世帯となる。
(3) 個人に着目したもの。支払意志額を個人一人あたりで算出したもの。

こうした評価主体の取り方は，指標の構築を行う際に非常に重要である。例えば，指標を国レベル（あるいは県レベル）で測定する際に，支払意志額に世帯数を乗じる場合(2)と，人口を乗じる場合(3)では，かなり大きな差異が発生する。表明選好法などで支払意志額を測定する場合に，分析枠組みにおいて評価の主体があいまいな場合，そうした差異が自然資本の評価結果に重要な影響を

与える。こうしたことから，持続可能性指標に応用可能な評価手法を応用する際には，評価主体の取り扱いは慎重な配慮を要する。

時間的範囲
　評価の時間的単位として，大きく分けて次の2つがある。
(1) 一回の評価値として評価する。例えばCVMの支払意思額の調査で一回だけの支払として分析されており，その後の支払は求められないようなシナリオでの評価。
(2) 毎年の負担額として評価する。例えばCVMの支払意思額の調査で税あるいは基金等による毎年の支払としての評価。

　こうした違いも，自然資本の評価値として集約する場合には配慮を要する。生態勘定のフレームワークに合わせて，ワンショットの評価値(1)として評価すべきか，国民経済計算のように毎年の価値(2)として評価すべきかを統一する必要がある。経済理論における合理性の仮定によれば，将来割引などの考慮によって(1)と(2)は変換可能ではあるが，合理性の仮定はかなり強い仮定であり，評価手法における時間単位の選択によって評価値は左右されることを踏まえておいたほうがよい。

空間的範囲
　最後に，評価値が評価対象の空間的広さを考慮しているか，また便益の波及範囲をどの程度想定しているかについても考慮する必要がある。前者はスコープ無反応性という環境の経済評価手法の問題に関わる。スコープ無反応性は，Kahneman et al. (2000) らによって環境の経済評価手法への批判として指摘された性質であり，2,000羽の渡り鳥保護と2,000,000羽の渡り鳥保護に対するWTPに差異がなかったという実験結果とともに示されたものである。こうした問題は他の生態系の価値評価にも応用可能であり，森林評価の場合も保全対象の空間的単位を無視して評価してしまう場合，国全体あるいは県レベルで森林面積等を乗じて評価することが不可能となる。
　したがって，自然資本評価に応用可能な評価手法として，空間的単位の取扱

いが適切かどうかについて慎重な配慮が求められる。

日本における森林資源の生態価値評価は，これまでにも様々な目的・対象を設定して蓄積が進んでいるが，以上のようにまとめた条件にあてはめて考察すると，利用不可能な事例が多い。例えば特定の森林の評価を目指しているために空間的範囲が評価の枠組みに考慮されていないものや，評価主体の定義が曖昧なものなどもあり，国レベル・県レベルといったマクロレベルへの適用には資する研究は非常に限られてしまう。またマクロ的な評価研究も存在するが，非利用価値を対象外とされており，非利用価値を含めた森林の経済評価として不十分である。こうしたことを踏まえて，次節ではサーベイ調査にもとづいた価値評価を紹介する。

4 | 持続可能性指標への応用可能性を考慮した森林の経済価値評価

調査内容

本節で紹介するサーベイ調査は筆者らによって2015年の11月16日から12月4日まで行われた。ここではインターネットを用いて全国の192,704人から有効回答が得られている。

サーベイ調査票では支払カード型CVMを採用し，評価主体を世帯して明確化し，毎年の支払として時間的範囲を定め，居住地域における1 haの森林面積の増加に対する評価として空間的範囲を定めた。調査票における質問文は次のようなものである。最初に，評価対象の性質の認識を促すために，森林資源のもつ環境機能や生態系機能に関する重要性についての質問を行った（**図表10-3**）。

これに続いて，支払カード型のCVM質問により，価値評価を行う。下記の文では（　）円となっている部分については，ウェブ画面上で金額を選択する回答形式である（**図表10-4**）。

これらにより，1 haの森林価値に対する家計（世帯）の年間評価が得られる。これは前節で議論した評価基準に照らして，マクロ評価として利用可能な評価値であると考えられる。

第10章　森林の価値

図表10-3　調査票における森林の機能の重要性に関する設問

> 森林には減災機能（浸水防止・土砂災害防止）がありますが，レクリエーションの場の提供や緊急時には建築資材になるなど，他にも様々な機能をもちます。
>   あなたは，あなたのお住まいの地域（市町村）の森林について，以下のどの機能が重要だと思いますか。重要と思う準に，1位～5位をお答え行えください。
> - 木材供給
> - 減災機能（土砂災害防止など国土保全）
> - 水質浄化
> - 生態系・生物多様性保全
> - レクリエーション・遊び場
> - 文化的・宗教的価値（神社仏閣など）
> - 景観
> - CO_2吸収
> - 遺伝子資源（薬品の材料など）
> - その他（自由回答）

（出所）　筆者ら作成。

図表10-4　調査票における支払カード型CVMによる森林評価

> いま，あなたのお住まいの地域（市町村）における森林保護のために，乱伐の規制や植林によって1haのさらなる森林の拡大を行政が検討しているとします。そのとき，あなたの家計の年間負担増が最大いくらまでなら許容できますか？　なお，この金額は行政に徴収され，森林保護実施の基金となります。
>   （　　　）円

（出所）　筆者ら作成。

　調査結果

推計結果は**図表10-5**のように得られた。数値についての情報は，森林統計とともに添付資料に付した。

評価結果として，全国で平均約2,447円（標準偏差171）であり，最高値は2,813円（東京都），最低値は1,967円であった。図表10-5が示すとおり，日本全体で評価額は散らばっている。

しかしながら，所得などの社会経済属性や，森林の種別なども評価値に影響を与えていると考えるのが妥当であろう。そこで，なぜこのように支払意思額

図表10-5 森林 1 ha に対する支払意思額の分布（世帯 1 年当たり）

森林の価値推定値
（円/ha/家計）

- ～2,239未満
- 2,239～2,363未満
- 2,363～2,508未満
- 2,508以上

（出所）筆者ら作成。

が分布したのかを回帰分析で明らかにしていき，地域別に森林資本の評価を行う。まず，もっとも典型的な支払意思額の規定要因は所得である。所得効果とも呼ばれ，所得が高いほど支払意思額は高い値を示すことがある。したがって，所得変数は森林に対するWTPの規定要因として導入することが求められる。本調査データは，評価主体の単位として世帯を設定しているため，平成24年度の内閣府の県民所得データと，総務省統計局の世帯数データをもちいて求めた世帯所得を回帰分析の説明変数として設定する。また，地域の特徴を表すデータとして，性別と年齢を導入した。性別については地域人口における女性率を表すものとなる。

次に，森林の質に関して，天然林／人工林という区別に対応するデータとして天然林率を採用した。また，広葉樹／針葉樹という区別に対応するものとして，広葉樹林率を採用した。これらによって，天然林率の上昇や，広葉樹林率の上昇がどの程度WTPの評価値に影響するかを示すものとなる。さらに，その他の森林の質的要因を表す要素として，齢級別の森林面積を考慮した加重平

均として算出した樹齢を導入した。以上をまとめると，求めるべき回帰式は次のように表される。

$$\text{WTP}_{\text{Forest}} = \text{Constant} + \beta_1 \cdot \text{Income} + \beta_2 \cdot \text{Woman} + \beta_3 \cdot \text{Age}$$
$$+ \beta_4 \cdot \text{Natural forest rate} + \beta_5 \cdot \text{Broadleaf forest rate}$$
$$+ \beta_6 \cdot \text{Forest age} + \beta_7 \cdot \text{Forest rate} + \varepsilon$$

ここでConstantは定数項，Incomeは世帯当たり所得，Womanは女性の時に1をとるダミー変数，Ageは年齢，Natural forest rateは居住している県の天然林率，Broadleaf forest rateは居住している県の広葉樹林率，Forest ageは居住している県の加重平均樹齢，Forest rateは居住している県面積に占める森林の割合，εは誤差項を表す。最小二乗法により求められた回帰式の各推定係数βは**図表10-6**のようになった。

この回帰式に基づいて，右辺に各県別および全国の変数データを代入することにより，各県別および全国の1ha森林に対する世帯当たり年間価値を推定

図表10-6　森林価値の回帰分析

	係数	標準誤差	t値	p値
β_1	0.000	0.000	75.200	0.000
β_2	-355.452	18.771	-18.940	0.000
β_3	-19.887	0.764	-26.030	0.000
β_4	-337.965	127.823	-2.640	0.008
β_5	694.952	116.238	5.980	0.000
β_6	-9.471	2.518	-3.760	0.000
β_7	-207.447	58.038	-3.570	0.000
Constant	2897.274	153.141	18.920	0.000
Sample size	195194			
Prob＞F	0.000			
Adj R-squared	0.0342			

（出所）　筆者ら作成。

第Ⅲ部　評価できなかったものを評価する

図表10-7　県内GDP比の森林価値変化

5年間 森林ストック価値変化/GDP

～-0.2655未満
-0.2655～-0.07501
-0.07501～0.05051
0.05051以上

（出所）　筆者ら作成。

することができる。この回帰式は，森林の状態や社会構造によって適用すべきシャドウプライスが異なりうることを示している。

　原単位については，所得の影響なども受けながらも，相対的に東日本のほうが高い評価値を示している。これは，森林の質によるものと考えられ，東日本のほうが森林の公益的機能が重視されており，西日本は商業的価値が重視されていることに起因していると考えられる。一般に商業価値は所有者のみに帰属する価値であるのに対して，公益的価値は一種の外部経済であり，住民に遍く享受される価値であるため，一般住民に対する調査結果として東日本の方が総じて高い価値を示したと考えられる。

　キャピタルアプローチにおける持続可能性指標では，ストックの価値変化が重要な意味をもつことを踏まえて，ここでは5年間のスパンをとって森林資源のストック価値の変化を評価すると**図表10-7**のようになる。ここでは変化の規模を理解しやすくするために県内GDP比をとっている。

　このように持続可能性指標におけるシャドウ・プライスについて，地域差や

森林の質を考えながら見てみると，県によっては無視できないほど森林変化の影響が大きいことがわかる．

5 おわりに

本章では，持続可能性指標に取り入れられる自然資本としての森林の経済価値評価について，環境の経済評価論の観点から考察した．森林の価値評価の経済学的理論は余剰の測定が基礎となるが，特に商業的な利用価値だけでなく，非利用価値を評価することが重要である．そのためには，CVMやコンジョイント分析などの手法を用いて，(1)評価手法，(2)評価の主体，(3)評価の時間的単位，(4)評価の空間的単位，を適切に踏まえて評価する必要がある．

サーベイ調査の結果は，各地域で異なる評価値が求められたが，これらは森林の非経済的価値を測定しているという意味で，レントなどの経済的価値のみをシャドウ・プライスとして勘定することを改善できる．ただし，余剰は評価主体のおかれた条件に敏感に左右される．これに対しては地域性を考慮した回帰分析を用いてこうした問題を扱うことが有用である．

■注
1　エクソン＝バルディーズ号事件は，アラスカ沖で座礁したエクソン社のバルディーズ号から大量の原油が流出し，深刻な海水汚濁や沿岸レクリエーション地の破壊などをもたらした事件であり，その損害賠償額を算定するにあたり，非利用価値を含めるか否かで大論争を引き起こしたものであった．オハイオ裁判は，スーパーファンド法における損害評価の手続きに関する内務省のルールを巡って，オハイオ州政府および環境保護団体と産業界側とが争った裁判であり，評価対象を非利用価値まで範囲を広げるとともにCVM適用の妥当性を判決として下したものである．これはバルディーズ号事件の4ヶ月後のことであった．その後，1993年にアメリカ商務省国家海洋大気管理局（NOAA；National Oceanic and Atmospheric Administration）によってCVMの有効性を認める結論が出され，非利用価値の認知がさらに進んだ．1989年からのこれら一連の事件を経て，非利用価値を推定する手法として表明選好法が大きく発展するに至った背景がある．これをうけて，その後の生態系サービス評価を目指したミレニアム生態系評価やTEEB報告書などの大型研究プロジェクトでも，かならず注目される手法となっている．

■参考文献
植田和弘（1996）『環境経済学』岩波書店．
栗山浩一（1998）『環境の価値と評価手法』北海道大学出版会．

鷲田豊明 (1999)『環境評価入門』勁草書房.
Bateman, I. J, R. T. Carson, B. Day, M. Hanemann, N. Hanley, T. Hett, M. Jones-Lee, G. Loomes, S. Mourato, E. Özdemiroĝlu, D. W. Pearce, R. Sugden and J. Swanson (2002) *Economic Valuation with Stated Preference Techniques*, Edward Elgar.
Ciriacy-Wantrup, S. V. (1947) "Capital Returns from Soil-Conservation Practices", *Journal of Farm Economics*, 29：1181-1996.
Davis, R. K. (1963) "Recreational Planning as an Economic Problem", *Natural Resources Journal*, 3：239-249.
Flores, N. E. (2003) "Conceptual Framework for Nonmarket Valuation", in Champ, P. A., K. J. Boyle, and T. C. Brown (eds.), *A Primer on Nonmarket Valuation*, Kluwer Academic Publishers.
Hicks, J. R. (1943) "The Four Consumer's Surplus", *Review of Economic Studies*, 11：31-41.
Johansson, P-O. (1987) *The Economic Theory and Measurement of Environmental Benefits*, Cambridge University Press.（邦訳：嘉田良平（監訳）『環境評価の経済学』多賀出版）
Kahneman, D., I. Ritov and D. Schkade (1999) "Economic preferences orattitude expressions? An analysis of dollar responses to public issues", *Journal of Risk and Uncertainty*, 19：220-242.
Mitchell, R. C. and R. Carson (1989) *Using Surveys to Value Public Goods: The Contingent Valuation Method*, Resources for the Future.（邦訳：環境経済評価研究会（訳）『CVMによる環境質の経済評価: 非市場財の価値計測』山海堂）
Ready, R., S. Navrud, and W. Dubourg (2001) "How do Respondents with Uncertain Willingness to Pay Answer Contingent Valuation Questions?", *Land Economics*, 77：315-326.
Turner, K., D. Pearce, and I. Bateman (1994) *Environmental Economics*, Harvester Wheatsheaf.（邦訳：大沼あゆみ（訳）『環境経済学入門』東洋経済新報社）
Welsh, M. P., and G. L. Poe (1998) "Elicitation Effects in Contingent Valuation: Comparisons to a Multiple Bounded Discrete Choice Approach", *Journal of Environmental Economics and Management*, 36：170-185.

第11章
鯨の価値

1 はじめに

　本章では，捕鯨と保全をめぐる鯨の価値を計測し，新国富論の観点から，より望ましい海の資本の利用を考えたい。海の資本価値を構成する要素は様々である。私達の生活を支える資本として，漁業や様々な生態系サービスを供給する役割があるだろう。また，私達の生活に関連しなくても，豊かな海が存在することや将来世代がそれを享受できることを価値として生み出すこともあるだろう。海が生み出すこうした多様な価値について，鯨を例に考えてみたい。

　鯨においても海と同様，様々な価値が見出されている。歴史的には，鯨肉や鯨油としての価値が高く，著しい資本の減少を招いた時期もある。20世紀，鯨肉は日本において貴重なタンパク源であったし，西洋諸国においても主に鯨油を目的に捕鯨が盛んであった。その間，世界で300万頭もの大型鯨類が捕獲されたという推計もある（Rocha, Jr., Clapham, & Ivashchenko, 2015）。その影響が甚大だったことは確かで，国際自然保護連合（IUCN）によると，多くの大型鯨類の個体群が，絶滅危惧種に指定されている。

　近年は，鯨肉，鯨油などの需要は減少しているが，ホエールウォッチング（鯨鑑賞）としての鯨の利用は急成長を遂げている。日本の捕鯨業の2013年の生産高は１億9,500万円だったが，これは，2003年の名目値と比べて50％以上減少している。日本の漁業全体が同じ期間に8.6％の減少であったことを考慮しても，その衰退は著しい。対して，世界のホエールウォッチングは1998年から2008年の間にチケット売上高にして３億ドルから８億7,300万ドルに増加しており，関連する観光業への影響も含めると，実に21億ドル，日本円にして約

2,100億円（1ドル＝100円と仮定）規模の産業となった。多くの西洋諸国だけでなく，台湾，スリランカといったアジアの国々においても，捕鯨を放棄しホエールウォッチングに移行する動きが見られる。

こうした環境の変化もあり，鯨の保全や利用は，国際政治における論争の的となっている。特に，日本が遠洋で実施している調査捕鯨に関して，反捕鯨国との間で意見の対立が続いている。日本の調査捕鯨は，加盟国88カ国[1]からなる国際捕鯨委員会（IWC）の認可のもと実施されているが，調査捕鯨も含めた捕鯨の完全な禁止を求めている国によって反対されている。特に，日本と豪州の政府間では，司法裁判にまで至っている。豪州政府は，南極海における日本の調査捕鯨の違法性を2010年に国際司法裁判所（ICJ）に提訴し，2014年に日本の敗訴が確定した。日本はその後，調査内容を修正して調査捕鯨を継続しており，国際的な対立が激化している。Nature誌においても，欧米の科学者と日本政府の関係者による論争が掲載された（Brierley & Clapham, 2016；Morishita, 2016）。

本章の構成は次のとおりである。次節では，鯨の価値の推計結果を紹介する。鯨を巡る国際情勢を踏まえ，日本だけでなく豪州における価値を定量化した。さらに，推計結果から導き出される政策についても論じたい。3節では，鯨の価値を形成する要因を考察し，最後に，海の資本の今後について論じたい。

2 鯨の価値を計算する

仮想評価法を用いて，鯨を保全する支払意志額（WTP）と捕鯨[2]を続けるWTPを計算した[3]。アンケートは，日本と豪州において2016年2月に同時に実施した。回答者は，性別と年齢，居住地域[4]によって母集団を代表するよう回答前に選抜された。さらに，データの質の向上のために，回答に要した時間が極端に短い回答者を除いた。最終的に分析に使用した標本数は，日本が5,100人，豪州が2,254人となり，母集団を有意に代表する数となった。各国の社会経済的特徴は，**図表11-1**に示した。

アンケートの回答によると，80％以上の豪州人が捕鯨に反対しており，日本人の大多数が捕鯨に賛成している。**図表11-2**によると，40％近くの日本人が

図表11-1 ■回答者と母集団の社会経済的特徴

	日本			豪州	
	母集団	サンプル	捕鯨反対派のみ	母集団	サンプル
人口に占める女性の割合	50%	50%	70% **	50%	50%
平均年齢（才）	52	46	45 **	38	43
		(14)	(14)		(16)
世帯当たり平均人員（人）	2.4	2.8	2.8	2.6	2.7
		(1.3)	(1.3)		(1.4)
世帯当たり18歳未満の平均人員（人）	0.42	0.5	0.5	0.68	0.9
		(0.9)	(0.9)		(1.2)
平均教育年数（年）	11.5	14.8	14.6 **	13.0	14.0
		(2.1)	(2.1)		(2.8)
世帯当たり年間税込み収入の中央値	427万円	500-600万円	500-600万円	8万豪ドル	6-7万豪ドル

(注) 括弧内は標準偏差。日本の標本数は5,100人。オーストラリアは2,254人。教育と年収に関しては未回答者あり。
　　** $p<0.01$。Wilcoxon-Maun-Whitney test。日本のサンプルと捕鯨反対派の分布に有意差があるかどうかを検定。
(出所) Wakamatsuら (2016a) より筆者作成。

「どちらでもない」，「わからない」といった中立的態度だったが，賛否のどちらかのみを選択肢とした場合には，中立派の62%が捕鯨に賛成した。最終的には，70%以上の日本人が捕鯨に賛成し，日豪市民の意見も政府と同様，対照的となった。

　アンケートでは，これらの仮想シナリオを実現させるために国民が負担する費用として掲示された金額に対して，「支払う」または「支払わない」どちらかを選ぶ二肢選択方式を用いて，WTPをたずねた（Carson & Hanemann, 2005）。捕鯨に対する態度によって，異なる仮想市場を用意し，計3つの世帯当たりWTPを計算した。捕鯨反対派には，現在の状況から日本が捕鯨をやめることで鯨資源を増やす将来シナリオの実現に対して支払う金額として，(1)豪州のWTP，(2)日本のWTPの2つ。日本の捕鯨賛成派には，財政状況の変化により捕鯨の継続が難しくなった状況を想定して，(3)日本が捕鯨を続けていくために支払う日本のWTPとした。(1)と(2)は，日本と豪州の捕鯨反対派それぞれにたずねて得られた回答を使う。(2)から(3)のWTPは，全てに共通した2種類の仮想シナリオに基づき，(1)のみさらに3つ目のシナリオを追加している。(2)と(3)に共通する2種類の仮想シナリオは，捕鯨の対象種によって，(a)と(b)と

第Ⅲ部　評価できなかったものを評価する

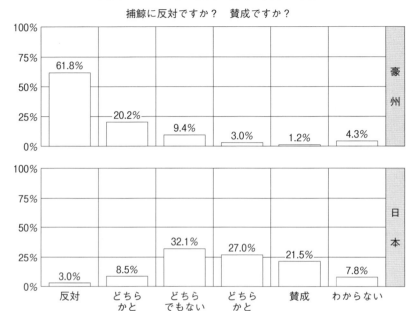

図表11-2　日本と豪州の捕鯨に関する意見

（注）　それぞれの意見が各国で占める割合をパーセント表示。豪州の標本は2,254人。日本は5,100人。
（出所）　Wakamatsuら（2016a）より筆者作成。

する。(a)は遠洋における全ての捕鯨対象種，(b)は南極海のミンククジラのみを対象とする。(1)の豪州の追加シナリオは，(a)，(b)に加えて，現在豪州で実施されているシロナガスクジラの保護活動を南極海のミンククジラにも拡大すること，とした。南極海のミンククジラは，前述のICJにおける訴訟で争われた対象の鯨にあたる[5]。

仮想評価法においては，実際の支払いが伴わないため，過大に評価される恐れがある。そうした仮想バイアスを軽減するために，確信をもってWTPの質問に回答できなかった場合には，「支払う」という回答をしていても，自動的に「支払わない」とした（Blumenschein et al. 2008）。

データの分析では，ターンブル推定法を用いて，WTPの条件なし分布（unconditional distribution）を推計した。尤度比検定を行い，無作為な選択

第11章　鯨の価値

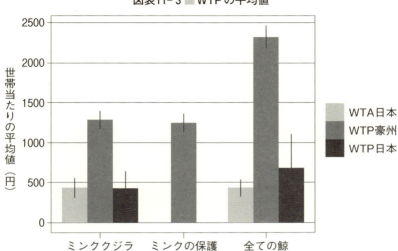

図表11-3 ■ WTPの平均値

（注）　エラーバーは95％信頼区間。日本が捕鯨を継続するWTPはWTAとして表示。オーストラリアドルは購買力平価為替レートによって日本円に換算。
（出所）　Wakamatsuら（2016a）より筆者作成。

図表11-4 ■ WTPの平均値

世帯当たり平均値（円） （95％信頼区間）	日本 全ての鯨	ミンククジラ	豪州 全ての鯨	ミンククジラ
捕鯨の価値	438 (335, 542)	437 (317, 558)		
捕鯨をやめる保全の価値	682 (247, 1118)	432 (217, 647)	2,322 (2180, 2463)	1,289 (1170, 1408)
保護活動による保全の価値				1,252 (1371, 1134)

（注）　オーストラリアドルは購買力平価為替レートによって日本円に換算。
（出所）　筆者作成。

を仮定した帰無仮説は全てのWTP分布において有意に棄却された。これらの分布から下限の平均値を世帯当たり年間支払額として算出した。この支払いは今後20年間続き，全ての世帯から徴収されると仮定された。結果は，**図表11-3**と**図表11-4**に示した。

結果によると，シナリオ(a)の遠洋における全ての捕鯨活動に対して，日本の大多数を構成する捕鯨賛成派世帯は，捕鯨を継続していくために年間平均438円までの負担を許容している一方，捕鯨反対派の日本人世帯は，捕鯨を中止するために682円まで，さらに豪州人世帯は，2,322円までの負担を平均的に許容している。シナリオ(b)の南極海のミンククジラに絞った場合には，捕鯨賛成派世帯は捕鯨の継続のために平均437円，捕鯨反対派の日本世帯は捕鯨中止のために平均432円，豪州世帯は平均1,289円となった。

　政策的な意義を考えるために，各国の総額（世帯当たり金額×該当する意見の割合×各国の世帯数）を，図表11-5に示した。政策としては，日本が現在捕鯨を実施している現状を踏まえて，日本政府が捕鯨の権利を有すると仮定し，豪州政府がその中止のために日本政府に補償する政策を考える。豪州政府は，前述のとおり，実際に訴訟によって捕鯨の中止を実現しようと試みたが，本分析では，2国間による金銭移転の交渉を想定し，その実現可能性を考える。そのため，日本の捕鯨賛成派による捕鯨を継続するWTPは，捕鯨を中止するために必要とする受取補償額（WTA）と解釈する。WTAを仮想評価法によって直接たずねることは賢明ではない。予算制約がなく，誠実な答えを妨げる戦略バイアスが大きく，WTPの文脈に置き換えてたずねるのが推奨されている（Arrow et al., 1993）。

　図表11-5によると，日本が全ての鯨類の調査捕鯨を中止する場合に，その実現の可能性が極めて高いことがわかった。ただし，訴訟のようにミンククジ

図表11-5 ■政策オプションの可能性

政策オプション（億円）	日本 受入補償額の総額	豪州 支払意志額の総額	実現可能性
日本が全ての大型鯨類の調査捕鯨を中止する場合	167	173	○
日本がミンククジラの調査捕鯨を中止する場合	166	96	×
豪州がミンククジラの保護活動を実施する場合	―	93	―

（注）　総額＝世帯当たり平均値×捕鯨賛成・反対の割合×各国の全世帯数
（出所）　筆者作成。

ラに絞った場合には，その実現可能性は極めて低いことも明らかとなった。これは，WTAは鯨類の対象種によって変化しなかった一方，WTPは全ての鯨類を対象とすることに大きく反応した。また，ミンククジラに絞った場合，豪州市民は，保護の成果が同じであるなら，政策としては，捕鯨の中止でも他の保護活動でも同様の価値であることもわかった。

本節のまとめとして，鯨の価値は多様で，国によって大きな違いがあることが示された。特に，日本では捕鯨が大きな価値を占めるが，豪州では保護することに大きな価値を見出している。その価値の総額は，人口の違いを考慮しても豪州において高かった。世界的な観点からは，日本による捕鯨は鯨資本の最適な利用とはいえず，日本と豪州政府による金銭移転の交渉によって，両国民はより大きな便益を享受することができる。

3 鯨の価値を理解する

前節において，日本と豪州における多様な鯨の価値が明らかになったが，本節では，価値の背景をアンケート調査から検討したい。

そもそも捕鯨賛成派は，なぜ捕鯨に賛成しているのだろうか。**図表11-6**では，賛成の様々な理由に対して，賛成派が同意している割合を示した。最も同

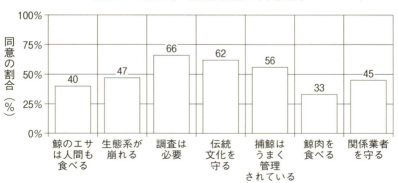

図表11-6 ■日本の捕鯨賛成派の賛成理由

（注）　標本数は3,744人。
（出所）　アンケート調査より筆者作成。

意を得られた理由としては，鯨の生態に関する調査は必要という意見であり，66％の賛成派が同意している。次に，伝統や文化を守るためという意見が62％で，最も支持が低かった理由は，鯨肉を食べるためであった。捕鯨賛成派は，鯨肉の消費など直接的な利益よりも学術的な調査や文化・伝統など公共的な利益を評価していることが窺える。

　一方，捕鯨反対派は，なぜ捕鯨に反対しているのだろうか。**図表11-7**には，捕鯨反対派の様々な理由を示した。日豪ともに，乱獲による絶滅の恐れが最も同意を得られており，次に，日本では生態系のバランスが崩れる，豪州では鯨がかわいそうといった理由が続く。詳細に見ると，日豪の反対理由は分かれていくが，根本的には乱獲による絶滅を危惧しているためと言えそうだ。

　日本の調査捕鯨に対して，調査の必要性をより感じる人々が賛成し，絶滅をより心配する人々が反対しているようだ。また，図表11-2，11-3，11-7から，豪州の意見は日本に比べてはっきりとしており，そうした意見の強弱が金銭価値の違いにも表れているのかもしれない。

　次に，日豪の考え方の違いは，捕鯨以外の側面ではどうだろうか。気候変動や生物多様性，大気汚染，森林保全，地下水汚染，エネルギー供給，自然災害のそれぞれの項目に対する関心の度合いを5段階でたずねた。日豪の回答の分布は，全ての項目においてWilcoxon-Mann-Whitney検定によって有意な差が

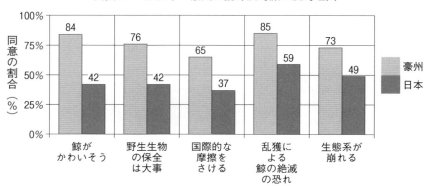

図表11-7 ■日本・豪州の捕鯨反対派の反対理由

（注）　標本数は日本が1,356人，豪州が2,159人。
（出所）　アンケート調査より筆者作成。

見られた。自然災害に対する関心は日本のほうが高かったが，他の項目は全て豪州のほうがより関心が高かった。絶滅危惧種の保全に対しても，日豪の意識の分布は有意な水準で異なり，豪州のほうが平均的に重要と考えている。

　また，鯨の生態や捕鯨（捕獲数や漁法），国際的な管理の動向（IWC など），ホエールウォッチング，国内外の鯨保全活動に関する知識の度合いについて回答者が主観的に評価した。回答分布を見ると，管理の動向において日豪の違いは有意ではなかったが，他の知識に関しては全て有意な違いがあり，豪州人のほうが平均的により知っていると回答した。2013年に動物・環境保護団体へ寄付した人の割合も，豪州では約3割に達するが，日本では1割に満たない。日豪の違いは，捕鯨に対する政治的，経済的価値観のみならず，他の側面においてもその差が見られた。

　前述のとおり，世界的にはホエールウォッチング産業が大きく成長しており，日本もその例外ではない。1998年には430万ドルだったホエールウォッチングツアーのチケット売上高は，2008年には738万ドル，日本円にして7億4千万円（1ドル＝100円と仮定）に伸びている。今後，日本においても鯨資本は捕獲ではなく鑑賞という利用による価値が増えていく可能性がある。日本でも，豪州に見られるように，鯨保全への関心は高まっていくのだろうか。

　鯨保全に対する価値観がどのように違うのかを日豪の捕鯨反対派に絞った標本で分析した[6]。前節から，豪州の捕鯨反対派は，鯨保全に対して日本の捕鯨反対派よりも高い価値を見出していることがわかった。詳細は Wakamatsu ら（2016b）に譲るが，鯨保全政策を複数の保全方法と対象とする鯨の特徴の観点から詳細に検討した。その結果，豪州では従来から実施されているような鯨保護活動を強化するとともに捕鯨の中止が実施されることに高い価値を見出しており，さらにそうした政策は，ホエールウォッチングでの鯨との遭遇率の改善の観点から支持されることはなく，絶滅の恐れのある鯨を対象とすることでより高く評価された。日本では，特定の保全政策の支持には至らなかったが，絶滅のおそれのある鯨を保護することは支持された。

　日本の捕鯨反対派をさらに潜在クラスモデルを使ってクラス分けしたところ，豪州における鯨保全の価値と同様に高い水準の価値を持つグループが識別された。このグループは日本の捕鯨反対派の3割弱を占める。さらに，このグルー

プに属する人々の特徴としては，高学歴で，絶滅危惧種の保全を重要と考え，鯨に関する知識が多く，動物・環境保護団体への寄附金額が高かった。このグループのこうした特徴は，豪州内で鯨保全をより高く評価しているグループの特徴とも合致し（学歴は除く），両国ともに鯨保全に対して高い価値を持つ人々は似た背景にあると言える。

　また，興味深い点として，野生の鯨との親しみ度合いと鯨保全の価値の高さに関係がないこともわかった。**図表11-8**からわかるように，豪州では少なくとも3割以上の人々がホエールウォッチングやそれ以外の場面で野生の鯨を見たことがある一方で，日本ではどんなに多く見積もっても2割に満たず，野生の鯨との親しみ度合いの観点からみると，日本は大変低い。しかし，こうした個人的な経験は，鯨保全政策を高く評価するかどうかとは統計的に有意な関係性は見られなかった。

図表11-8　鯨の親しみ度合い

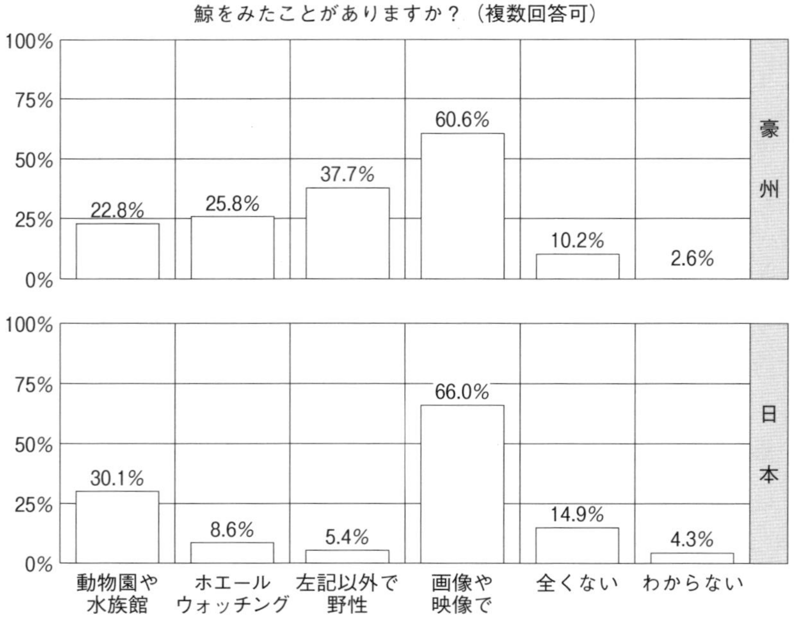

鯨をみたことがありますか？（複数回答可）

豪州

動物園や水族館	ホエールウォッチング	左記以外で野性	画像や映像で	全くない	わからない
22.8%	25.8%	37.7%	60.6%	10.2%	2.6%

日本

動物園や水族館	ホエールウォッチング	左記以外で野性	画像や映像で	全くない	わからない
30.1%	8.6%	5.4%	66.0%	14.9%	4.3%

（注）　標本数は豪州が2,254人，日本が5,100人。
（出所）　アンケート調査より筆者作成。

第11章　鯨の価値

　こうした結果は，豪州のように鯨保全を支持する人々が，日本においても見られ，絶滅危惧種の保全の大切さや鯨に関する情報が今後広まることで，こうした人口が増える可能性が示された。ただし，野生の鯨を見る機会となるホエールウォッチングが今後日本において広がっていっても，市民が鯨保全に傾くとは限らないだろう。

4　おわりに

　鯨資本の有効利用という観点から見ると，鯨肉や鯨油を目的とした捕鯨の価値は相対的には低いことが，本章で明らかになった。日本では，鯨は調査捕鯨による利用が保全よりも高い価値を生み出すが，豪州も含めて2カ国で計測した場合には，日豪の人口差を考慮しても鯨を保全するほうが高い価値を生むことがわかった。大型鯨類は国際的な共有資源であり，特定の国が所有権を持たないため，世界的に価値を高める政策がとられるべきだろう。

　従来考えられる鯨資本の価値は，捕鯨産業やホエールウォッチング産業の生産規模を指すだろう。しかし，日本のような捕鯨国，鯨肉消費国であっても，日本の捕鯨に科学的調査としての価値や文化的な価値を見出しており，鯨肉を消費するための価値は極めて低い。包括的富という指標から豊かさを考えるとき，こうした鯨の非利用価値まで含めてインクルーシヴ（包括的）に捉え直す必要があるだろう。

　鯨を利用する産業としては，漁業生産額が減少傾向にあることを踏まえると，鯨肉・鯨油の消費からホエールウォッチングとしての消費に世界的にシフトしている。人々の価値は，鯨の直接的な利用価値から間接的な利用価値，非利用価値へとシフトしているのではないだろうか。特に，本分析は遠洋における大型鯨類の調査捕鯨を対象としており，鯨を保全しても，その便益を直接的に得ることは考えにくい。

　鯨を保全するWTPとして算出された価値は，生態系のバランスの維持など間接的な便益や存在価値（健全な状態で存在していることによる価値），遺産価値（鯨資源による無形のサービスを将来世代が享受できることによる価値）といった非利用価値が大きな割合を占めるだろう。非利用価値は市場で直接観

測できないため，アンケート調査で把握する必要があり，インクルーシヴな鯨資源，ひいては海洋資源の持続可能性の向上へ更なる調査研究が求められる。

■注
1 2014年9月時点。
2 調査捕鯨を捕鯨として表現することに違和感を感じる人もいるかもしれないが，本章では，調査捕鯨と捕鯨を簡単化のために区別なく使用することを承知いただきたい。
3 本節におけるデータや推計などの詳細は，Wakamatsuら（2016a）を参照されたい。
4 居住地域による選抜は日本のみ。
5 訴訟では，日本が実施する南極海での調査捕鯨のみを対象としていた。
6 詳細は，Wakamatsuら（2016b）を参照されたい。

■参考文献

Arrow, K. J., Solow, R., Portney, P. R., Leamer, E. E., Radner, R., & Schuman, H. (1993) *Report of the NOAA panel on Contingent Valuation*. Washington, DC: Federal Register.

Blumenschein, K., Blomquist, G. C., Johannesson, M., Horn, N., & Freeman, P. (2008) Eliciting Willingness to Pay Without Bias: Evidence from a Field Experiment. *The Economic Journal*, 118 (525): 114-137.

Brierley, A. S., & Clapham, P. J. (2016) Whaling permits: Japan's whaling is unscientific. *Nature*, 529 (7586): 283-283.

Carson, R. T., & Hanemann, W. M. (2005) Chapter 17 Contingent Valuation. In K.-G. Mler & J. R. Vincent (Eds.), *Handbook of Environmental Economics* (821-936). Elsevier.

Morishita, J. (2016) Research data: Japan justifies whaling stance. *Nature*, 531 (7592): 35-35.

Rocha, Jr., R. C., Clapham, P. J., & Ivashchenko, Y. V. (2015) Emptying the Oceans: A Summary of Industrial Whaling Catches in the 20th Century. *Marine Fisheries Review*, 76 (4): 37-48.

Wakamatsu, M., Shin, K. J., Wilson, C., & Managi, S. (2016a) *Can bargaining resolve the international conflict over whaling?* Unpublished manuscript.

Wakamatsu, M., Shin, K. J., Wilson, C., & Managi, S. (2016b) *Exploring a gap between Australia and Japan in the economic valuation of whale conservation*. Unpublished manuscript.

第12章
交通インフラの価値

1 はじめに

　道路や公共交通機関などの交通インフラは短時間で長距離の移動（Mobility）を可能にすることによって人々の活動範囲を広げ，現代の人々の日常生活にとって必要不可欠なものとなっている。交通インフラは都市の経済活動を支える基盤として大きな役割を果たしているが，その反面，インフラの使用に伴う交通混雑は人々の時間損失や自動車の排気ガスによる環境汚染の増大を引き起こす要因であり，都市活動における主要問題となっている。

　既存研究によると，交通インフラの整備状態は直接的，および間接的に人々に影響を与えることがわかっている。Ettema et al. (2010) は，交通移動が人々の主観的満足度にもたらす影響に関する理論的フレームワークを提示している。この研究では，交通移動が持つ影響を，(1)交通移動そのものから感じる肯定的・否定的な感情による直接的な影響，(2)日々の活動への参加を促進させることによる間接的な影響，(3)その後の活動パフォーマンスを左右することによる間接的な影響に分類している。また，交通移動による認知的および感情的な要因（清潔さ，便利さ，ストレスなど）は利用している交通手段に対する満足度をはかるものとして考えて計測することが可能であると主張している。

　Bergstad et al. (2011) は上記の Ettema et al. (2010) のフレームワークをもとに，スウェーデンの1,330人の個人のアンケート調査で得られたデータを用いて交通移動への満足度（satisfaction with travel scale；STS）を計測し，STSが主観的満足度に正の効果を持つことを計量分析を使って示している。このことから交通手段や日常生活における移動への満足度は全体的な生活満足度

を形成する要因であると考えられる。

　交通インフラの利便性は生活に不可欠なものであるが，交通移動における混雑は人々のストレスを増大させることが，様々な研究の結果から明らかになっている。Henessy and Wiesenthal（1999）はカナダのノースヨーク地区の労働者60人のサンプルを用いた実験によって得られたデータを定量分析して，車の運転者のストレスは道路が混雑しているときほど高くなるという結果を示している。また，Gottholmseder et al.（2009）が行ったオーストリアの労働者1,029人のアンケート調査から抽出したデータを用いた分析では，通勤時の道路混雑の予測可能性が低いほどストレスレベルが高くなるという結果が示されている。この現象は公共交通機関の利用者にも見られている。Evans et al.（2002）はアメリカの郊外から都心に通勤する電車通勤者のサンプルを用いた実験で，混雑状態の予測が難しいと感じている人ほどストレスレベルが高くなることを示している。このような分析結果から，道路や公共交通の混雑は移動に関する満足度にマイナスの影響を与えるが，混雑＝ストレス＝不満という単純な関係性ではないという事がうかがえる。人々が混雑を予測している場合，当たり前だと思っている場合には比較的ストレスのたまり具合が低いという事は，そのような傾向が顕著に見られると考えられる都心部における公共交通の混雑の解消は個々の生活満足度に大きな影響を与えにくい可能性を示唆している。

　交通インフラと移動に対する満足度には混雑以外の要因も影響している。例えば，Givoni and Rietveld（2007）が行ったDutch Railways（NS）customer satisfaction surveyから得られた2,542人の顧客データを用いた分析結果は，鉄道駅のアクセスを高く評価した顧客ほど鉄道を用いた移動への全体的な満足度が高いことを示している。またこの研究ではコストパフォーマンス，駅の質および駐車場整備状態も満足度に影響を与える要素であることを明らかにしている。駅や駅周辺の整備は交通関連の会社のみならず，自治体の政策が影響を与える要素であるため，市政の評価の要素としても捉えることができ，移動に関する満足度に政策が貢献できる点であると考えられる。

　本章ではこれらの既存研究の結果を踏まえて，交通インフラの状況が生活満足度に与える影響を考察する。また，分析のために独自に日本全国を対象とした個人ベースのアンケート調査を実施して，その結果からデータを構築した。

特に，混雑の要素に着目して，公共交通及び道路混雑の解消がもたらす価値を生活満足度アプローチ（Life satisfaction approach）によって算出する。

算出方法は，まず世帯年収と交通関連の混雑がもたらす生活満足度への影響の程度をデータから回帰分析を使用して推定した結果から，混雑の不満解消がもたらす生活満足度の変化を相殺する世帯年収の減少額を計算する。算出された額は，ある施策が道路混雑の不満を解消できるとすると仮定した際，この施策に対して要求される支出がこの額を下回る場合，結果的に生活満足度は向上すると予想され，平均的な世帯はこの混雑解消のための施策に賛同し，支出しても良いと考えている金額である。

一方，要求される支出が算出額を上回る場合には，平均的な世帯の生活満足度は低下すると見込まれ，支出に同意しない。すなわち，この額は，平均的な世帯が道路混雑や公共交通機関内における混雑の不満解消のための最大の支払意思額とみなすことができる。

2 データ

 アンケート調査

今回行った分析は主要なデータとして，九州大学工学研究院馬奈木研究室が2015年11月に日本に居住する個人を対象にインターネット上で行った大規模アンケート調査で得られたデータを用いている。サンプル回収の際には，日本全国の人口・性別・年齢分布を考慮して，サンプルの属性の分布をそれに合わせることで，サンプルの代表性を確保している。

得られた総回収数は244,727人であり，分析の際はKahneman and Deaton（2010）の方法を参考に外れ値の除外を行っている。まず，世帯年収について「回答したくない・わからない」と回答した51,078人を除外している。次に，世帯年収をカテゴリーの範囲の中央値に置き換えて対数をとった変数を被説明変数として，性別，年齢，大卒ダミー，既婚ダミーおよび都道府県ダミーを説明変数としたモデルのOrdinary Least Square（OLS）回帰分析を行った。回帰結果から得られた世帯年収の予測値と観測値との差が平均2乗誤差の平方根

(RMSE) の2.5倍を超過した5,398人を除外している。全体として56,476人のデータが除外の条件に該当したため削除して，分析に用いたサンプルサイズは188,251人（総回収数の76.9％）となった。

このアンケートの設問には，大分類として主観的生活満足度・交通環境・住居環境・治安などの生活環境に関する項目がある。また，年齢・性別・職業・年収・健康状態など個人属性に関する項目や，回答日の天気など主観的満足度に関連するとされている属性を質問項目としている。

今回の主要変数である主観的生活満足度の項目では，「全体として，どの程度生活に満足していますか？」という質問に対し，「1　全く満足していない」から「5　大変満足している」の5段階スケールでの回答を求めている。また交通に関する項目では，「公共交通の車内混雑への不満」の有無，「道路混雑への不満」の有無に加えて，通勤しているかどうか，通勤している場合は通勤手段（自家用車，バス，電車）および往復の通勤時間を聞いている。

2　基本統計量

図表12-1は生活満足度の回答結果の分布を示している。回答の大きな特徴

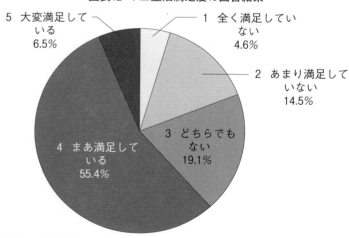

図表12-1　生活満足度の回答結果

（出所）　筆者作成。

図表12−2 ■ 交通における不満に関する設問への回答結果

質問	不満がある
道路混雑	16.8%
公共交通の車内混雑	7.7%

（出所）　筆者作成。

として，半数以上の回答者が「4　まあ満足している」と答えている。次いで19.1％の「3　どちらでもない」，14.5％の「2　あまり満足していない」と合わせて全体の9割弱を占めている。概して，満足度が高い方向に偏りながら中央に集中しているという特徴を持っており，この特徴は他の生活満足度調査でも観察されるものである（大竹他，2010）。

交通における不満に関する設問への回答結果は**図表12−2**のとおりである。回答者のうちおよそ6人に1人が道路混雑に不満を感じ，13人に1人が公共交通の車内混雑に不満を感じていると回答している。

通勤の有無と通勤形態の設問への回答結果は**図表12−3**のとおりである。およそ75％の回答者が通勤者であり，そのうち利用する交通手段は自家用車が32％，電車が25％，バスが2％である。日本は他国と比較して，公共交通網が発達しているが，車での通勤が一番多いことがわかった。

図表12−3 ■ 通勤の有無と通勤形態の設問への回答結果

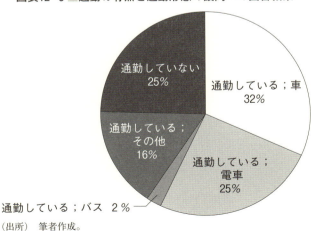

（出所）　筆者作成。

図表12-4 通勤形態ごとの交通に関する不満の設問への回答結果

	通勤している			通勤していない
	車	バス	電車	
公共交通の車内混雑に不満	3.3%	11.8%	16.9%	4.7%
道路混雑に不満	21.3%	24.1%	12.0%	14.8%

(出所) 筆者作成。

　図表12-4は，交通における不満に関する設問への回答結果を，通勤に関する設問への回答結果によって回答者をグループ分けして表示したものである。各セルは，通勤に関する設問への回答結果によるグループ内での，不満が「ある」と答えた回答者の割合である。例えば，一番右の列の4.7%と14.8%という数字は，「通勤していない」と答えた回答者のうち公共交通の車内混雑に不満がある回答者の割合と，道路混雑に不満がある回答者の割合を示すものである。自家用車で通勤しているグループ，バスで通勤しているグループ，通勤していないグループでは道路混雑に不満を持つ割合が公共交通の車内混雑に不満を持つ割合を上回っている。唯一，電車で通勤しているグループのみ，逆に公共交通の車内混雑に不満を持つ割合が道路混雑に不満を持つ割合よりも高い。これはやはり車・バスの利用者の方が混雑を経験しやすいためと考えられる。
　また，車で通勤しているグループとバスで通勤しているグループを比較すると，不満が感じる割合は公共交通の車内混雑と道路混雑ともにバス通勤のグループの方が高くなっているが，そのグループ間の差は公共交通の車内混雑への不満においてより大きくなっている。この傾向もまた，バスが道路を使用する公共交通機関という双方の混雑の対象となっているためであると考えられる。その一方，公共交通機関の車内混雑に不満を持っている通勤者のシェアは電車を利用している通勤者よりバスを利用している通勤者の方が多いため，電車の車内混雑の方がより改善が必要であるとも考えられる。
　通勤形態と混雑に関する不満の間の相関には，「使用するから不満を感じる」，「不満を感じるから使用しない」という2つの因果関係が想定されるが，以上の特徴は前者の関係と整合的であると考えられる。

3 分析モデルと分析方法

以上のデータを用いて,生活満足度を被説明変数とする以下の回帰式を分析して,混雑の変数が生活満足度に与える影響を推定する。

生活満足度$_i =$
$\beta_0 + \beta_1 \cdot ($公共交通の車内混雑への不満$_i) + \beta_2 \cdot ($道路混雑への不満$_i)$
$+ \beta_3 \cdot \ln($世帯年収$_i) + \beta_4 \cdot ($人口密度$_r) + \beta_5 \cdot \sqrt{($人口密度$_r)}$
$+ \beta_{\text{Control}} \cdot X_i + \varepsilon_i$

主要説明変数は公共交通の車内混雑への不満と道路混雑への不満であり,これらの不満がある人を1,不満がない人を0とするダミー変数である。上記で述べた既存研究の結果から,交通環境への不満は全体的な主観的生活満足度にマイナスの影響を与えるという仮定をおいて分析をした。また,交通環境における混雑の程度と地域の人口密度はある程度相関があるものと考えられ,混雑が人口密度の影響を説明する可能性が考えられるため,その影響をコントロールするために人口密度を説明変数として含めている。人口密度の変数は,分析モデルの当てはまりの良さを考慮して1次の項に加えて平方根を含めている。

支払意思額の算出にも必要な世帯年収は,所得の上昇につれて限界効果は逓減するという先行研究の知見(Helliwell, 2003)から,対数をとって説明変数として含めている。またこのモデルでは先行研究で主観的満足度との関係性が示唆されている要因,および関連する可能性がある要因の影響を可能な限りコントロールするため,コントロール変数として年齢,年齢2乗,性別,職業,大卒ダミー,未婚ダミー,離・死別ダミー,子供の数,都道府県などの個人属性,駅・バス停への所要時間,住居の種類,世帯同居人数,治安の良さ,地域への愛着などの生活環境に関わる変数,通勤者ダミー,片道通勤時間,通勤手段(公共交通/車・バイク/その他)のダミー,通勤時間と通勤手段の交差項などといった通勤に関する変数を含めている。加えて,主観的健康状態,平日/休日の外出頻度,身近な項目への満足度,回答日の天気(晴れの日は満足度が高くなりやすいとされている)などの変数も含まれている。

被説明変数である生活満足度が5段階のカテゴリー変数であるため，推定には順序ロジット法を用いている。この分析方法は説明変数が変化することで，被説明変数が変化する確率を計算するものである。

4 分析結果

　順序ロジット分析の推定結果は図表12-5のとおりである。各セルには，推定されたオッズ比と，その下の括弧内に標準偏差値を掲載している。オッズ比が1以上であれば説明変数が被説明変数にプラスの影響を与え，オッズ比が1を下回る場合はマイナスの影響を示唆している。

図表12-5 ■推定結果

説明変数	
公共交通の車内混雑への不満	0.909***
	(-5.174)
道路混雑への不満	0.908***
	(-7.403)
人口密度	1.015***
	(2.764)
√(人口密度)	0.950**
	(-2.090)
ln（世帯年収）	1.423***
	(39.33)
観測数	184,608
Pseudo R2	0.180

（注）　** 95%有意性，*** 99%有意性。
（出所）　筆者作成。

　推定結果によると，主要な変数は全て有意水準5％で有意，人口密度の平方根を除けば全て有意水準1％で有意となった。「公共交通の車内混雑への不満」と「道路混雑への不満」のオッズ比は1より小さく（それぞれ0.909，0.908），生活満足度に負の効果をもたらすという結果となった。双方の混雑の変数の影響度はほぼ同じであり，不満が改善されることで生活満足度が1段階上がる確率が約10％上がるという結果となっている。

人口密度が高いほど生活満足度が高いという分析結果の1つの解釈としては，人口密度が高い地域は都心部であり，利便性が生活満足度にプラスの影響を与えていると考えられる。その反面，人口密度をコントロールした上で，混雑に関する不満がマイナスの影響を与えるという分析結果は，人々が混雑は都心部の利便性の代償として相殺されるものではないとの考えをもっていることを示唆している。

　既存の生活満足度の調査研究と同様に，「世帯年収の対数」は正の効果を持つ（オッズ比は1.423）と推定された。

　以上の推定されたオッズ比の値を用いて，公共交通の車内混雑，道路混雑それぞれの不満解消に対する支払意思額は以下の式によって算出した。

$$\text{公共交通の車内混雑解消への支払意思額} = 1 - \exp\left(\frac{\ln 0.909}{\ln 1.423}\right) \approx \text{世帯年収の23.7\%}$$

$$\text{道路混雑解消への支払意思額} = 1 - \exp\left(\frac{\ln 0.908}{\ln 1.423}\right) \approx \text{世帯年収の23.9\%}$$

　この算出結果はそれぞれの混雑の対する不満の解消に対して，各世帯の平均的な支払意思額は世帯年収のおよそ23.7％，23.9％であることを示している。世帯年収を対数変換したのちに説明変数として含んでいるため，算出される値は世帯年収の絶対額でなく，割合である。

　世帯年収の23.7％，23.9％という金額は，比較的大きな額であると考えられる。この額の大きさをより客観的な尺度から評価するために，日本全体における意思額の算出をする。今回のアンケート調査のサンプルにおいて，公共交通の車内混雑に不満を持っていると答えた回答者は7.7％である。例えば日本の全世帯のうち7.7％が世帯年収の23.7％を支払うとすると，総額は1年当たり6.3兆円である。道路混雑への不満についても，同様の想定のもとで総支払額を計算すると13.8兆円である。**図表12-6**はその結果を95％信頼区間とともに表示している。日本の一般会計予算は年度当たり約100兆円であり，そのうち道路関係予算が約1.5兆円であることから，混雑解消によるメリットの大きさがうかがえる。

　加えて，不満解消のメリットが不満をもっている人たちに与える影響がほぼ

図表12-6 交通に関する不満解消への総支払額

(単位：兆円)

	総支払額	95%信頼区間	
公共交通の車内混雑への不満解消	6.3	8.3	4.1
道路混雑への不満解消	13.8	16.9	10.4

(出所) 筆者作成。

同程度のため，不満をもっている人が倍ほど多い道路混雑の方が総合的な支払意思額は高い。しかし，単位当たりの道路混雑にかかる費用が公共交通の車内混雑の解消にかかる費用が比較的高い場合には，道路混雑の全面解消の方が有意義であるとは言い切れないので，解釈には注意が必要である。

5 おわりに

本章では，独自に行った生活満足度と交通環境に対する満足度に関するアンケート調査のデータを用いて，公共交通の車内混雑及び，道路混雑の解消がもたらす金銭的価値の算出を生活満足度アプローチを用いておこなった。推定結果は海外のデータを元に分析を行った既存研究の結果と同様，交通環境や移動手段に対する満足度が生活満足度に正の影響を与えるという結果が示された。またそれぞれの混雑が与える負の影響はほぼ同程度であることも示された。加えて，算出した混雑解消に対する支払意思額は合わせて約20兆円にのぼり，交通混雑への不満を解消する価値が非常に高いという結果となった。

算出結果の頑健性を確認するためには，混雑への不満と生活満足度への不満の変数間で内生性があるかどうかを考えなければならない。今回の分析で使用しているデータでは特性上，本研究で想定している「道路混雑への不満を持っていると生活満足度が低くなる」という因果関係と，「生活満足度が低い人が道路混雑に不満を抱いている」という因果関係を区別することができない。もし，後者の因果関係が成り立っている場合，上で示された混雑の変数のオッズ比や支払意思額は過大に推定されていることになるので，操作変数などの手法を使った分析を今後の研究で行うことでより精度の高い支払意思額の算出ができるものと考えられる。

また，本研究は，主観的な道路混雑の不満が何らかの政策的介入によって解消された場合，どれほどの便益につながるのかを算出しているが，そのような不満の解消がどのような介入によってなされるかについての分析ではないため混雑解消の具体策の評価はしていない。また，実際の介入に関する意思決定に有用であるためには，便益に加えて費用の評価が必要であり，不満の解消にかかる費用の評価を行うためには，どのような事業によって不満の解消が可能か，またその事業遂行にどれほどの費用が必要か，不満の解消と費用との定量的な関係を明らかにする必要がある。

今後の研究課題として，人々の不満の解消量と実際のプロジェクトとの関係性を計量的に測ることは大事であると考える。その方法の1つとして，交通状態を改善するプロジェクトの前後で人々の交通環境に対する不満の時系列的な変化，及びプロジェクトに対する支払意思額を事前に算出し，かかったコスト及び生活満足度の情報を見ることで，プロジェクトの評価をする方法は有意義であると考えられる。

Cullinane（2002）が香港の大学生を対象として行ったサーベイデータを用いた分析結果で，公共交通のアクセス状態が良好な地域ほど車の保有率が低くなることを示している。車内混雑を含む公共交通機関の改善は移動手段の選択に影響を与えることを示唆していると同時に，公共交通機関と道路での混雑が施策によっては両方の混雑状況が改善される可能性があると解釈できる結果となっている。今後の交通・移動環境改善に関する施策では，公共交通の車内と道路混雑の関連性も踏まえた上で，改善策の議論が必要である。

最後に，既存の公共財の価値算出に関する多くの調査・研究から，アンケートのデザインや実施のタイミングによって結果が変動することが知られている。また，公共財の価値算出には今回使用した生活満足度アプローチ以外にも複数のアプローチがあり，その選択によって算出される価値が異なることがある。政策に関する最終的な意思決定は，可能な限り多くの論拠が与えられたのちにすることが望ましいため，本章の結果は，そのような論拠の1つとして捉えられるべきである。

■**参考文献**

大竹文雄・白石小百合・筒井義郎編（2010）『日本の幸福度―格差・労働・家族』日本評論社．

Bergstad, C. J.; Gamble, A.; Gärling, T.; Hagman, O.; Polk, M.; Ettema, D.; Friman, M. & Olsson, L. E. (2011) 'Subjective well-being related to satisfaction with daily travel', *Transportation*, 38 (1): 1-15.

Cullinane, S. (2002) 'The relationship between car ownership and public transport provision: a case study of Hong Kong', *Transport policy*, 9 (1): 29-39.

Ettema, D.; Gärling, T.; Olsson, L. E. & Friman, M. (2010) 'Out-of-home activities, daily travel, and subjective well-being', *Transportation Research Part A: Policy and Practice*, 44 (9): 723-732.

Evans, G. W.; Wener, R. E. & Phillips, D. (2002) 'The morning rush hour predictability and commuter stress', *Environment and behavior*, 34 (4): 521-530.

Givoni, M. & Rietveld, P. (2007) 'The access journey to the railway station and its role in passengers' satisfaction with rail travel', *Transport Policy*, 14 (5): 357-365.

Gottholmseder, G.; Nowotny, K.; Pruckner, G. J. & Theurl, E. (2009) 'Stress perception and commuting', *Health Economics* 18: 559-576.

Helliwell, J. F. (2003) 'How's life? Combining individual and national variables to explain subjective well-being', *Economic Modelling*, 20 (2): 331-360.

Hennessy, D. A. & Wiesenthal, D. L. (1999) 'Traffic congestion, driver stress, and driver aggression', *Aggressive Behavior*. (25): 409-423.

Kahneman, D. & Deaton, A. (2010) 'High income improves evaluation of life but not emotional well-being', *Proceedings of the National Academy of Sciences*, 107 (38): 16489-16493.

第13章
完全自動運転の受容性と価値

1 はじめに

　1950年代から実用可能な研究成果が出始めた人工知能の研究は，現在あらゆる形態で日常生活に適用されている。一例としては，iPhoneに搭載されているSiriや，小売販売店に置かれている音声対話システムを搭載しているロボット「pepper」などが挙げられる。人工知能技術は自動車産業にも波及しており，ドライバーを必要としない完全自動運転車の実現も近いとされている[1,2,3]。

　日本の主要自動車メーカーを含む各国の世界規模の大手自動車メーカーは自動運転技術の開発に積極的に取り組んでおり，社会実験として完全自動運転が導入されている例は，すでに数多く存在する[4]。アメリカではgoogleが無人の自動運転車の走行によるデータを収集しており，スペインでは2012年5月に公道での85km/hの隊列走行実験に成功している。また，イギリスではヒースロー空港から市内（Milton Keynes）までを結ぶ公共交通としての自動運転車「ULTra PRT（通称ポッド）」が2017年に導入される予定である。日本ではトヨタが，2015年10月に首都高速道路での自動運転車の走行実験に成功しており，日産自動車は同年に限定的な区域の一般道で自動運転に成功している。

　完全自動運転の導入は自動車メーカーの技術開発のみならず，政府や自治体による技術開発の援助及び導入に関連する道路規制の変更や事故の認定に関する対応が必要である。日本政府は，完全自動運転導入に積極的であり，政府目標として「2020年初頭に高速道路本線上の連続走行」と2020年以降の利用可能領域の拡大を掲げている[5,6]。特に，高速道路での自動運転の部分的導入を一里塚として自動運転の普及に取り組む姿勢を明確にしている。

政府及び自動車メーカーは，自動運転による事故の減少と渋滞の緩和を自動運転の導入のメリットとしてあげている[7]。現在発生している交通事故の約9割はヒューマンエラー（誤操作・不注意・判断ミス）によるもので，自動運転の導入によって排除できるとされている[8]。Noah J. Goodall（2014）によると，もし自動運転車が事故を避けられない状況に陥った時であれば，人命を第一に考えた上で被害を最小限に抑えるような判断をするため，事故が起きた場合においても自動運転車の方がより被害損失は小さいという見解を示している[9]。渋滞緩和は日本交通における課題の1つであり，その年間損失額はおよそ12兆円とされている。NEXCO西日本によると，日本ではサグ部（下り坂から上り坂に変わる地点）で全渋滞の58％，トンネルの入り口で全渋滞の約20％が発生しているが，この2か所における渋滞は自動運転による機械的制御で削減可能としている。自動運転を導入することにより，緩和が期待される渋滞は全渋滞の約8割に上るため，早期導入による緩和道路交通の大幅な改善が期待されている。

　一方で，自動運転導入の懸念事項として，金銭的問題や情報の漏えいなどが挙げられる。さらに自動運転機能の初期費用や維持費が高くなることや自動運転システムに進路が記録されることで移動情報が流出し，それに付随した犯罪が発生する危険性があるとされている[10]。自動運転の懸念事項には対策が必要であるが，自動運転の導入による道路交通課題の大幅な改善が期待されることから，法整備も含む自動運転の導入の促進が検討されている。

　本章では，技術・規制とともに完全自動運転車の導入と普及の主要要因である消費者需要の観点から分析する。近年日本では完全自動運転の受容性に関する調査が行われているが，サンプル数が少ない上，統計学的な要因分析をした研究はない。そのため，本研究では完全自動運転の受容性を購入意思と購入意思額の2つの変数で計測して，消費者が完全自動運転に期待するメリットや不安要素などが受容性に与える影響を統計学的に分析する。

2 既存データと研究結果

　これまでの既存研究の調査対象となった主な地域は米国・ヨーロッパ諸国・

中国・インド・オーストラリア・日本であり[11,12]，12件のうち3件の調査で日本が対象となっている。Bekiaris（1996）[13]によるヨーロッパ9カ国の407人に対して行ったアンケート調査では，ドライバーの注意喚起を促す運転支援機能には好意的であるが，完全自動運転に対しては消費者が難色を示すという結果となっている。

1996年以降の部分・完全自動運転に関する受容性調査は2012～2014年に集中している。2012年はGoogleがプロトタイプの車両で自動運転走行に成功した年であり，それ以前にもHAVEitプロジェクトやSARTREプロジェクトで乗用車やトラックの追随走行実験が行われているため，1990年代に比べて自動運転の認識が飛躍的に高まったからであると考えられる。

J. D. Power（2012）[14]が自動車保有者17,400人を対象に実施した自動運転機能車の購入意思に関する調査では，全体の37%が「必ず購入する」・「たぶん購入する」と回答しており，1996年に行われた既存調査と比較して自動運転に前向きな姿勢みせる消費者が多くなっている。しかし，自動運転機能に3,000ドルのコストがつくと仮定して再度同じ質問をしたところ，購入に意欲的な回答者は20%に留まったため，購入意思と購入意思額の違いを示唆する結果となっている。また，William Payre（2014）[15]による研究では，アンケート調査結果から今現在Adaptive Cruise Control（ACC）・Lane Keeping System（LKS）などの操舵補助システムを装備した自動車を保有している消費者は，自動運転車の購入により意欲的であると示している。

日本を対象とした完全自動運転の受容に関する消費者調査はContinentalが行った「Mobile study」（2013）[16]，オークネット総合研究所が行った「自動運転技術への期待とニーズ」（2014）[17]とBoston Consulting Groupが行った「自動運転車市場の将来予測」（2015）[18]がある。

Mobile study（2013）ではドイツ・中国・日本・米国（以下G, C, J, Uと略称で記述）の4カ国を対象にアンケート調査を行い，1,200のサンプルを回収した。「この調査以前に自動運転という言葉を聞いたことがあるか」という質問に（G, C, J, U）=（67, 64, 29, 50）%であり，4カ国の中で日本だけが自動運転の認知度が半数を下回る結果であったことからも，自動運転技術の理解が消費者層まで十分に及んでいない，あるいは関心度の問題が考えられる。一方で

「自動運転を待ち望んでいるか」という質問に対する回答は，各国で（G, C, J, U）＝（19, 44, 39, 23）％となっており，「高速道路での走行に自動運転を利用したい」という質問の回答は（G, C, J, U）＝（17, 36, 39, 28）％であった。また，日本の回答者のうち自動運転を利便性の高い有意義な技術と回答したのは約61％に対して，自動運転は信頼できないと回答したのは約43％であり，自動運転技術を好意的に考えている割合が高かったものの技術面で不安を持つ消費者も多くいることが確認されている。

オークネット総合研究所の「自動運転技術への期待とニーズ」(2014)はインターネットによるアンケート調査で1,119のサンプルを回収している。自動運転技術に対する期待を問う質問では，安全性（29.7％）が最多となり，続いて渋滞緩和（18.7％），利便性（14.8％），快適性（12.9％），エコドライブによる環境負荷低減（12.9％），走行時の時間有効活用（9.2％）となった。また，「自動運転車を購入するか」という購入意思に関する質問には「購入したい」（15.9％），「どちらかと言えば購入したい」（33.7％），「どちらともいえない」（36.6％），「どちらかと言えば購入しない」（7.0％），「購入しない」（6.9％）であった。加えて，自動運転機能に対しての支払意思額を問う質問で「0～10万円」と答えた回答者は約4割であり，支払意思額が50万円以下である回答が全体の約8割であった。

BCG（2015）の調査では，車を購入した経験がある消費者，または購入予定のある日本の消費者を対象にしてアンケート調査を行い1,583の回答を得ている。自動運転車の購入意思がある回答者は全体の4～5割で，年齢層間の購入意思の差は少ないとしている。また，部分的な自動運転機能（高速道路での自動運転・特定ルートでの自動運転・渋滞時の自動運転・自動駐車）に対しての支払意思額は，1つの機能に対しては10万円以下が半数，4つの機能全てを搭載した場合は20万円以下が半数という結果を示している。

BCGが独自に試算した完全自動運転機能の市場価格は，上記の4つ部分的機能が個々で＄2,000（24万円）～＄5,700（約68万円），完全自動運転機能で＄9,800（約120万円）であり，消費者の支払意思額とは大きな差がある事が窺える。

また，自動運転車の購入理由は「渋滞や高速道路での自動運転の利便性」

「高齢者や事故を考慮した時の安全性」「技術が目新しいという情緒性」が挙げられている。一方で，米国の自動運転車の購入理由の上位でとなっている「燃費がいいから」「保険料や税金の低減への期待」といった経済的なメリットは，日本の回答者の主な購入理由ではないとしている。自動運転を購入しない理由にかんしては「自動運転の安全性に対する不安」「自分で運転するのが楽しい」「追加でお金をかけたくない」という理由が上位であり，米国での主な購入意思がない理由と差は見られないという結果を示している。

3 データ概要

　本章で用いられているサーベイデータは，2015年11月16日～12月14日に行った独自のインターネット調査の結果を使用している。調査の対象は約100万人であり，その内246,642人が回答した。本研究で用いたアンケートの内容は日本を対象とした既存の調査を参考としている。主な質問内容は，自動運転が購入可能となる時期の予想，どのような状況で自動運転機能を利用したいと考えるか，及び，完全自動運転のメリット・デメリットに関する設問である。また，受容性の変数として，自動運転機能の購入意思を「購入する」「購入を検討する」「購入しない」「分からない」の4つのオプションから選択する質問と自動車購入時に自動運転機能に対して支払う支払意思額を問う質問がある。さらに，受容性に関連すると思われる個人・世帯属性として年齢・学歴・世帯収入・世帯人数・世帯における未就学児数のデータを回収した。

　また，地域別の特性を考慮するために，住民基本台帳に基づく人口・人口動態世帯数（平成27年1月1日）より市町村ごとの人口密度，年間事故数，年間事故負傷者数，年間事故死者数，さらにCASBEE（建築環境総合性能評価システム）のデータベースより課税世帯所得，高齢者世帯数のデータを回答者の郵便番号を元にサーベイデータと統合して分析に使用している。

4 導入時期の予想

　図表13-1は購入可能時期の予想を問う設問に対しての結果である。平均購

第Ⅲ部 評価できなかったものを評価する

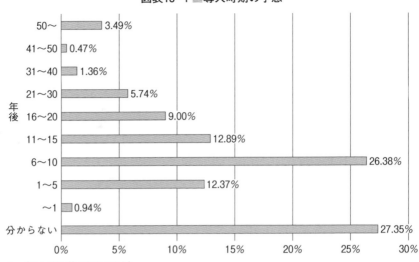

図表13-1 導入時期の予想

＊（サンプル数：246,642人）
（出所）筆者作成。

入可能予想時期は約13.1年後となった（「分からない」と回答したサンプルを除く179,193の回答の平均）。Mobile study（2013）では「自動運転は15年以内（2028年以内）に日常生活に介入すると予想するか」という質問に約37％が予想すると回答しているが，本調査では約53％が15年以内を回答し，半数以上が10年以内の自動運転の登場を予測していることが明らかになった。

加えて，完全自動運転車の購入可能時期の予想を問う設問に対しての年代別の結果によると，年代が上がるごとに予想時期が早まることがわかった。オークネット研究所（2014）の調査結果によると「2020年どの範囲で自動運転が可能になるか」という質問に対し，年齢が高くなるほど自動運転に消極的であると示しており，本調査とは異なる結果であった。しかし，既存の調査の60代のサンプルが71人と少ないことから一般化することが難しく，今回行った大規模調査の結果がより正確であると考えられる。

5 消費者が考える完全自動運転のメリット・デメリット

　図表13-2は，自動運転に感じるメリットの選択率の集計結果である。高齢者の交通問題の解消や，交通事故の削減，運転による負担軽減が上位であり，特に交通事故に関しては，消費者と国土交通省の見解が合致していることがわかる。今回の調査では，選択したメリットからさらに上位3つのメリットを選択してもらった。その選択率が右端の列に示されている。結果はやはり自動運転技術による利便性の向上よりは，交通事故削減への期待が表れたものとなっている。

図表13-2　完全自動運転のメリットの選択率

順位	メリット	マルチ選択	3択
1	高齢者の運転の不安が解消される	45.44%	29.92%
2	都合のいい場所で降車し，無人走行で駐車が可能	37.25%	21.01%
3	運転による負担が減る	36.42%	18.92%
4	危険時に自動でブレーキがかかる	35.54%	14.66%
5	運転者の操作の誤りによる交通事故が起こらなくなる	32.43%	18.38%
6	長距離の外出が容易になる	32.32%	13.39%
7	都合のいい場所へ呼び出し可能	31.67%	14.31%
8	自動運転と手動での切り替えが自由に行える	28.60%	7.91%
9	移動中の車内での時間を有効活用することができる	23.95%	8.20%
10	信号を感知した自動発進が可能	22.19%	2.55%
11	自動で車線変更・追い越し・合流が可能	20.85%	3.14%
12	物品だけの運送が可能	18.12%	5.44%
13	運転免許が必要なくなる	12.18%	4.36%
14	交通事故の責任をとらなくてよくなる	11.72%	4.31%
15	行動範囲が広がる	10.72%	2.08%
16	（保護者無しで）子供だけで移動できる	4.01%	0.57%
17	自動運転の車を持っているというステータス	2.02%	0.24%

（サンプル数：246,642人）
（出所）　筆者作成。

第Ⅲ部 評価できなかったものを評価する

図表13-3 完全自動運転のデメリットの選択率

順位	デメリット	マルチ選択	3択
1	機械が誤作動して事故を起こす可能性がある	53.76%	43.48%
2	交通事故が起きた時の責任が不明瞭である	48.63%	31.43%
3	初期費用・維持費が高くなる可能性がある	42.37%	25.26%
4	子供が勝手に移動できてしまう可能性がある	40.08%	22.56%
5	第三者から操作されてしまう可能性がある	35.37%	18.58%
6	運転免許がない人たちも車で移動できるため、交通量が増加する	27.23%	9.36%
7	故障して指定した場所とは違う場所に行ってしまう可能性がある	25.63%	7.85%
8	新しく機械操作を身につける必要がある	20.40%	8.97%
9	行動が全て記録される	13.24%	4.38%
10	移動情報が流出する可能性がある	11.83%	3.09%
11	法定速度以上の速度で走行できなくなる	9.50%	2.99%
12	購入後の車の改良ができなくなる	3.88%	0.75%

(サンプル数：246,642人)
(出所) 筆者作成。

　図表13-3は、消費者が自動運転に感じるデメリットの集計結果である。機能に対する不安や金銭的問題が上位であるが、これらは国土交通省の資料にある自動運転の懸念事項、BCG（2015）の調査結果で購入しない理由に挙げられた「自動運転の安全性に対する不安」「機能に対する金銭的負担」と一致する。一方で国土交通省が懸念事項と指摘している情報の漏えい（約12％）は、機能の不安（約54％）や金銭的問題（約42％）よりも低い数値となっている。
　メリットとデメリットの選択率を比較すると明らかにデメリット項目の選択率の方が高く、完全自動運転技術に対する消費者の懸念が現れているものと考えられる。また、交通事故の軽減が主なメリットと認識されている反面、機械の誤作動によるミスの発生や起こった際の事故の対応に対する不安の解消が受容性の向上には必要である事を示唆する結果となった。

6 完全自動運転車の購入意思・支払意思額

図表13-4は完全自動運転車の購入意思を問う質問の集計結果である。完全自動運転機能の購入意思について、「購入する」は約12%、「購入を検討する」は約35%、「購入しない」は約20%という結果になった。全体的に購入に前向きな姿勢を示したのは全体の約47%であり、これはオークネット研究所（2014）での約50%、BCG（2015）での約44%と近い値である。一方で、3割以上の回答者は自動運転機能の購入意思に関する質問「分からない」と回答しており、自動運転のメリットや導入してからの交通環境が多くの消費者に不明瞭である事が窺える。

個人属性別の購入意思を比較すると、男性の方が女性の方に比べて購入に前向きであり、女性は「わからない」の回答が比較的多かった。また免許・車を

図表13-4 完全自動運転車の購入意思

（サンプル数：246,642人）
（出所）筆者作成。

保有していない回答者の購入意思は平均値より低く,「わからない」との回答が非常に多かったため,現在車を保有・運転している消費者の方の購入意思が運転することで自動運転のメリットを理解しやすいため比較的高いのではないかと考えられる。高齢者による交通事故の削減は一番選択率が高かったメリットであったが,それを選択しているのは高齢の家族をもつ消費者が多く,高齢者の購入意思は平均とあまり変わらない結果となった。これはBCG（2015）の,日本では年齢層に関わらず一定の購入意向が見られたと示した結果と合致する。

図表13-5は完全自動運転者に対する購入意思額を自動運転のオプションをつけると仮定してそれに対して支払う意思の額の回答をまとめたものである。支払意思額を0円とした回答者を含めた平均支払意思額は約19万円であり,なんらかの支払意向のある回答者（163,200人）の平均支払意思額は約29万円であった。オークネット研究所（2014）の調査結果では自動運転機能に対しての支払意思額を問う質問で「0~10万円」と答えた回答者が約4割で（43.3％）で支払意思額が50万以下である回答が全体の約8割であったが,本調査の結果

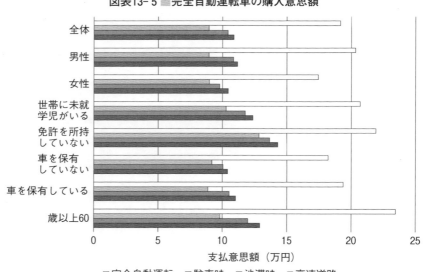

図表13-5 完全自動運転車の購入意思額

（サンプル数：246,642人）
（出所）　筆者作成。

では「0~10万円」以下が63.4%、支払意思額が50万以下である回答が全体の約9割であった。今回の調査が既存調査より大規模なため、試算された支払意思額の平均値も精度が高いと考えられる。

個人属性別の支払意思額を比較すると、購入意思も比較的高い男性が女性よりも購入意思額が高く、免許を保有していな回答者、および60歳以上の回答者の支払意思額が平均より高かった。年齢別の分析結果から、運転の負担は比例しているため高齢者の購入意思額は比較的高い一方で、20代の若年層も30~50代の回答者より高い支払意思額を示したのは運転技術が未熟であることや、運転経験が乏しいことで運転に対する不安を自動運転技術によって解消できると考えているためであると解釈できする。

7 完全自動運転受容性の要因

消費者の完全自動運転の受容性を示す購入意思や意思額に個人が考えるメリット・デメリット、またその他個人・世帯属性が与える影響を回帰分析した結果、統計的に有意な影響がある要因とその程度は以下のとおりであった。

まず、「高齢者の運転支援」「事故の削減」「運転の負担の軽減」「長距離の外出が容易になる」「移動中の車内での時間を有効活用することができる」を自動運転車のメリットと捉えている消費者は受容性が比較的高く、「初期費・維持費」「情報の漏えい」「機械の誤作動」といった懸念を抱えている消費者は比較的受容性が低いことがわかった。分析結果から試算されたそれぞれのデメリット改善に対する1人当たり許容負担額は、機械の誤作動による事故の完全削減に対して約8,500円、事故時の責任の所在を明らかにすることに対して約7,500円、「情報漏えいに対する不安」約4,000円であった。

移動の選好と関連して、「1回の運転時間」長い消費者の購入意思、意思額ともに比較的高く、1回の運転時間が与える支払意思額の影響度を換算すると、平均的な1回の運転時間が1分増加すると支払意思額が約170円増加し、1時間の増加は約1万円の支払意思額の増加に繋がるという結果となった。また、「安全のためにはお金をかけてもいい」、「お金や時間をかけてでも渋滞や混雑を避けたい」といった移動の選好は、購入意思及び支払意思額の両方にプラス

の影響を与えており，移動の質を向上させたい消費者は自動運転技術に高い価値をつけていると考えられる。その一方「出かけるときは事前に予定を決めておく」，「移動時間をできるだけ減らしたい」といった移動の選好は受容性にマイナスの影響を与えており，移動自体を効率化させたいという考え方をもつ消費者は自動運転車に価値を見出せていないことがわかる。自動運転を利用することで手動時より時間がかかるという懸念や，交通機関利用の予定を立てておけば十分との心理が働いているのだろう。

　消費者特性に着目すると，世帯所得に関しては所得が100万円増加すると支払意思額は6,500円増加する結果となった。平均の支払意思額が約20万円であるので，世帯所得が1,000万円の場合は完全自動運転車に対する支払意思額が約24万円になる。購入意思においては，100万円の増加が購入意思を1段階上げる確率が1％の増加につながるという結果のため，所得の増加は購入意思に有意な影響は与えるが，大きな影響は与えないと考えられる。

　その他に世帯に0～6歳の幼児がいる消費者は購入意思と支払意思額ともに比較的高く，幼児が世帯にいない消費者に比べて支払意思額が平均的に約2万円高いことがわかった。自動車免許を持っていないことは，購入意思及び支払意思額の両方にプラスの影響を与えるのに対し，「自動車を保有していない」ことは購入意思にはプラスの影響を及ぼすが，支払意思額には影響がないことがわかった。自動運転の購入可能予想時期が早い消費者の購入意思は高いが，支払意思額は低いことがわかった。また，個人の市政評価と市町村の平均市町村の市政評価の差をとった市政評価差項は受容性に正に有意である。自動運転車の導入には何らかの自治体や市政による事前の対策が必要であるという考えのもとに，市政に対して道路整備の対策（舗装整備，白線や標識の修正など）・規制を期待している人ほど導入に意欲的であるためだと考えられる。

　最後に消費者が住んでいる地域の特性に着目すると，地域の人口密度は有意性を示さなかったが，市町村別の1人当たり事故数は購入意思にプラスに有意であったため，自動車事故が多い地域での受容性が高いことが示唆された。

8 おわりに

　本研究で行った消費者調査の分析結果によると，日本の消費者は完全自動運転が約13年後に市場に登場すると予想しており，完全自動運転車の購入に意欲的なのは約半数ということがわかった。現在使用している車に自動運転機能をオプションとしてつける形での購入に対する平均的な支払意思額は約19万円であるが，購入意思の程度別に完全自動運転機能への支払意思額を見ると，「購入する」（28.5万円），「購入を検討する」（22.5万円），「購入しない」（13.4万円）であり，購入意思が高い消費者のほうが支払意思額も比較的高いことがわかる。

　また，消費者が感じる主なメリットは「運転の負担の軽減」「自家用車のタクシー的利便性の向上」「運転免許が不要になり責任を問われないこと」であり，一方で，消費者が完全自動運転に感じる主なデメリットは「自動運転の不明瞭な点への不安」「情報の漏えい」「自動車に制限が生じる」であった。メリット・デメリット共に，高齢者の選択率が比較的高く，同グループの比較的高い支払意思額を加味すると自動運転に対する高齢者の期待と関心の高さが窺える。

　購入意思及び支払意思額の要因分析結果は，受容性は年収によって大きく左右されず，自動運転の考え方や移動の選好およびその他，個人・世帯属性に影響されることを示唆している。特に，幼児が世帯にいる消費者，免許を保持していない消費者，移動中の自由度向上や渋滞・混雑の緩和による移動の質の向上を完全自動運転車に期待している消費者の受容性は比較的高い結果となった。

　メリットは完全自動運転の受容性に正の影響を与える反面，デメリットは負の影響を与えていることが示された。また，自動車免許や自動車を保持・所有していない人々の受容性が比較的高かったことから，完全自動運転の導入によって，自動車の販売・利用拡大が予想される。

　今回の調査で免許を持たない消費者など新規マーケットを含めた幅広い消費者層で受容が確認された一方で，完全自動運転の受容性を促進するために対策が必要な課題も把握できた。大きな課題としては，

(1) 企業と個人が想定する完全自動運転車の市場価格のギャップ
(2) 消費者が機械の誤作動の危険性に非常に敏感であること
(3) 消費者の情報漏えいに対する不安

が挙げられる。機械の誤作動による事故，事故時の対応の不明瞭性，情報漏えい対策などの改善に消費者が支払ってよいと思う金額は1人当たり1万円以下ではあるが，国全体での導入への期待 購入意思などを考慮すると，決して少額ではない。課題解決のためには，政策として完全自動運転購入の際に使用可能な補助金制度の検討や，市場価格を下げるための技術開発の投資が必要であると考えられる。また，今回の調査・分析結果によると，完全自動運転車の受容性の向上と導入後の普及には，従来の事故削減や渋滞緩和というメリットの一層の浸透とあわせて，安全性の強調や関連の法整備を進めることで，導入時の混乱を最小化する姿勢を明確にすることが必要である。

■注
1 経済産業省（2013），グリーン自動車技術調査研究事業（今後の技術革新可能性等を踏まえた新たな自動車社会に関する委託調査事業 報告書）
2 Schoettle, B., & Sivak, M. (2015). POTENTIAL IMPACT OF SELF-DRIVING VEHICLES ON HOUSEHOLD VEHICLE DEMAND AND USAGE
3 国土交通省（2013）『オートパイロットシステムの実現に向けて 中間とりまとめ』
4 国土交通省（2014）『国内外における最近の自動運転の実現に向けた取組概要』
5 内閣府（2015）『SIP（戦略的イノベーション創造プログラム）自動走行システム研究開発計画』
6 須田義大・青木啓二（2014）『自動運転技術の開発動向と技術課題』
7 国土交通省（2014）．検討課題の整理
8 津川定之（2013）『自動運転システムの展望』
9 Noah J. Goodall (2014) Ethical Dicision Making During Automated Vehicle Crashes
10 Jonathan Petit and Steven E. Shladover : Potential Cyberattacks on Automated Vehicles : 2015
11 Schoettle, B., & Sivak, M. (2014a). A survey of public opinion about autonomous and self-driving vehicles in the U. S., the U. K., and Australia. Michigan, USA.
12 Schoettle, B., & Sivak, M. (2014b). Public opinion about self-driving vehicles in China, India, Japan, the U. S., the U. K., and Australia, Michigan, USA.
13 M. Kyriakidis, R. Happee, J. C. F. de Winter (2015). Public opinion on automated driving : Results of an international questionnaire among 5000 respondents
14 Power, J. D. (2012). 2012 U. S. Automotive emerging technologies study results.
15 Payre, W., Cestac, J., & Delhomme, P. (2014). Intention to use a fully automated car : Attitudes and a priori acceptability. Transportation Research Part F : Traffic

Psychology and Behaviour, 27 : 252-263.
16　Sommer, K. (2013). Continental mobility study 2013.
17　オークネット総合研究所（2014）『自動運転技術への期待とニーズ』
18　BCG. (2015). (完全自動運転・部分自動運転含む) BCG調査

■**参考文献**
Volpe (2014) 2014 Automated Vehicles Symposium Proceedings.
中国電力㈱エネルギア総合研究所（2013）エネルギア地域経済レポート.
BCG (2015) Revolution in the Driver's Seat : The Road to Autonomous Vehicles.
土屋依子・伊藤史子・田頭直人・馬場健司・池谷知彦（2014）『電気自動車に対する消費選好と規定要因に関する基礎的分析』
Howard, D., & Dai, D. (2014) Public perceptions of self-driving cars : The case of Berkeley, California. In Paper presented at the 93rd Annual Meeting TRB, Washington, DC.
Paul Green (1996) Customer Needs, New Technology, Human Factors, and Driver Science Research for Future Automobiles
Casley, S. V., Jardim, A. S., & Quartulli, A. M. (2013) A study of public acceptance of autonomous cars (Bachelor of Science), Worcester Polytechnic Institute, Worcester, MA, USA.
KPMG (2013) Self-Driving Cars : Are We Ready?
KPMG (2015) Connected and Autonomous Vehicles-The UK Economic Opportunity.
Missel, J. (2014) Ipsos MORI Loyalty automotive survey.

第 IV 部

持続可能な世界の実現

―日本から世界，そして未来へ

第14章
ESG投資世界ランキング

　本章では企業が新国富を活用する事例について紹介する。特に，2013年に「日本再興戦略」及び「日本版スチュワードシップ・コード」が発表されて以降，注目を集めている環境・社会・ガバナンス（ESG）投資について着目し，新国富指標との関連性を踏まえながら，その活用方法を述べる。

1 はじめに

　環境問題の深刻化や企業の社会的責任に対する関心の高まりから，企業の評価を経済性の視点だけでなく，環境，社会の視点も含めたトリプルボトムラインによって企業の評価を行う動きが欧州を中心に広がりを見せ，日本企業においてもトリプルボトムラインによる企業評価は持続可能な経営を達成する上で，必要不可欠な視点として認識されている。こうした動きに加えて，トリプルボトムラインの視点で高い評価を得た会社に積極的に投資を実施する社会的責任投資（Social responsibility investment；SRI）の規模が年々拡大傾向にある。我が国においてもSRIは2000年代に順調に規模を拡大していたが，2009年のリーマンブラザーズの破綻に伴う金融危機によって，2010年代ではSRIの規模は縮小している。

　一方で，2009年の世界的な金融危機は投資家に対して金融リスクの評価基準を再考させるきっかけともなっている。この中で，企業の環境（E）・社会（S）・企業統治（G）に着目した企業評価により投資先の選定を実施するESG投資が注目を集めている。SRIとESG投資の違いの1つとして，投資選定対象企業が挙げられる。SRIでは多くの場合に証券会社が設定した投資ファンドを通じて投資を行うため，投資先の企業は大規模企業に偏っていた。一方で

ESG投資は，企業の環境・社会・企業統治に関する取り組みについて，CDPや統合報告書の情報を投資家自身が評価し，将来の経営リスクを判定する情報として活用する方法である。つまりESG投資は，従来の経済性を重視した経営状況による投資判定基準に，環境・社会・企業統治の情報を追加することで，包括的な経営リスクを評価した投資により，安定的なリターンを目指す方法であると言えよう（詳細なESG投資に関する説明は環境省（2014）を参照のこと）。

　ESG投資の促進は世界各国で取り組まれており，特に国連が提唱した責任投資原則（Principles for Responsible Investment；PRI）では，投資家が投資先企業の選定基準にESG課題（例えば，環境汚染対策，人権配慮・社会貢献，情報開示など）への取り組みを組み込むことを明記した原則が含まれており，投資に関する世界共通のガイドラインとして用いられている。図表14-1はPRIに署名した投資機関数とその運用投資額の推移を示している。機関数及び投資運用額は，年々上昇傾向にあり，2016年においては1,500兆ドルの投資運用額を有する62の投資機関が，PRIに署名を行っている。日本の平成28年度一般会計予算が約1兆ドル（1ドル=100円）であることから，PRIに署名済の運用投資額が非常に大きいものであることが理解できる。

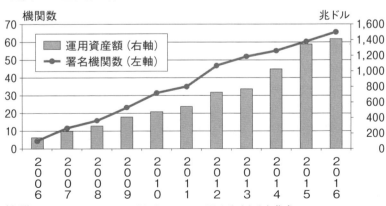

図表14-1　世界全体でのPRIに署名した投資機関数と運用投資額の推移

（出所）　Principles for Responsible Investment Webサイトより作成。
https://www.unpri.org/about

前述したように大規模の運用投資額がESGの視点を考慮した形で投資選定先を判定することから，真摯にESG課題に取り組んでいる企業は，他の企業に比べて投資を受けやすい傾向にある。冒頭で述べたトリプルボトムラインでは，企業の環境的側面や社会的側面が注目されていたことから，多くの企業が以前より環境保全や人権配慮・社会貢献についての取り組みを進めている。これら2つの視点に加えてESG投資では，企業統治という視点が追加されている。2016年8月24日の日本経済新聞「環境保護・企業統治の評価指針　経産省，16年度内に」によれば，「経済産業省は企業の環境保護や企業統治改革への取り組みを評価するための指針をつくる。欧米で広がる「ESG投資」と呼ばれる環境・社会・企業統治を重視した投資を，日本でも根付かせるねらいがある。」とし，経済産業省が企業統治に関する指針の作成を進めていることを紹介している。

　企業統治を評価する上で，重要となってくるのが情報開示に関する積極性である。不適切な経理や取引の有無，環境保全への取り組み状況，従業員に対する労働環境の整備状況など，ESG課題の対象となる項目は様々であるが，こうした課題に対して企業側から情報が公開されないことには，投資家は評価を行うことが難しい。加えて，各企業が自社の都合のいいように評価項目の定義を変更させて発表した場合には，適切な評価を行うことができない。こうした背景から，企業が情報開示を行う際のガイドライン作成が世界的に進められている。

　加えて，企業のESG課題への取り組みを評価するツールとして，様々な指標が開発されている。その中でも，代表的な4つの指標について，**図表14-2**に記載する。これらのESG評価指標は，企業格付けの一面も有しており，多くの投資家が毎年の評価結果やランキングを注視し，その評価結果が投資先企業の選定に影響を与えることから，注目が集まっている。

図表14-2 企業のESGに着目した評価指標

指標名	指標の概要	対象企業	評価方法
ダウ・ジョーンズ・サステナビリティ・インデックス（DJSI）	世界の企業をESGで格付けし、上位10％を組み込んだ指標	世界2,500社	企業に質問書を送付し、回答を採点
CDP（CDP気候変動，CDP水，CDP森）	世界の企業の気候変動，水，森への対応を採点	気候変動は5,000社，水は1,000社，森は800社	企業に質問書を送付し、回答を採点
MSCIグローバル・サステナビリティ・インデックス	世界の企業をESGで格付けし，AAA～CCCのうちBB以上を組み込んだ指標	先進国企業約1,600社	企業の公開情報を調べて，業界ごとに企業を格付け
FTSE 4Goodインデックス・シリーズ	ESGに関する世界基準を満たす企業を構成銘柄とした指数	世界2,400社	企業の公開情報を用いて，投資家・専門家・労働団体やNGOで構成される方針委員会で評価

（出所）日経エコロジー 2016年8月号 pp.44-45より引用・一部追記・修正。

　また，企業がESG課題に対する情報開示を実施する中で，有用なツールの1つとして統合報告書が挙げられる。統合報告書とは，企業の財務情報を主として公開されてきた有価証券報告書の内容に加えて，非財務情報である経営戦略，企業統治，環境的側面，社会的側面に関する情報を記載した報告書であり，企業がESG課題に対してどのように取り組みを実施しているかに関する情報が開示された内容となっている。企業の組織統治，人権，労働慣行，環境的側面の情報開示の枠組みに関する国際規格としてISO26000が2010年に発行され，2013年に統合報告書の記載内容に関して作成ガイドラインが2つの国際機関から発表されている。こうしたESG課題に関する世界的な制度基盤の構築が進むにつれて，日本企業においても統合報告書の発行数が急速に伸びている状況にある（**図表14-3**を参照）。

　このように，日本企業においても統合報告書の発行企業数は増加傾向にあり，非財務データであるESGデータの情報公開に積極的に取り組んでいることが窺える。こうした企業のESG課題への取り組みが，本書で紹介する新国富の

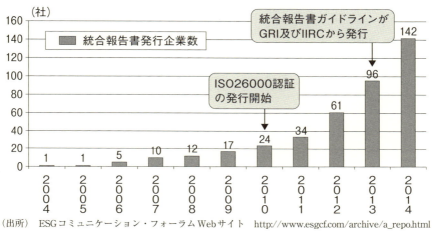

図表14-3 日本国内における統合報告書の発行について

(出所) ESGコミュニケーション・フォーラムWebサイト http://www.esgcf.com/archive/a_repo.html

概念とどのように関連しているかについて，次節で説明を行う。

2 ESG投資と新国富の関係性

　ESG投資では，企業の評価を財務データに加えて環境・社会・企業統治という3つの非財務的側面の情報を評価基準として導入し，包括的な企業評価を実施する。一方で，これまでの章で紹介してきた新国富指標では，都市や地域の価値を人工資本，自然資本，人的資本の3つの側面から評価しており，評価軸の視点はESG投資と類似している。

　ここで，人工資本を都市や地域の基盤的要素として解釈した場合に，**図表14-4**のような形で新国富指標とESGの評価軸について比較が可能となる。企業統治は，不正防止や市場競争力の向上を目的とした経営の基盤的要素であると言える。加えて，新国富指標における人工資本は，人々の日々の暮らしを支える生活基盤を評価した要素であることから，これら2つの指標は企業と地域の基盤的要素であると解釈できる。環境及び社会の要素についても，同様に企業と地域の環境的側面・社会的側面を評価する視点が共通している。

　こうした2つの指標の比較から，次のような持続可能な社会に向けた地域と

図表14-4 企業のESG評価とIWIの関係性

（出所）筆者作成。

企業の評価方法が考えられる。1つ目の点として，ESGによる企業評価と新国富の評価軸が共通していることから，企業が立地する地域においては，その企業のESG評価結果が立地する地域の新国富指標と強く関係性を持つということである。つまり，ある地域の新国富指標の一定割合は，立地する企業のESG評価結果を集約した内容が反映される点が指摘できる。なぜなら，ESGの評価基準である従業員の労働環境や企業の社会貢献は，地域に居住する従業員の健康や，地域のイベントを通じた人々の暮らしの豊かさに強く関連性を持つためである。

2つ目の点としては，企業の環境保全活動は直接的に地域の自然資本の増減に影響を与える関係性が指摘できる。これは，企業の従業員が自然保護活動として里山保全や汚染排出量削減に取り組むことで地域の自然価値が向上し，結果的に新国富指標の自然資本が上昇することが見込まれる。この関係性を逆に考えれば，自然資本の変化要因を特定する際に地域全体の森林面積や汚染排出量のみに着目するのではなく，地域に立地する企業のESG評価結果を考察するアプローチも，詳細な考察を進める上で有用であると言える。

3 ESG評価手法

本節では，前述した新国富とESG評価結果の関係性を踏まえ，定量データを利用したESG評価フレームワークの事例を紹介する。1節で紹介したESG評価指標は，各企業の取り組みやESG課題に対する姿勢について，質問表を

活用することで詳細に把握・評価を行っているが，一方で評価に多くの手間や時間を必要とする。こうした作業を自治体や個別企業が行うことは難しいことから，より簡便な評価手法の開発が必要となる。そこで，本章ではFujii and Managi（2016a）で提案された包絡曲線分析法（Data Envelopment Analysis；DEA）を適用した新国富の評価フレームワークを応用し，世界企業を対象としたESG評価ランキングを紹介する。

DEAの評価方法を一言で表すならば，評価対象の企業が自社に最も有利な条件で評価を行うというものである。仮に，自社に最も有利な条件を設定したとしても，他社の方が高い評価結果となる場合には，その企業は非効率（低い評価結果）とみなされる。逆に，自社に最も有利な条件を設定した場合に，他のどの企業よりも高い評価結果を得られた場合には，その企業は効率的（高い評価結果）とみなされる。DEAの利点として，非効率と評価された企業は，自社に最も有利な条件を選定したにも関わらず，他者より劣っていることが明らかとなっているため，評価方法の選択に関して不平・不満を抱く可能性が低い点が挙げられる。DEAについての詳細な説明については，馬奈木（2013）に書かれている。

本章で行うESG評価に利用するデータは，ブルームバーグ社のESGデータを利用した。分析対象年は2012年であり，企業数は10,104社である。利用するデータを**図表14-5**に記載する。ESG評価には環境的側面として，環境保全に関する企業の方針を0から9のスコアで定義した。このスコアは，企業の環境保全に対する方針の有無について，個別データで有＝1，無し＝0と変換したものを合計することで算出している。同様に，社会的側面に関する企業の方針は0から6で定義した。企業統治については，ブルームバーグ社が独自に行った企業のESG課題に関する情報公開度合いの評価データを利用している。このデータは，0から100の間で定義されており，数値が高いほど情報公開が進んでいることを意味している。

これら3つのデータ変数について，DEAを適用してESGの評価を行う。得られた評価結果が容易に解釈しやすいように，評価結果を0から1に基準化し，1が効率的（最も高い評価）とし，スコアが高ければ高いほどESGの評価が優れているように定義する。このとき，評価方法は，環境，社会，企業統治の

重み付けスコアを利用することで，次の2つの条件によって表される。

条件1：各企業が自社にとって最も有利な重み付けウェイトを選択して，ESG評価スコアを計算する。

条件2：重み付けウェイトは非負であり，すべての企業の評価スコアが1を超えないように選択される。

上記の条件によって推計された評価結果について，次節で解説を行う。なお，企業のESG課題に対する取り組み状況は業種特性によって大きく影響を受けることから，ESG評価においては同一業種企業との相対比較によって実施した。本推計で利用する業種分類は世界産業分類基準（Global Industry Classification Standard：GICS）に準じて実施した。

図表14-5 ■データ変数の説明

分　類	変　数　名	個別データの概要
環境 (Environment)	環境保全に関する方針指標（9項目の合計値で定義）	排出削減イニシアチブの有無（0 or 1） グリーンビルディング政策の有無（0 or 1） 気候変動政策の有無（0 or 1） 環境質管理政策の有無（0 or 1） 生物多様性政策の有無（0 or 1） エネルギー効率政策の有無（0 or 1） 持続可能な包装に関する政策の有無（0 or 1） 環境サプライチェーン管理政策の有無（0 or 1） 廃棄物削減政策の有無（0 or 1）
社会 (Social)	社会に関する方針指標（6項目の合計値で定義）	健康・安全に関する政策の有無（0 or 1） 機会均等に関する政策の有無（0 or 1） 人権保護に関する政策の有無（0 or 1） 従業員の能力訓練に関する政策の有無（0 or 1） 従業員のCSR教育に関する政策の有無（0 or 1） 公正な賃金に関する政策の有無（0 or 1）
企業統治 (Governance)	ESGデータの情報公開スコア（0から100で定義）	ブルームバーグ社が企業の環境的側面，社会的側面，企業統治の視点から評価した情報公開度合いの評価スコア。

（出所）　ブルームバーグ　ESGデータ。

4 ESG投資世界ランキング

　ESG評価結果を図表14-6から図表14-16に記載する。図表14-7から図表14-16は，各業種におけるESG評価ランキングの上位30社の社名に加えて，DEAの計算結果から得られた評価スコアと重み付けウェイトを記載している。なお，評価スコアが同じ場合においては，企業統治のデータ変数であるESGデータの情報公開スコアが大きい順に，上位の順位として評価を行っている。

　図表14-6の10業種合計の企業数より，ESG評価ランキングの上位30社に含まれる企業は，日本とアメリカの企業が多い傾向にあることがわかる。これら2つの国では，分析対象10業種において上位30位に含まれていない業種がなく，幅広い業種においてESG課題に取り組んでいる企業が存在することを意味している。

　業種別に考察すると，台湾は情報技術の業種で多くの企業が高いランキングを達成しており，ブラジルは公益の業種ではアメリカと並んで最も多い7社が上位30社に含まれていることがわかる。日本企業の特性としては，自動車を含む一般消費財や化学・鉄鋼業を含む素材の分野で多くの企業がESG課題の取り組みを高く評価されている。一方で，生活必需品や金融の業種では他業種に

図表14-6　産業別における評価ランキング上位30社の国別企業数分布（社）

	日本	アメリカ	フランス	イギリス	ブラジル	台湾	スペイン
一般消費財	7	3	5	3	0	1	1
生活必需品	2	7	5	3	1	1	0
エネルギー	3	4	0	2	1	0	1
金融	1	4	5	2	2	1	1
ヘルスケア	6	9	2	3	1	0	0
一般産業	6	3	6	0	1	1	3
情報技術	7	7	0	0	0	8	0
素材	11	2	0	3	0	1	0
通信サービス	3	1	2	2	2	1	1
公益	4	7	0	0	7	0	4
10業種合計	50	47	25	18	15	13	11

（出所）　ブルームバーグ　ESGデータより筆者作成。

比べて上位30位に含まれる企業数が少ない傾向にあり，欧米の企業で多くの企業がランクインしている傾向にある。

以下，**図表14-7**から**図表14-16**では，各業種のESG評価ランキング上位30社のリストを紹介する。

図表14-7 ■ESG評価ランキング（一般消費財）

順位	企業名	国	評価スコア	重み付けウェイト		
				統治	環境	社会
1	ダイムラー	ドイツ	1.000	100%	0%	0%
2	ＢＭＷ	ドイツ	1.000	39%	40%	20%
3	LVMH モエ ヘネシー・ルイ ヴィトン	フランス	1.000	0%	100%	0%
4	ケラング	フランス	1.000	0%	100%	0%
5	LG電子［エルジーエレクトロニクス］	韓国	1.000	0%	0%	100%
6	タタ・モーターズ	インド	1.000	0%	100%	0%
7	インドゥストリア・デ・ディセニョ・テクスティル	スペイン	1.000	0%	100%	0%
8	ソニー	日本	1.000	0%	100%	0%
9	ウールワースホールディングス	南アフリカ	1.000	0%	100%	0%
10	正新橡膠［チェンシン・ラバー］	台湾	1.000	0%	0%	100%
11	日産自動車	日本	1.000	9%	69%	22%
12	フォード・モーター	アメリカ	1.000	0%	100%	0%
13	ホイットブレッド	イギリス	1.000	0%	100%	0%
14	マヒンドラ・マヒンドラ	インド	1.000	0%	100%	0%
15	起亜自動車［キア自動車］	韓国	0.992	39%	40%	21%
16	マツダ	日本	0.951	12%	65%	23%
17	プジョー	フランス	0.948	47%	28%	25%
18	ジョンソンコントロールズ	アメリカ	0.944	70%	30%	0%
19	フィアット	イタリア	0.944	70%	30%	0%
20	ウィンダム・ワールドワイド	アメリカ	0.931	10%	66%	24%
21	ヴァレオ	フランス	0.930	52%	36%	13%
22	ブリヂストン	日本	0.929	0%	62%	38%
23	フィナンシエール・リシュモン	スイス	0.929	0%	62%	38%
24	ラガルデール	フランス	0.929	0%	62%	38%
25	フォルクスワーゲン	ドイツ	0.908	13%	68%	19%
26	カシオ計算機	日本	0.900	12%	68%	20%
27	ミサワホーム	日本	0.895	12%	69%	20%
28	デンソー	日本	0.893	11%	69%	20%
29	ホーム・リテール・グループ	イギリス	0.890	11%	69%	20%
30	マークス・アンド・スペンサー・グループ	イギリス	0.889	0%	100%	0%

（出所）　ブルームバーグ　ESGデータより筆者作成。

第14章　ESG投資世界ランキング

図表14-8　ESG評価ランキング（生活必需品）

順位	企業名	国	評価スコア	重み付けウェイト 統治	環境	社会
1	キャンベルスープ	アメリカ	1.000	100%	0%	0%
2	ドクターペッパー・スナップル・グループ	アメリカ	1.000	45%	0%	55%
3	ケスコ	フィンランド	1.000	0%	100%	0%
4	カルフール	フランス	1.000	0%	100%	0%
5	ARCA CONTINENTAL SAB DE CV	メキシコ	1.000	34%	0%	66%
6	ユニリーバ	イギリス	1.000	0%	100%	0%
7	フォメント・エコノミコ・メヒカノ	メキシコ	1.000	0%	100%	0%
8	キューリグ・グリーンマウンテン	アメリカ	1.000	0%	100%	0%
9	ペプシコ	アメリカ	1.000	0%	100%	0%
10	コカ・コーラ・フェムサ	メキシコ	1.000	0%	100%	0%
11	セブン＆アイ・ホールディングス	日本	1.000	0%	100%	0%
12	COCA-COLA HBC AG-CDI	スイス	0.985	44%	0%	56%
13	ディアジオ	イギリス	0.954	40%	25%	34%
14	コカ・コーラエンタープライズ	アメリカ	0.945	100%	0%	0%
15	ハイネケン	オランダ	0.922	45%	26%	28%
16	統一企業［ユニ・プレジデント］	台湾	0.916	40%	0%	60%
17	キンバリー・クラーク	アメリカ	0.909	44%	27%	29%
18	スベンスカ・セルローサ	スウェーデン	0.909	44%	27%	29%
19	LG生活健康	韓国	0.904	39%	0%	61%
20	コンパニーアブラジレイラディディストリブイソン	ブラジル	0.904	39%	0%	61%
21	ダノン	フランス	0.895	44%	27%	29%
22	プロクター・アンド・ギャンブル・カンパニー	アメリカ	0.894	36%	27%	37%
23	ロレアル	フランス	0.892	43%	27%	29%
24	N.A.	フランス	0.891	36%	27%	37%
25	スウェーデン・マッチ	スウェーデン	0.889	0%	100%	0%
26	ネスレ	スイス	0.889	0%	100%	0%
27	ペルノ・リカール	フランス	0.889	0%	100%	0%
28	レキット・ベンキーザー・グループ	イギリス	0.889	0%	100%	0%
29	JT	日本	0.889	0%	100%	0%
30	ITC	インド	0.889	0%	100%	0%

（出所）ブルームバーグ　ESGデータより筆者作成。

第Ⅳ部　持続可能な世界の実現

図表14-9 ■ ESG評価ランキング（エネルギー）

順位	企業名	国	評価スコア	重み付けウェイト 統治	環境	社会
1	ヘス	アメリカ	1.000	100%	0%	0%
2	レプソル	スペイン	1.000	0%	100%	0%
3	サソル	南アフリカ	1.000	0%	0%	100%
4	エコペトロル	コロンビア	1.000	0%	58%	42%
5	タイ石油公社［PTT］	タイ	1.000	0%	0%	100%
6	ヘレニック石油	ギリシャ	1.000	0%	0%	100%
7	バーラト石油	インド	1.000	0%	0%	100%
8	昭和シェル石油	日本	1.000	0%	100%	0%
9	ヒンドゥスタン石油	インド	1.000	0%	0%	100%
10	伊藤忠エネクス	日本	1.000	0%	0%	100%
11	中海油田服務	中国	1.000	0%	0%	100%
12	中国石油天然気	中国	1.000	0%	0%	100%
13	サラマンダー・エナジー	イギリス	1.000	0%	0%	100%
14	シェル・リファイニング	マレーシア	1.000	0%	0%	100%
15	プロセーフ	キプロス	1.000	0%	0%	100%
16	ベーカー・ヒューズ	アメリカ	0.957	51%	0%	49%
17	ブラジル石油公社	ブラジル	0.942	50%	0%	50%
18	ENI（イタリア炭化水素公社）	イタリア	0.941	35%	21%	44%
19	OMV	オーストリア	0.937	35%	21%	44%
20	MOL	ハンガリー	0.927	49%	0%	51%
21	BP	イギリス	0.924	49%	0%	51%
22	エクソンモービル	アメリカ	0.917	0%	64%	36%
23	タイ石油開発公社	タイ	0.917	0%	64%	36%
24	エンブリッジ	カナダ	0.917	0%	64%	36%
25	スペクトラ・エナジー	アメリカ	0.917	0%	64%	36%
26	国際石油開発帝石	日本	0.917	0%	64%	36%
27	エクサロ・リソーシズ	南アフリカ	0.917	0%	64%	36%
28	ネステ・オイル	フィンランド	0.917	0%	64%	36%
29	パシフィック・ルビアレス・エナジー	コロンビア	0.917	0%	64%	36%
30	ペトロン	フィリピン	0.917	0%	64%	36%

（出所）　ブルームバーグ　ESGデータより筆者作成。

第14章 ESG投資世界ランキング

図表14-10 ESG評価ランキング（金融）

順位	企業名	国	評価スコア	重み付けウェイト 統治	環境	社会
1	インテサ・サンパオロ	イタリア	1.000	100%	0%	0%
2	シティグループ	アメリカ	1.000	29%	0%	71%
3	ウェアーハウザー	アメリカ	1.000	0%	45%	55%
4	リーガル・アンド・ゼネラル・グループ	イギリス	1.000	0%	100%	0%
5	ウニベイル−ロダムコ	フランス	1.000	0%	100%	0%
6	ＢＮＰパリバ	フランス	1.000	0%	45%	55%
7	サンタンデール銀行	スペイン	1.000	0%	100%	0%
8	バンク・オブ・アメリカ	アメリカ	1.000	0%	100%	0%
9	ナショナル・オーストラリア銀行	オーストラリア	1.000	0%	100%	0%
10	クレピエール	フランス	1.000	0%	100%	0%
11	スタンダード・バンク・グループ	南アフリカ	1.000	0%	100%	0%
12	トロント・ドミニオン銀行	カナダ	1.000	0%	100%	0%
13	SONAE SIERRA BRASIL SA	ブラジル	1.000	0%	100%	0%
14	ソシエテ ジェネラル	フランス	1.000	0%	45%	55%
15	ハマーソン	イギリス	1.000	0%	100%	0%
16	クレディ・アグリコル	フランス	1.000	0%	100%	0%
17	マヒンドラ・ライフスペース・デベロッパーズ	インド	1.000	0%	45%	55%
18	シティ・デベロップメンツ	シンガポール	1.000	0%	45%	55%
19	アヤラ・ランド	フィリピン	1.000	0%	45%	55%
20	ミルバック・グループ	オーストラリア	1.000	0%	100%	0%
21	太古［スワイヤ・パシフィック］	香港	1.000	0%	100%	0%
22	マグローヒル・フィナンシャル	アメリカ	1.000	0%	100%	0%
23	コリオ	オランダ	1.000	0%	100%	0%
24	大和ハウス工業	日本	1.000	0%	100%	0%
25	アヤラ	フィリピン	1.000	0%	100%	0%
26	玉山金融控股	台湾	1.000	0%	100%	0%
27	新鴻基地産発展	香港	1.000	0%	100%	0%
28	キャピタランド	シンガポール	1.000	0%	100%	0%
29	ブラデスコ銀行	ブラジル	1.000	0%	100%	0%
30	ナティクシス	フランス	1.000	0%	45%	55%

（出所）　ブルームバーグ　ESGデータより筆者作成。

第Ⅳ部　持続可能な世界の実現

図表14-11 ESG評価ランキング（ヘルスケア）

順位	企 業 名	国	評価スコア	重み付けウェイト統治	環境	社会
1	ノバルティス	スイス	1.000	100%	0%	0%
2	バクスター・インターナショナル	アメリカ	1.000	0%	100%	0%
3	サノフィ	フランス	1.000	0%	0%	100%
4	アストラゼネカ	イギリス	1.000	0%	100%	0%
5	メルク	ドイツ	1.000	0%	0%	100%
6	ジョンソン・エンド・ジョンソン	アメリカ	1.000	0%	100%	0%
7	アボット・ラボラトリーズ	アメリカ	1.000	0%	0%	100%
8	エシロールインターナショナル	フランス	1.000	0%	0%	100%
9	ジュビラント・オーガノシス	インド	1.000	0%	0%	100%
10	アスペン・ファーマケア・ホールディングス	南アフリカ	1.000	0%	0%	100%
11	ファイザー	アメリカ	1.000	0%	100%	0%
12	BTG	イギリス	1.000	0%	0%	100%
13	ダイアグノスティコス・ダ・アメリカ	ブラジル	1.000	0%	62%	38%
14	浙江海正薬業	中国	1.000	0%	0%	100%
15	国薬控股［シノファーム・グループ］	中国	1.000	0%	0%	100%
16	バイエル	ドイツ	0.961	29%	40%	31%
17	グラクソ・スミスクライン	イギリス	0.923	0%	67%	33%
18	イーライリリー・アンド・カンパニー	アメリカ	0.923	0%	67%	33%
19	アラガン	アメリカ	0.923	0%	67%	33%
20	オリンパス	日本	0.923	0%	67%	33%
21	テルモ	日本	0.923	0%	67%	33%
22	大正製薬ホールディングス	日本	0.889	0%	100%	0%
23	オリオン	フィンランド	0.880	46%	0%	54%
24	メルク	アメリカ	0.863	26%	39%	35%
25	ロシュ・ホールディング	スイス	0.859	26%	39%	35%
26	ブリストル・マイヤーズ スクイブ	アメリカ	0.846	0%	64%	36%
27	武田薬品工業	日本	0.846	0%	64%	36%
28	小野薬品工業	日本	0.846	0%	64%	36%
29	あすか製薬	日本	0.846	0%	64%	36%
30	ベクトン・ディッキンソン	アメリカ	0.846	0%	64%	36%

（出所）　ブルームバーグ　ESGデータより筆者作成。

第14章　ESG投資世界ランキング

図表14-12　ESG評価ランキング（一般産業）

順位	企　業　名	国	評価スコア	重み付けウェイト		
				統治	環境	社会
1	遠東新世紀	台湾	1.000	100%	0%	0%
2	ABB	スイス	1.000	0%	100%	0%
3	ガメサ・コルポラシオン・テクノロヒカ	スペイン	1.000	0%	0%	100%
4	サンゴバン	フランス	1.000	0%	100%	0%
5	ロッキード・マーチン	アメリカ	1.000	0%	100%	0%
6	フェロビアル	スペイン	1.000	0%	100%	0%
7	東芝	日本	1.000	0%	100%	0%
8	タレス	フランス	1.000	0%	100%	0%
9	三星エンジニアリンク	韓国	1.000	32%	23%	46%
10	オブラスコン・ワルテ・ライン	スペイン	1.000	0%	0%	100%
11	SKF	スウェーデン	1.000	0%	100%	0%
12	ユナイテッド・コンチネンタル・ホールディングス	アメリカ	1.000	0%	100%	0%
13	ソシエテBIC	フランス	1.000	0%	100%	0%
14	ダイヘン	日本	1.000	0%	100%	0%
15	トランスコンチネンタル	カナダ	1.000	0%	100%	0%
16	近畿日本鉄道	日本	1.000	0%	100%	0%
17	中国東方航空	中国	1.000	0%	0%	100%
18	ノーリツ	日本	1.000	0%	100%	0%
19	フジクラ	日本	1.000	0%	100%	0%
20	コーニンフレッカ・フィリップス	オランダ	0.975	100%	0%	0%
21	ギーベリッツ	スイス	0.957	100%	0%	0%
22	ユナイテッド・パーセル・サービス	アメリカ	0.950	36%	24%	40%
23	アンサルドSTS	イタリア	0.931	58%	0%	42%
24	シュネデールエレクトリック	フランス	0.930	59%	41%	0%
25	エファージュ	フランス	0.929	0%	62%	38%
26	エコホドビアスインフラエストルトライロジスチカ	ブラジル	0.929	0%	62%	38%
27	APモラー・マースク	デンマーク	0.929	0%	62%	38%
28	大日本印刷	日本	0.929	0%	62%	38%
29	SGS	スイス	0.929	0%	62%	38%
30	ルグラン	フランス	0.929	0%	62%	38%

（出所）　ブルームバーグ　ESGデータより筆者作成。

第Ⅳ部　持続可能な世界の実現

図表14-13　ESG評価ランキング（情報技術）

順位	企業名	国	評価スコア	重み付けウェイト		
				統治	環境	社会
1	宏碁［エイサー］	台湾	1.000	100%	0%	0%
2	友達光電［AUオプトロニクス］	台湾	1.000	0%	100%	0%
3	奇美電子［イノラックス］	台湾	1.000	0%	100%	0%
4	華碩電脳［エイスース・コンピューター］	台湾	1.000	0%	0%	100%
5	インテル	アメリカ	1.000	0%	100%	0%
6	佳世達科技［Qisda］	台湾	1.000	0%	0%	100%
7	台湾積体電路製造［TSMC/台湾セミコンダクター］	台湾	1.000	0%	100%	0%
8	三星電子［サムスン電子］	韓国	1.000	0%	100%	0%
9	ヒューレット・パッカード	アメリカ	1.000	0%	100%	0%
10	聯華電子［UMC］	台湾	1.000	0%	100%	0%
11	リコー	日本	1.000	0%	100%	0%
12	シスコシステムズ	アメリカ	1.000	0%	100%	0%
13	三星SDI［サムスンSDI］	韓国	1.000	0%	0%	100%
14	モトローラ・ソリューションズ	アメリカ	1.000	0%	100%	0%
15	富士フイルムホールディングス	日本	1.000	0%	100%	0%
16	ノキア	フィンランド	1.000	0%	100%	0%
17	京セラ	日本	1.000	0%	100%	0%
18	SAP	ドイツ	0.889	0%	100%	0%
19	STマイクロエレクトロニクス	スイス	0.889	0%	100%	0%
20	タタ・コンサルタンシー・サービシズ	インド	0.889	0%	100%	0%
21	テキサス・インスツルメンツ・インコーポレーテッド	アメリカ	0.889	0%	100%	0%
22	ウィプロ	インド	0.889	0%	100%	0%
23	シマンテック	アメリカ	0.889	0%	100%	0%
24	アドバンスト・マイクロ・デバイセズ（AMD）	アメリカ	0.889	0%	100%	0%
25	光宝科技［ライトオン・テクノロジー］	台湾	0.889	0%	100%	0%
26	三星電機［サムスン電機］	韓国	0.889	0%	100%	0%
27	オムロン	日本	0.889	0%	100%	0%
28	沖電気工業	日本	0.889	0%	100%	0%
29	コニカミノルタ	日本	0.889	0%	100%	0%
30	キヤノン	日本	0.889	0%	100%	0%

（出所）ブルームバーグ　ESGデータより筆者作成。

図表14-14 ESG評価ランキング（素材）

順位	企業名	国	評価スコア	重み付けウェイト 統治	環境	社会
1	プラクセアー	アメリカ	1.000	100%	0%	0%
2	BASF	ドイツ	1.000	0%	100%	0%
3	セメックス	メキシコ	1.000	0%	100%	0%
4	サイアムセメント	タイ	1.000	0%	100%	0%
5	モンディ	イギリス	1.000	0%	100%	0%
6	アルコア	アメリカ	1.000	0%	0%	100%
7	JSR	日本	1.000	0%	100%	0%
8	ロータルーキー	フィンランド	1.000	0%	0%	100%
9	オリカ	オーストラリア	1.000	0%	0%	100%
10	タタ・ケミカル	インド	1.000	0%	100%	0%
11	パンオースト	オーストラリア	1.000	0%	0%	100%
12	ジョンソン・マッセイ	イギリス	1.000	0%	0%	100%
13	愛知製鋼	日本	1.000	0%	0%	100%
14	日立化成	日本	1.000	0%	100%	0%
15	DOWAホールディングス	日本	1.000	0%	0%	100%
16	ニュークレスト・マイニング	オーストラリア	1.000	0%	0%	100%
17	クラリアント	スイス	1.000	0%	0%	100%
18	三菱製紙	日本	1.000	0%	0%	100%
19	東洋製罐グループホールディングス	日本	1.000	0%	100%	0%
20	東レ	日本	1.000	0%	0%	100%
21	電気化学工業	日本	1.000	0%	0%	100%
22	山西太鋼不銹鋼	中国	1.000	0%	0%	100%
23	日油	日本	1.000	0%	100%	0%
24	大王製紙	日本	1.000	0%	100%	0%
25	インド・セメント・トゥンガル・ブラカルサ	インドネシア	1.000	0%	0%	100%
26	日東電工	日本	1.000	0%	0%	100%
27	PTTグローバル・ケミカル	タイ	1.000	0%	0%	100%
28	ブッツィ・ウニチェム	イタリア	1.000	0%	0%	100%
29	マーシャルズ	イギリス	1.000	0%	100%	0%
30	台湾石化［フォルモサ・プラスチックス］	台湾	1.000	0%	100%	0%

（出所）ブルームバーグ　ESGデータより筆者作成。

図表14-15 ESG評価ランキング（通信サービス）

順位	企業名	国	評価スコア	重み付けウェイト 統治	環境	社会
1	テレコム・イタリア	イタリア	1.000	100%	0%	0%
2	ロジャース・コミュニケーションズ	カナダ	1.000	0%	0%	100%
3	ビーシーイー・インク	カナダ	1.000	74%	26%	0%
4	テレコム・マレーシア	マレーシア	1.000	0%	0%	100%
5	グローブ・テレコム	フィリピン	1.000	0%	0%	100%
6	シンガポール・テレコム	シンガポール	1.000	0%	0%	100%
7	中国移動［チャイナ・モバイル］	香港	1.000	0%	100%	0%
8	NTT	日本	1.000	0%	100%	0%
9	テレフォニカ・ブラジル	ブラジル	1.000	0%	62%	38%
10	ドイツ・テレコム	ドイツ	1.000	0%	100%	0%
11	KDDI	日本	1.000	0%	0%	100%
12	オランジュ	フランス	0.994	66%	20%	15%
13	ポルトガル・テレコム	ポルトガル	0.989	66%	20%	15%
14	AT&T	アメリカ	0.978	68%	18%	15%
15	ソナエコム	ポルトガル	0.924	68%	16%	16%
16	NTTドコモ	日本	0.923	0%	67%	33%
17	ボーダフォン・グループ	イギリス	0.894	71%	0%	29%
18	デジ・ドット・コム	マレーシア	0.892	65%	19%	16%
19	テルストラ・コーポレーション	オーストラリア	0.889	70%	0%	30%
20	DIALOG AXIATA PLC	スリランカ	0.885	64%	19%	16%
21	中華電信［チョンホア・テレコム］	台湾	0.878	21%	38%	41%
22	BTグループ	イギリス	0.876	67%	17%	17%
23	テレコム・アルヘンティーナ	アルゼンチン	0.873	20%	38%	41%
24	アクステル	メキシコ	0.862	19%	39%	42%
25	チン・パルチシパソエス	ブラジル	0.852	66%	17%	17%
26	マジャール・テレコム・テレコミュニケーションズ	ハンガリー	0.851	18%	39%	43%
27	テレフォニカ	スペイン	0.847	66%	17%	17%
28	サファリコム	ケニア	0.846	0%	64%	36%
29	ビベンディ	フランス	0.840	65%	17%	17%
30	ロイヤルKPN	オランダ	0.819	68%	0%	32%

（出所）ブルームバーグ　ESGデータより筆者作成。

図表14-16 ESG評価ランキング（公益）

順位	企業名	国	評価スコア	重み付けウェイト 統治	重み付けウェイト 環境	重み付けウェイト 社会
1	フォータム	フィンランド	1.000	100%	0%	0%
2	イベルドローラ	スペイン	1.000	0%	62%	38%
3	アクシオナ	スペイン	1.000	0%	62%	38%
4	スナム	イタリア	1.000	0%	62%	38%
5	エクセロン	アメリカ	1.000	0%	100%	0%
6	エレトロパウロ・メトロポリターナ	ブラジル	1.000	25%	0%	75%
7	パシフィック・ガス・アンド・エレクトリック	アメリカ	1.000	0%	100%	0%
8	ピナクル・ウェスト・キャピタル	アメリカ	1.000	0%	100%	0%
9	NRGエナジー	アメリカ	1.000	0%	100%	0%
10	電能実業［パワー・アセッツHldg］	香港	1.000	0%	100%	0%
11	大阪ガス	日本	1.000	0%	62%	38%
12	CPFLエネルジア	ブラジル	1.000	0%	100%	0%
13	サンパウロ州基礎衛生公社	ブラジル	1.000	0%	0%	100%
14	沖縄電力	日本	1.000	0%	100%	0%
15	東京ガス	日本	1.000	0%	62%	38%
16	AESティエテ	ブラジル	1.000	0%	0%	100%
17	サザン	アメリカ	1.000	0%	100%	0%
18	東邦ガス	日本	1.000	0%	100%	0%
19	EDPエネルジアス・ド・ブラジル	ブラジル	1.000	0%	0%	100%
20	イタリア電力公社	イタリア	0.960	35%	0%	65%
21	A2A	イタリア	0.929	33%	0%	67%
22	ブラジル中央電力	ブラジル	0.923	0%	58%	42%
23	レド・エレクトリカ	スペイン	0.923	0%	58%	42%
24	トラクテベル・エネルジア	ブラジル	0.923	0%	58%	42%
25	エンタジー	アメリカ	0.923	0%	58%	42%
26	デューク・エナジー	アメリカ	0.900	71%	29%	0%
27	中電控股［CLPホールディングス］	香港	0.883	71%	29%	0%
28	ガス・ナトゥラルSDG	スペイン	0.875	0%	100%	0%
29	ポルトガル電力公社	ポルトガル	0.875	0%	100%	0%
30	テルナ	イタリア	0.875	0%	100%	0%

（出所）ブルームバーグ　ESGデータより筆者作成。

5 おわりに

本章では，新国富の評価フレームワークを応用し，企業のESG評価フレームワークについて紹介を行った。企業のESG課題に対する取り組みは，企業が立地する地域や国の新国富と強い関係性を持つことから，新国富の向上には企業のESG課題への取り組みが重要となる。本章ではこうした関係性に着目し，企業のESG課題への取り組みに関する定量データを活用した簡便な評価手法としてDEAを利用した手法を提案した。

本章で紹介した企業のESG評価フレームワークを適用することで，企業や事業所において，経年でESG課題に対する取り組みがどのように変化したかを明確にすることが可能となる。したがって，分析結果を企業や事業所の意思決定者（社長や役員）が見ることで，自社のESG課題に対する取り組みの現状を把握できるとともに，今後どのように対策を実施していくかの戦略策定や目標設定の指標として活用することが期待できよう。加えて，政府や自治体においても，企業がESG課題に対してどのように取り組んでいるかを，限られた時間や労力で評価するツールとしても活用が期待できる。今日，様々な形で企業に関するデータの公開が進んでおり，容易に多くの企業データを取得することが可能となっている。例えばFujii and Managi（2016b）では，国内企業の財務データ，CO_2排出量データ，毒性化学物質排出量データについて公開しており，企業の環境や経済に関する評価を行う際に有用なデータが利用可能である。

企業にとって継続的に投資を得ることは，新規ビジネスへの挑戦を進める上で重要である。今日，投資を受ける際の判定基準にESGの視点が明示的に含まれており，企業にとってESG課題への取り組みは投資を得るために必要不可欠なものとなっている。一方で，企業が行った対策は適切な形で外部に発信されなければ，投資家からの評価を得ることが難しい。したがって，情報を適切に発信するためには，企業のESG課題への取り組みに関するオープンデータの整備や，立地する地域の新国富との関係性の見える化といった取り組みが，今後は重要であると考える。

■**参考文献**

Fujii, H., Managi, S.（2016a）An evaluation of inclusive capital stock for urban planning. *Ecosystem Health and Sustainability*, 2（10）：e01243.

Fujii, H., Managi, S.（2016b）Trends in corporate environmental management studies and databases. *Environmental Economics and Policy Studies*, 18（2）：265-272.

馬奈木俊介（2013）『環境と効率の経済分析─包括的生産性アプローチによる最適水準の推計』日本経済新聞出版社．288．

環境省（2014）『平成26年版　図で見る環境・循環型社会・生物多様性白書』第1部第3章第3節「グリーン経済の実現に向けた環境金融の拡大」．
https://www.env.go.jp/policy/hakusyo/zu/h26/html/hj14010303.html

日本経済新聞（2016）「環境保護・企業統治の評価指針　経産省，16年度内に」2016年8月24日　http://www.nikkei.com/article/DGXLASDF24H0I_U6A820C1EE8000/

第15章
新国富と幸福度

1 はじめに

　誰しもが幸せになりたい・いい暮らしをしたいと思って日々生活しているだろう。経済学では，人は自分の効用（満足感や幸せに近いもの）を最大にするようにある予算制約のもとで消費などの行動を決定すると考えている。経済学での効用は計測できないものだが，その効用の代わりとして満足感や幸せを計測しようと様々な研究が行われている。

　それらの研究を2つに大別すると，1つは人の幸せに影響を与えるものは何か，またどれくらい影響を与えるのかという人の主観的な幸福度の内面を探る研究である。もう1つはある国にはどれくらい「富」があるのかを探る研究である。ここでの「富」とはお金だけでなく，お金以外も含めた全ての富のことを意味する。富が多くある国に住んでいる人は富が少ない国に住んでいる人よりも幸せに暮らしていると考えられるだろう。

2 幸福度研究

　まず，主観的な幸福度に関する研究をいくつか取り上げる。「何があると幸福ですか？」と聞かれた時に，最初に思い浮かべるのはお金ではないだろうか。多くの所得があると高層階にある広い部屋に住めたり，家族で多く旅行したり，趣味のために高級な道具を手に入れたりすることができるだろう。その経済的な富と幸福度の関係の研究から説明を始めるとしよう。経済的な富と幸福度の関係を研究した論文にEasterlin（1974）がある。この論文は，多国間での分析

において1人当たり国内総生産（GDP）と平均的な幸福度の間には必ずしも正の相関関係はないことを示した。これはイースタリン・パラドクスと言われるもので，このパラドクスに関する研究が多くなされている。Frey and Stutzer（2002b）では1985年から1991年の間，日本の1人当たりGDPは大きく成長しているが，生活満足度はほぼ横ばいであることを示した。一方，イースタリン・パラドクスは存在せず，経済成長または所得と幸福度の間には正の関係があると示す研究もある。Frey and Stutzer（2002a）では所得と幸福度の間に正の関係があることを示した[1]。また，幸福度を感情的な幸福感（emotional well-being）と人生に関する考え・価値観（life evaluation）に分けて分析したKahneman and Deaton（2010）では，収入の増加とともに主観的な人生の評価は高くなるが，感情的な満足度はある程度の所得になるとそれ以上は高くならないことを示した。

所得の他にも主観的幸福度の決定要因に関する研究として，健康や失業など様々なものがある。健康と主観的幸福度に関する研究ではEasterlin（2003）は主観的な健康評価と幸福度は正の相関関係にあることを示した。Deaton（2008）は平均寿命の上昇率が高い国は生活満足度がより高いことを示した。

失業と幸福度に関する研究も行われている。失業が幸福度に与える影響は個人の失業または失業経験が幸福度に与える影響と社会全体のマクロの失業率が個人の幸福度に与える影響の2つが考えられる（大竹，2004）。前者の影響を分析した論文として，Di Tella, MacCulloch, and Oswald（2001）はEU12カ国のデータを用いて失業状態にある人の幸福度が雇用状態にある人の幸福度よりも低いことを示した。また，日本のデータを用いて失業と幸福度の研究を行った論文に大竹（2004）がある。この論文では所得水準などの個人属性をコントロールしても失業は幸福度に負の影響を与えることを示した。後者の影響を分析した論文にはWolfers（2003）があり，失業率が上昇すると，幸福度が下がることを示した。

信頼関係が主観的幸福度に与える影響を推計した研究もある。信頼関係と幸福度の研究はそう簡単ではない。例えば，地域の人を信頼しているとそのコミュニティで密な人間関係が築けるだろう。その地域の親密さは安心して暮らすことにつながるため，人は幸せと感じるだろう。ただ，幸せな人が人を信頼

しているのではないかという逆の因果関係もあるだろう。地域に幸せに暮らしている人が集まっているようなコミュニティでは信頼関係も築きやすくなるだろう。このように信頼関係が幸福度に影響を与えていて，逆に幸福度が信頼関係に影響を与えると考えられる場合，信頼から幸福度へという因果関係が推計できないという問題が発生する。Kuroki（2011）はその土地に住んでいる人の割合の変化を操作変数に用いて，社会的な信頼（social trust）が幸福度にプラスの影響を与えることを示した。

さらに，個人属性や信頼関係などの内面的要因と主観的幸福度の研究のほかに，社会的な要因と幸福度の研究もある。van Praag and Baarsma（2005）は空港の騒音が個人の幸福度に与える影響を分析して，騒音が主観的幸福度に負の影響を与えると示している。その分析結果から騒音に対する補償所得の推計を行っている。Levinson（2012）は大気汚染が幸福度に与える影響を分析し，大気汚染が深刻化すると幸福度が下がることを示した。

主観的幸福度や生活満足度に関するデータはアンケート調査を用いて，直接個人に現在の幸福などの度合いを聞くことから得られる。質問の形式は「あなたは全体としてどの程度幸せですか？」というものであり，回答者は「1：非常に不幸」から「10：非常に幸福」の10段階で答えるという方法が典型的である。幸福度調査は世界各国で行われており，60カ国にわたり行われている世界価値観調査（World Value Survey）やEU27カ国で行われているユーロバロメーター（Eurobarometer），アメリカで行われている総合的社会調査（General Social Surveys）などがある。日本では内閣府による国民生活選好度調査などがある。

主観的幸福度の決定要因に関して多種多様な研究が行われていることは，人の幸福度は経済的な面からのみではなく，様々な要因から影響を受けているからである。それでは，ある都市にある豊かさはどう測ればいいのだろうか。その豊かさの度合いがわかれば，その都市にいる人々が平均的にどれくらい幸福かを推測することができるだろう。このような試みに挑戦しているものとして，経済協力開発機構（OECD）が提唱している「より良い暮らし指標（Better Life Index；BLI）」がある。従来，国の富を表す指標として用いられていたGDPだけでは真の国の豊かさ（または幸福度）は測ることができないという

批判から，BLIは経済成長以外の要因も含めた豊かさの計測を目標とした指数である。BLIは所得と資産・仕事と報酬・住居・健康状態・ワークライフバランス・教育と技能・社会とのつながり・市民参加とガバナンス・環境の質・生活の安全・主観的幸福度の11の分野を統合した指数である。BLIの他にも国の豊かさを測る指標として，国連開発計画（UNDP）は，保健・教育・所得の3つの領域に関して1国の平均的達成度を測る人間開発指数（Human Development Index；HDI）を提示している。また，本書で議論している新国富指標（Inclusive Wealth Index；IWI）も国や地域，そして都市の富（資本・豊かさ）を計測する指標の1つである。先の章で新国富に関する説明があるように，新国富は人工資本・自然資本・人的資本（健康資本及び教育資本）から構成される指標である。

3 新国富と幸福度

　主観的幸福度と地域の富を測る指標の説明をしたところで，日本の市町村レベルでの主観的幸福度と新国富の関係を見ていこう。
　まず，主観的幸福度のデータは九州大学大学院工学研究院環境社会部門馬奈木俊介研究室が2015年12月に実施した主観的幸福度調査を用いる。この調査は日本に住んでいる約20万人にウェブアンケートを実施した。幸福度（「全体としてどの程度幸せですか」という質問に対し，「1：全く幸せではない」から「5：大変幸せである」の5段階で回答）などの主観的な満足度や価値観の質問に加えて，個人属性なども質問に含まれている。主観的幸福度の平均値は3.62，自宅周辺の住みやすさの満足度（「1：大変住みにくい」から「5：大変住みやすい」の5段階）の平均値は3.52となっており[2]，全体として日本に住んでいる人は比較的幸福であり，また現在の自宅周辺の住みやすさの満足度も高いと感じていることがわかる。
　次に，幸福度と新国富，住みやすさ満足度と新国富の相関関係をそれぞれ計算してみた。幸福度と新国富の相関係数は0.01となり，住みやすさ満足度と新国富の相関係数は0.19となった[3]。新国富が幸福度と相関がないのは驚きだが[4]，住みやすさ満足度と正の相関があることは納得できるだろう。新国富には，人

第Ⅳ部　持続可能な世界の実現

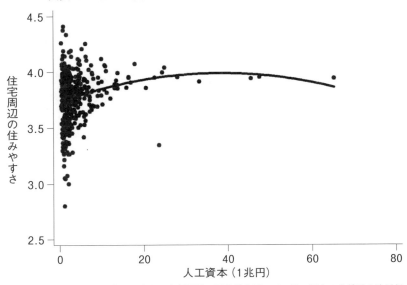

図表15-1 ■人工資本と住宅周辺の住みやすさ満足度の散布図

（注）　Y軸の住宅周辺の住みやすさは市区町村の平均値を用いている。図中の曲線は2次近似を表す。
（出所）　住宅周辺の住みやすさ：2015年九州大学馬奈木俊介研究室国内大規模調査。
　　　　　人工資本：九州大学都市研究センター作成
　　　　　市町村別新国富データ（2016年9月30日版）。

工資本には道路や建物など，自然資本には森林の面積など，人的資本には健康と教育の要素が含まれている。そのため自宅周辺に便利な道路があったり，商業施設などの建物があったり，住宅周辺に自然があったりすると，住民はその都市に住みやすいと感じるだろうし，新国富も高くなる。そのため正の相関関係にあることがわかる。そこで，住みやすさ満足度と新国富の構成要素の関係をみてみる。

　図表15-1は人工資本と住みやすさ満足度の散布図である。全体として住みやすさ満足度の平均値よりも上の方に分布していることがわかる。人工資本が10兆円以下のところでは住みやすさ満足度のばらつきが大きくなり，20兆円を超える市町村は住みやすさ満足度が4の辺りに分布している。

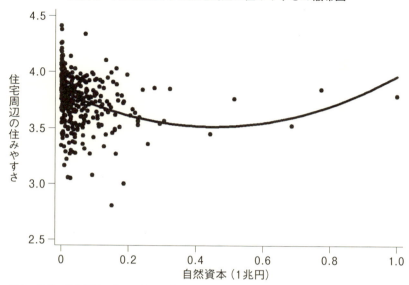

図表15-2 自然資本と住宅周辺の住みやすさの散布図

（注） Y軸の住宅周辺の住みやすさは市区町村の平均値を用いている。図中の曲線は2次近似を表す。
（出所） 住宅周辺の住みやすさ：2015年九州大学馬奈木俊介研究室国内大規模調査。
自然資本：九州大学都市研究センター作成
市町村別新国富データ（2016年9月30日版）。

図表15-2は自然資本と住みやすさ満足度の散布図である。自然資本と住みやすさ満足度は人工資本の散布図に比べて，より散らばっていることがわかる。自然資本の価値が0.2兆円以下の市区町村では住みやすさ満足度のばらつきが大きく，0.2兆円を超える市区町村は住みやすさ満足度の平均値よりも下に散らばっていることがわかる。

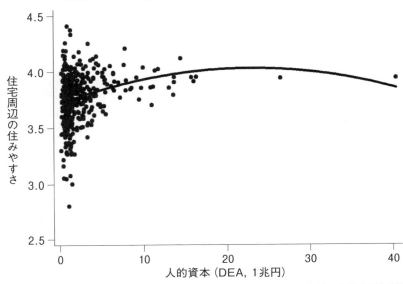

図表15-3 人的資本と住宅周辺の住みやすさの散布図

(注) Y軸の住宅周辺の住みやすさは市区町村の平均値を用いている。図中の曲線は2次近似を表す。
(出所) 住宅周辺の住みやすさ：2015年九州大学馬奈木俊介研究室国内大規模調査。
人的資本：九州大学都市研究センター作成
市町村別新国富データ（2016年9月30日版）。

　図表15-3は人的資本と住みやすさ満足度の散布図である。この散布図は人工資本と住みやすさ満足度の散布図と似ている。比較的人的資本の低い市町村では幸福度のばらつきが大きくなり，人的資本が10兆円を超える市区町村は住みやすさ満足度の平均値よりも少し高いところに分布していることがわかる。

第15章 新国富と幸福度

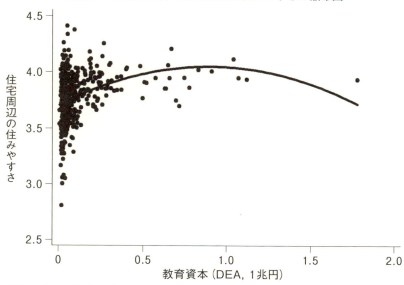

図表15-4 教育資本と住宅周辺の住みやすさの散布図

（注） Y軸の住宅周辺の住みやすさは市区町村の平均値を用いている。図中の曲線は2次近似を表す。
（出所） 住宅周辺の住みやすさ：2015年九州大学馬奈木俊介研究室国内大規模調査。
　　　　教育資本：九州大学都市研究センター作成
　　　　市町村別新国富データ（2016年9月30日版）。

　図表15-4は人的資本に含まれる教育資本と住みやすさ満足度の散布図である。この散布図も人工資本の散布図と似ている。教育資本が0.3兆円以下のところでは住みやすさ満足度は幅広く分布している。ただ，この散布図では0.3兆円を超える市区町村数が他の散布図よりも多くなっており，それら市区町村は住みやすさ満足度が4の辺りに分布している。

第Ⅳ部　持続可能な世界の実現

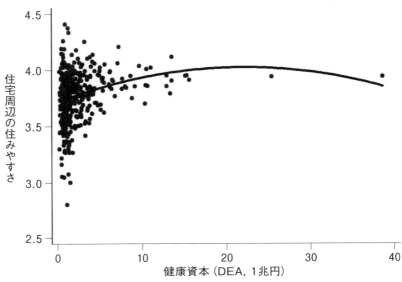

図表15-5 ■健康資本と住宅周辺の住みやすさの散布図

（注）　Y軸の住宅周辺の住みやすさは市区町村の平均値を用いている。図中の曲線は2次近似を表す。
（出所）　住宅周辺の住みやすさ：2015年九州大学馬奈木俊介研究室国内大規模調査。
　　　　健康資本：九州大学都市研究センター作成
　　　　市町村別新国富データ（2016年9月30日版）。

図表15-5は人的資本に含まれる健康資本と住みやすさ満足度の散布図である。この散布図は教育資本と住みやすさ満足度の散布図に似ているが，教育資本のものよりもより散らばっていることが見てとれる。健康資本が5兆円以上の市区町村数も多くあり，それらは住みやすさ満足度の平均値よりも少し上のところに分布している。

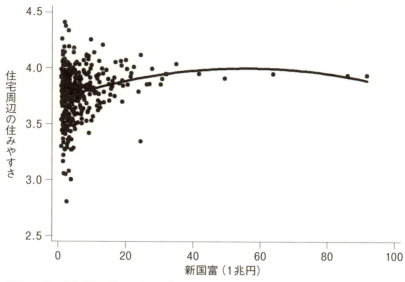

図表15-6 新国富と住宅周辺の住みやすさの散布図

(注) Y軸の住宅周辺の住みやすさは市区町村の平均値を用いている。図中の曲線は2次近似を表す。
(出所) 住宅周辺の住みやすさ：2015年九州大学馬奈木俊介研究室国内大規模調査。
新国富：九州大学都市研究センター作成
市町村別新国富データ（2016年9月30日版）。

図表15-6は新国富と住みやすさ満足度の散布図である。これの散布図は人工資本や人的資本と住みやすさ満足度の散布図と似ている。新国富が20兆円以下の市区町村の住みやすさ満足度は2.8から4.5の間に広く散らばっていることがわかる。また，新国富が20兆円以上の市区町村は住みやすさ満足度のほぼ平均値周辺に分布していることが見てとれる。

先の新国富および各資本と自宅周辺の住みやすさ満足度の関係は，有意な相関関係があった。人工資本にはインフラなどの資本が含まれている。自宅周辺のインフラが整っていると人は暮らしやすいと感じるだろう。自然資本には森林面積や農産物生産量などが含まれている。自宅周辺に緑があり，地元の新鮮な食べ物を食べられると人はそこでの生活に満足感を感じるだろう。また人的資本には健康や学歴・雇用者報酬などが資本として含まれている。健康で長生きができ，平均就学年数や平均所得が高いところは経済的にも裕福に暮らすこ

とができると考えられるため，幸せに感じるだろう。

4 おわりに

　この章では，主観的幸福度と幸福度指数の研究と，主観的幸福度および満足度と新国富（IWI）の関係を議論した。主観的幸福度の研究においては，所得以外にも労働・健康・教育・信頼関係などの心理的な要素など様々な要因がどのように人の幸せに影響を与えているかを分析している。今回議論した幸福度と新国富の関係を見てみると，新国富は都市レベルの平均の主観的幸福度とは相関がなかったが，自宅周辺の住みやすさ満足度とは正の相関があった。これは新国富が主観的な幸福度および満足度をある程度捉えられていることを表している。新国富が高い市区町村には道路や建物，自然などの資本がより多くあることを意味している。それらの資本が多くある市区町村は住宅周辺の環境がより住みやすいと答える人が多いことを表している。主観的幸福度と自宅周辺の住みやすさ満足度の間には正の相関がある[5]ので，自宅周辺の環境がより住みやすい土地にいる人はより幸せを感じていると考えられる。これらの結果は，主観的幸福度と新国富の間に相関がないということは新国富が幸福度の指標になっていないということではなく，人の主観的な評価も考慮することで，新国富を拡張できる可能性があることを表している。

■注
1　Frey and Stutzer（2002a）は上位の所得階級にいる人に関しては所得が幸福度に与える影響は小さくなることも示している。
2　観測数は1,685となり，観測数が100以下の都市は削除した。主観的幸福度の平均値は3.62，標準偏差は0.38，また自宅周辺の住みやすさの平均値は3.52，標準偏差は0.55となった。
3　主観的幸福度とIWIの相関は10パーセントでも有意にならないが，自宅周辺の住みやすさとIWIの相関は1パーセント有意だった。
4　相関関係とは2変数の単純な線形関係を考えていることに注意が必要である。単純な線形関係でない場合には相関は低くなる。相関がないということは，2変数間に全く関係がないというわけではない。
5　主観的幸福度と自宅周辺の住みやすさ満足度の相関係数は0.45であり，1パーセント有意であった。

■参考文献

大竹文雄(2004)「失業と幸福度」『日本労働研究雑誌』2004年7月号,528:59-68.
大竹文雄・白石小百合・筒井義郎(2010)『日本の幸福度格差・労働・家族』日本評論社.
国連開発計画(UNDP)駐日代表事務所ホームページ(参照日:2016年10月1日)
(http://www.jp.undp.org/content/tokyo/ja/home/)
Deaton, A. (2008) "Income, Health, and Well-Being around the World: Evidence from the Gallup World Poll," *Journal of Economic Perspectives*, 22(2):53-72.
Di Tella, R., R. J. MacCulloch, and A. J. Oswald (2001) "Preference over Inflation and Unemployment: Evidence from Surveys of Happiness," *American Economic Review*, 91 (1):335-341.
Easterlin, R. (1974) "Does Economic Growth Improve the Human Lot? Some Empirical Evidence," in P. A. David and M. W. Reder (eds.), Nations and households in Economic Growth: Essays in Honor of Moses Abramovitz, New York and London: Academic Press,:89-125.
Easterlin, R. (2003) "Explaining Happiness," *Proceedings of the National Academy of Science*, 100(19):1176-1183.
Frey, B. S. and A. Stutzer (2002a) "Happiness and Economics," Princeton University Press, Oxford.
Frey, B. S. and A. Stutzer (2002b) "What Can Economists Learn from Happiness Research?" *Journal of Economic Literature*, 40(2):402-435.
Kahneman, D. and A. Deaton (2010) "High Income Improves Evaluation of Life but Not Emotional Well-being," *Proceedings of the National Academies of Science*, 107(38): 16489-16493.
Kuroki, M. (2011) "Does Social Trust Increase Individual Happiness in Japan?" *Japanese Economic Review*, 62(4):444-459.
Levinson, A. (2012) "Valuing Public Goods Using Happiness Data: The Case of Air Quality," *Journal of Public Economics*, 96(9-10):869-880.
OECD (2011) "How's Life? Measuring Well-Being," OECD Publishing, Paris.
van Praag, B. M. S. and B. E. Baarsma (2995) "Using Happiness Surveys to Value Intangibles: The Case of Airport Noise," *Economic Journal*, 115(500):224-246.
Wolfers, J. (2003) "Is Business Cycle Volatility Costly? Evidence from Surveys of Subjective Wellbeing," *International Finance*, 6(1):1-26.

第16章

人口減少に伴う国内地域の持続可能性予測と望ましいインフラ管理

1 | 持続可能な発展への脅威としてのインフラの危機

　戦後, 特に高度成長期に集中して整備された社会的インフラストラクチャー (以降は「インフラ」とする[1]) の老朽化とそれらの大量の更新需要が, 今後は政策課題としての重要性をますます高めると予想される。インフラが特定の時期に集中して整備されたということは, その更新もある時期に集中するということである。今後, 既存のインフラの老朽化は急速に進展していくので (**図表16-1**), それに対応する維持・更新費用も急増すると考えられる[2]。例えば, 国土交通省は所管する10分野の社会資本 (道路, 港湾, 空港, 公的賃貸住宅, 下水道, 都市公園, 治水, 海岸など) の維持管理・更新費用について, 2013年度は約3.6兆円であるが, 10年後には約4.3〜5.1兆円に, さらに20年後には約4.6〜5.5兆円になるという試算を出している (『平成25年12月社会資本整備審議会・交通政策審議会「今後の社会資本の維持管理・更新のあり方について (答申)」』)。また, 同省は平成21年度の白書において, 仮に所管8分野の現在のインフラ投資額 (2010年度水準) を今後も毎年同額確保できたとしても, 2035年には新設はおろか, 更新投資だけで予算を超え, 更新できない部分が2060年までの累計で約30兆円分も生まれてしまうことを報告していた[3]。

　限られた財源で, 国民生活や経済活動に必要な資本サービスを維持するためには, 新規投資をこれまで以上に厳選するととともに, 老朽化が進む既存のインフラの維持・更新を効率的に行わなければならない[4]。それぞれのインフラの管理主体は, 計画的かつ効率的にそれらが保有するインフラ資産の管理 (いわゆる戦略的アセットマネジメント) に取り組む必要がある。

第16章　人口減少に伴う国内地域の持続可能性予測と望ましいインフラ管理

図表16-1　主な社会インフラの老朽化の進行状況

種類		設置数（延長）	老朽化の進行状況（2009年→20年後）
道路	トンネル	8,534箇所	建設後50年以上経過するもの約18％→約46％に増加
	橋梁	671,621橋	建設後50年以上経過するもの約8％→約53％に増加
港湾	外郭施設（防波堤）	583km	建設後50年以上経過するもの約5％→約42％に増加
	係留施設（岸壁）	560km	建設後50年以上経過するもの約5％→約48％に増加
空港	滑走路	214.6km	供用開始後50年以上経過するもの約1％→約29％に増加（2010年→20年後）
住宅	公営住宅	2,179,505戸	建設後30年以上経過したもの56％
上水道	管路	618,137km	法定耐用年数40年を超えたもの7％（2008年）
下水道	管きょ	約42万km	敷設後50年以上経過するもの3％→約22％
廃棄物処理施設	ごみ焼却施設	1,269か所	設置後20年以上経過するもの約35.7％（2008年）
学校	公立小・中学校等	31,723校	建設後25年以上経過するもの70.7％（保有面積ベース2010年）
社会教育施設	公民館	15,913か所	およそ築53年が経過した移設4.5％（2008年）
治水施設	ダム	494か所	完成後50年以上経過するもの5％→35％（2007年→20年後）
	堰，水門，揚水機場，排水機場	10,191施設	設置後40年以上経過するもの約37.1％→60％（2010年→10年後）
農業水利施設	貯水池，頭首工等	7,356か所	用配水機場おおむね20年を超過するもの63％ 用排水路等おおむね40年を経過するもの約26％ 頭首工おおむね50年を超過するもの約23％
漁業施設	防波堤	1,321,348km	建設後50年以上経過しているもの約8％

（出所）　総務省行政管理局「社会資本の維持管理及び更新にかかる行政評価・監視結果報告書」（平成24年2月）

　インフラ資産の計画的かつ効率的な管理には，インフラの老朽化の程度や将来の維持・更新費用の見積などの基礎情報が必要である。これまでに，関連する多くの研究が公刊されている（小巻，2002；樺，2007, 2012, 2014；長野・大谷・増田・関谷・西川，2002；長野・南，2003；西村・宮崎，2012a, 2012b）。

これらの既存研究の関心は，いつどれだけの維持・更新費用が必要になり，それが現在の投資水準で賄えるのかということである。本章における分析もインフラの老朽化と維持・更新費用を扱うものだが，既存研究とは関心の対象が異なっている。われわれが関心があるのは，人々の福祉の水準が，現在のインフラ投資の水準で今後も維持できるのか（現在の投資水準を維持した場合，今後人々の福祉に貢献するインフラのストックはどう変化していくのか）という問題である。

内閣府統括官（2002）の言うように，インフラは「世代を超えるストック」である。インフラは，数十年というその耐用年数の間において，人々の福祉に貢献する様々なサービスを毎期生み出す。したがって，複数の世代がそれらの恩恵を受けるのである。持続可能な発展という観点からは，後の世代が享受できる資本サービスが他のもので代替されることがないのならば，前の世代が享受したそれよりも劣ることは望ましくない。

近年，国連大学と国連環境計画は，社会の生産基盤の能力を価値で表した新国富指標という新しい持続可能性分析のための指標の開発に取り組んでいる。現在世代と将来世代の両方を構成員とする社会を想定し，それが保有する富が時点をつうじて減少していないとき，その社会は経済的に持続可能な発展の経路上にあると言える。

新国富指標は，「弱い持続可能性」パラダイムにもとづくものであるので，様々な形態の資本（人工資本，自然資本，人的資本）の間に広い代替性を認めている。インフラは，新国富指標の理論的フレームワークにおいては人工資本に含まれる。国連大学と国連環境計画が発行している『包括的「富」報告書』（UNU-IHDP and UNEP, 2012, 2014）の作業的定義を採用するのならば，わが国においてインフラは，3つの資本（人工資本，自然資本，人的資本のうち教育資本）の価値の総計として定義される新国富の約8％ほどを占めている[5]。今後もインフラの価値の数十パーセントが損なわれ，それが供給しているサービスが他の形態の資本のサービスでも埋め合わせられないとしたら[6]，われわれの社会の経済的な持続可能性に対する大きな脅威となるだろう。

以下では，インフラの価値について，3つのシナリオの下に，地域（国内の8つの地方）ごとに2040年までの推計を試みる。第1のシナリオは，生活，産

業,農林,国土の各事業分野におけるインフラ投資の総額が,現状のまま維持されるというものである[7]。第2のシナリオは,人口減少によって政府の資金調達がより難しくなることを勘案したものであり,4つの事業分野の全人口1人当たりの投資額が現状のまま維持されるというものである。第3のシナリオは,人口減少に加えて少子高齢化を考慮したものであり,生産年齢人口1人当たりの事業分野別投資額が現状のまま維持されるというものである。第2のシナリオは,全ての者がインフラ投資を支えることを前提としている。これに対して,第3のシナリオは労働所得を得ている者のみがインフラ投資を支えることを前提としている[8]。

本章の構成は,以下のとおりである。まず,2節においてインフラの価値の推計方法について解説する。続く3節では,推計結果を報告する。始めに事業分野を横断する総計について,3つのシナリオごとに2015年から2040年までの総額と1人当たり額の変化を報告した後に,事業分野ごとの推計結果を示す。最後に,4節において,推計結果の含意について述べる。

2 資本としてのインフラの経済的評価

本章におけるインフラの価値の推計方法は,ベンチマークイヤー法と恒久棚卸法のハイブリッド版である。具体的には,以下の式に従って推計している。

$$K_t = (1-\delta)^t K_0 + \sum_{j=1}^{t} I_j (1-\delta)^{t-j}$$

K_tは減耗を考慮したt時点における純資産額であり,K_0は初期時点における純資産額である。1970年を初期時点として設定し,内閣府によるインフラ・ストック推計から,その時点におけるインフラの純資産額を得ている。なお,以下では,生活,産業,農林,国土の4つの事業分野ごとにインフラの価値を推計する。内閣府の推計は,15分野に分けてインフラの価値を推計しているので,以下の表にしたがって,それらを4つの事業分野にまとめている[9]。

推計式中のI_jは時点jにおける事業分野ごとの投資額であるが,以下のようにしてそれを得ている[10]。

図表16-2　事業目的別行政投資額の分類

①生活基盤投資（生活）	市町村道，街路，都市計画，住宅，環境衛生，厚生福祉（病院，介護サービス，国民健康保険，老人保健医療，介護保険公立大学付属病院の各事業を含む），文教施設，上水道及び下水道
②産業基盤投資（産業）	国県道，港湾（港湾整備事業を含む），空港及び工業用水
③農林水産投資（農水）	農林水産業関係
④国土保全投資（国土）	治山治水及び海岸保全
⑤その他の投資	失業対策，災害復旧，官庁営繕，鉄道，地下鉄，電気，ガス等上記①〜④以外の各事業

（出所）『平成25年度行政投資実績』（総務省）

① 県民経済計算に収録されている公的資本形成のデータから，公営企業の生産設備投資を除く。
② 行政投資実績のデータを用いて，生活，産業，農林，国土の4つの事業分野への按分比を計算する。
③ ①で得た投資額のデータを，②で得た按分比で分ける。

各時点における事業分野ごとの投資額を得るのに，このような複雑な手順をとるのは，以下のような理由があるからである。

① 県民経済計算に収録されている公的資本形成のデータは，事業分野ごとに分かれていない。
② 行政投資実績には，土地の収用や補償に関する費用が含まれている。

なお，これらのデータは都道府県ごとにとられているので，まず都道府県について投資額を求め，その後に8つの地域（北海道地方，東北地方，関東地方，中部地方，近畿地方，中国地方，九州地方）にまとめる[11]。

本章における分析と既存研究の最大の相違点は，前者が耐用年数経過後の除却のみを考慮した（減耗を考慮しない）粗資本ストックの推計を行っている[12]のに対して，ここでは減耗を考慮した（その代わり単純化のため除却を考慮しない）純資本ストックの推計を行っていることである[13]。これは両者の関心の違いによる。既存研究においては，更新時期に発生する置換費用あるいは不足額を知ることが目的とされているので，粗資本ストックの推計を行っているのである。われわれは人間の福祉に貢献する資本の能力を価値づけようとしてい

るので、純資本ストックを推計する。

　推計式中のδは減耗率であるが、地方公会計制度の耐用年数表（総務省モデル）と行政投資実績から、事業分野ごとの資本の平均耐用年数（加重平均）を求めて、その半分が経過したときに過去の投資の価値が半分になるように設定している。具体的には、生活、産業、農林、国土のそれぞれについて、40年、35年、30年、50年を平均耐用年数とし、減耗率を3.5％、5.0％、4.0％、3.0％に設定している。

　既述のように、将来のインフラの価値推計については、内閣府の社会資本ストックの価値の推計を含み、いくつかの研究がある。それらにおいては、耐用年数の半分が経過したときに災害に遭うことを仮定して、災害復旧費による調整が施されているが、本章の推計ではそのような調整をしていない。また、過去の資本価値については、実際に発生した災害による損害を勘案すべきだが、その調整もしていない。以下で行われる議論の基礎としては、粗い推計で十分だからである。

3 地域のインフラの評価額の将来推計

 事業分野を横断する総計

　図表16-3は、シナリオ①（2014年以降の投資総額が2010年水準で一定）の下における1990年から2040年までの各地域のインフラ・ストックの価値（総額）を表したものである。また、**図表16-4**は2015年から2040年までの3つのシナリオの下における各地域のインフラ・ストックの価値（総額）を示したものである。この表には、同期間における各地域の人口、総額、1人当たり額の成長率も示されている[14]。

　シナリオ①の下において、インフラ・ストックの価値（総額）は、1990年代までは単調に増加し続けた後、ほぼ同時期にピークをつけて（関東は2002年、北海道、東北、近畿は2003年、中部、中国、四国、九州は2004年）、減少に転じている。2015年から2040年までの価値の減少ペースがもっとも速いのは東北（△17.4％）であり、近畿（△13.5％）、北海道（△12.9％）がそれに続く。逆

に価値(総額)の減少ペースがもっとも遅いのは九州(△2.5%)であり、中国(△6.7%)、関東(△7.8%)がそれに続く。1人当たり額の成長率について見てみると、九州(16.1%)がもっとも高い成長率を経験し、それに四国(16.0%)、中国(13.5%)が続く。逆に1人当たり額の成長率が最も低いのは関東(3.0%)であり、それに近畿(3.1%)、中部(8.6%)が続く[15]。なお、このシナリオの場合、2015年から2040年までに、すべての地域において、インフラの価値の総額が減少するにもかかわらず、1人当たり額は増加する。この

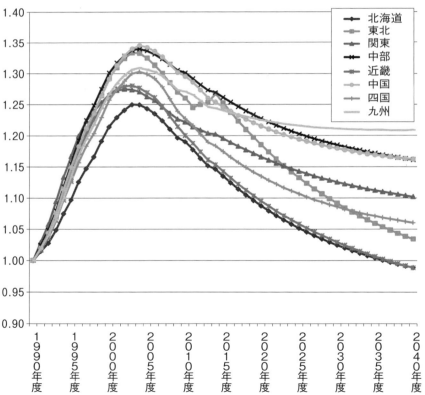

図表16-3 投資総額が一定のときの各地域のインフラの価値の将来推計

(注) 2014年の資本額(2013年の投資額)までは投資額の実績値にもとづく推計値。それ以降は、投資額が2010年度の水準に維持されると仮定した場合の推計値。
(出所) 筆者作成。

1人当たり額の伸びは，インフラの価値の総額の減少ペースよりも，人口の減少ペースの方が速いために生じている。

別のシナリオの下ではどのような結果になるだろうか。全人口がインフラ投資を支えると考えた場合（シナリオ②），各分野における1人当たり投資額が2010年度の水準で一定であるならば，インフラ・ストックの価値（総額）が2015年から2040年までの間にもっともはやく減少するのは，やはり東北（△24.9％）である。これに，北海道（△19.6％），四国（△18.0％）が続く。逆に価値（総額）の減少ペースがもっとも遅いのは九州（△9.0％）であり，それに四国（△10.3％），中国（△13.7％）が続く。1人当たり額の成長率について見てみると，九州（9.6％）がもっとも大きな伸びを経験し，それに四国（7.7％），中国（6.5％）が続く。逆に1人当たり額の成長率が最も低いのは近畿（△1.3％）であり，それに関東（0.5％），東北（1.6％）が続く。このシナリオにおいて，近畿はインフラの1人当たり額の成長率が負になる唯一の地域である。

生産年齢人口のみがインフラ投資を支えると考えた場合（シナリオ③），各分野における1人当たり投資額が2010年度の水準で一定であるならば，インフラ・ストックの価値（総額）が2015年から2040年までの間にもっともはやく減少するのは東北（△29.1％）である。これに，北海道（△25.1％），四国（△22.5％）が続く。逆に価値（総額）の減少ペースがもっとも遅いのは九州（△14.4％）であり，それに関東（△14.9％），中部（△17.5％）が続く。1人当たり額の成長率について見てみると，九州（4.2％）がもっとも大きな伸びを経験し，それに四国（3.2％），中国（2.2％）が続く。逆に1人当たり額の成長率が最も低いのは近畿（△5.2％）であり，それに関東（△4.1％），東北（△2.6％）が続く。このシナリオにおいては，8つの地域のうち5つ（北海道，東北，関東，中部，近畿）において，インフラの1人当たり額の成長率が負になる。

以上の結果から，インフラの価値の変化については，総額についても，1人当たり額についても，地域間にかなりの多様性があることがわかった。また，3つのシナリオの推計結果を，総額の減少率が大きい順に並べても，1人当たり額の成長率が小さい順に並べても，③，②，①の順になる。②は人口減少の

図表16-4 各シナリオの下における各地域

		2015年度	2020年度	2025年度	2030年度
北海道	①	41,190,783	39,460,857	38,154,177	37,169,541
	②	41,165,472	39,215,027	37,522,904	35,984,472
	③	41,108,635	38,754,128	36,582,578	34,585,454
東北	①	53,014,102	50,168,121	47,943,886	46,203,804
	②	52,963,199	49,724,756	46,898,156	44,344,696
	③	52,915,482	49,316,690	46,020,234	42,995,114
関東	①	121,212,256	118,190,610	115,883,159	114,121,613
	②	121,223,176	118,196,949	115,664,963	113,363,089
	③	121,080,647	117,102,287	113,540,851	110,261,082
中部	①	92,858,320	90,378,097	88,545,933	87,198,982
	②	92,819,015	89,981,019	87,488,747	85,157,989
	③	92,706,440	89,116,367	85,809,422	82,732,769
近畿	①	74,448,092	71,357,429	68,942,943	67,053,979
	②	74,427,094	71,129,331	68,299,131	65,758,948
	③	74,340,480	70,480,369	67,075,126	64,025,400
中国	①	39,148,117	38,188,486	37,510,683	37,039,711
	②	39,120,941	37,929,141	36,856,226	35,831,104
	③	39,066,704	37,512,211	36,048,708	34,688,442
四国	①	20,843,531	20,150,090	19,644,466	19,278,662
	②	20,876,433	20,183,319	19,453,960	18,695,316
	③	20,795,591	19,748,370	18,766,784	17,853,958
九州	①	64,315,795	63,536,274	63,064,174	62,807,728
	②	64,276,898	63,157,646	62,092,709	60,990,836
	③	64,190,978	62,444,125	60,606,094	58,774,265

(出所) 筆者作成。

影響を勘案し，③はさらに少子高齢化の影響を勘案したものであるから，この事実は人口の規模と構成の変化がインフラ・ストックの蓄積に大きな影響を及ぼすことを表している。

2 事業分野別

　以下では，生活，産業，農林，国土の順に，事業分野別に推計した地域のイ

第16章　人口減少に伴う国内地域の持続可能性予測と望ましいインフラ管理

のインフラの価値の将来推計

2035年度	2040年度	インフラの価値の減少率	人口減少率	1人当たり価値の成長率
36,429,508	35,874,894	−12.9%	−23.9%	11.0%
34,529,369	33,108,819	−19.6%	−23.9%	4.3%
32,685,959	30,798,603	−25.1%	−23.9%	−1.2%
44,840,924	43,772,096	−17.4%	−26.5%	9.1%
41,985,577	39,762,214	−24.9%	−26.5%	1.6%
40,192,548	37,529,555	−29.1%	−26.5%	−2.6%
112,777,061	111,750,827	−7.8%	−10.8%	3.0%
111,111,266	108,790,278	−10.3%	−10.8%	0.5%
106,892,140	103,088,974	−14.9%	−10.8%	−4.1%
86,214,109	85,498,415	−7.9%	−16.5%	8.6%
82,871,328	80,552,515	−13.2%	−16.5%	3.3%
79,692,073	76,459,268	−17.5%	−16.5%	−1.0%
65,573,764	64,411,751	−13.5%	−16.6%	3.1%
63,389,792	61,112,118	−17.9%	−16.6%	−1.3%
61,122,991	58,166,665	−21.8%	−16.6%	−5.2%
36,719,433	36,507,998	−6.7%	−20.2%	13.5%
34,810,922	33,767,651	−13.7%	−20.2%	6.5%
33,379,103	32,017,177	−18.0%	−20.2%	2.2%
19,016,483	18,830,709	−9.7%	−25.7%	16.0%
17,915,030	17,118,189	−18.0%	−25.7%	7.7%
16,985,877	16,114,008	−22.5%	−25.7%	3.2%
62,699,604	62,690,779	−2.5%	−18.6%	16.1%
59,799,166	58,482,374	−9.0%	−18.6%	9.6%
56,924,653	54,946,783	−14.4%	−18.6%	4.2%

ンフラ・ストックの価値の変化について報告する．なお，本文中においては，生産年齢人口のみがインフラ投資を支えると考えた場合（シナリオ③）のみについて結果を報告する．全ての事業分野において，事業分野を横断する総計についての結果と同様に，総額についても，1人当たり額についても，シナリオ③，②，①の順で成長率が低くなる．

図表16-5 ■生活関連インフラの

		2015年度	2020年度	2025年度	2030年度
北海道	①	17,211,275	16,845,361	16,539,154	16,282,911
	②	17,200,229	16,738,076	16,263,653	15,765,721
	③	17,175,424	16,536,929	15,853,274	15,155,159
東北	①	26,187,061	25,258,073	24,480,668	23,830,114
	②	26,161,258	25,034,147	23,953,232	22,891,664
	③	26,136,653	24,823,502	23,499,763	22,194,316
関東	①	90,155,051	88,445,423	87,014,758	85,817,536
	②	90,165,440	88,469,739	86,897,505	85,330,674
	③	90,061,353	87,672,082	85,352,976	83,075,334
中部	①	50,295,787	49,866,148	49,506,613	49,205,744
	②	50,275,686	49,659,630	48,948,772	48,117,103
	③	50,211,527	49,167,880	47,996,090	46,743,658
近畿	①	49,019,711	47,107,921	45,508,081	44,169,288
	②	49,008,224	46,979,276	45,136,558	43,410,215
	③	48,953,684	46,571,653	44,370,399	42,328,315
中国	①	19,605,117	19,387,094	19,204,647	19,051,970
	②	19,592,474	19,265,478	18,895,357	18,477,101
	③	19,565,229	19,056,872	18,493,071	17,909,669
四国	①	8,835,967	8,720,567	8,623,998	8,543,185
	②	8,827,918	8,645,249	8,437,784	8,205,367
	③	8,815,167	8,546,338	8,243,498	7,925,775
九州	①	32,074,858	31,967,710	31,878,045	31,803,011
	②	32,057,041	31,792,741	31,425,500	30,951,203
	③	32,014,450	31,440,260	30,693,583	29,862,113

(出所) 筆者作成。

① **生活関連**

　生活関連のインフラの価値が全体に占めるシェアは地域・時点・シナリオによって異なっているが，2015年の場合は平均すると53.5％ほどであり，すべての地域においてもっともシェアが大きい。また，東京，名古屋，大阪を含む関東，中部，近畿で高い傾向がある。

　図表16-5に示されているように，シナリオ③の下においては，すべての地

価値の将来推計

2035年度	2040年度	インフラの価値の減少率	人口減少率	1人当たり価値の成長率
16,068,480	15,889,038	-7.7%	-23.9%	16.2%
15,239,218	14,681,862	-14.6%	-23.9%	9.3%
14,434,714	13,673,633	-20.4%	-23.9%	3.5%
23,285,712	22,830,141	-12.8%	-26.5%	13.7%
21,842,564	20,800,681	-20.5%	-26.5%	6.0%
20,915,324	19,644,452	-24.8%	-26.5%	1.6%
84,815,666	83,977,273	-6.9%	-10.8%	3.9%
83,691,842	81,932,771	-9.1%	-10.8%	1.7%
80,616,145	77,760,378	-13.7%	-10.8%	-2.9%
48,953,968	48,743,275	-3.1%	-16.5%	13.4%
47,156,534	46,067,316	-8.4%	-16.5%	8.2%
45,355,835	43,744,364	-12.9%	-16.5%	3.7%
43,048,948	42,111,415	-14.1%	-16.6%	2.5%
41,754,774	40,140,644	-18.1%	-16.6%	-1.5%
40,340,508	38,298,788	-21.8%	-16.6%	-5.2%
18,924,205	18,817,288	-4.0%	-20.2%	16.2%
18,011,610	17,501,157	-10.7%	-20.2%	9.5%
17,301,156	16,630,523	-15.0%	-20.2%	5.2%
8,475,559	8,418,968	-4.7%	-25.7%	21.0%
7,949,897	7,673,326	-13.1%	-25.7%	12.6%
7,595,566	7,240,890	-17.9%	-25.7%	7.8%
31,740,220	31,687,675	-1.2%	-18.6%	17.4%
30,373,277	29,695,532	-7.4%	-18.6%	11.3%
28,960,797	27,954,679	-12.7%	-18.6%	5.9%

域において，2015年から2040年までの総額の変化率は負になる．総額の減少率がもっとも大きいのは東北（△24.8%）であり，近畿（△21.8%），北海道（△20.4%）がそれに続く．逆に総額の減少率がもっとも小さいのは九州（△12.7%）であり，中部（△12.9%），関東（△13.7%）がそれに続く．

1人当たり額については，四国の成長率（7.8%）がもっとも高く，九州（5.9%），中国（5.2%）がそれに続く．逆に1人当たり額の成長率がもっとも

図表16-6 ■産業関連インフラの

		2015年度	2020年度	2025年度	2030年度
北海道	①	9,227,388	8,597,502	8,197,602	7,961,385
	②	9,220,884	8,534,334	8,035,393	7,656,874
	③	9,206,279	8,415,903	7,793,770	7,297,388
東北	①	10,631,589	9,891,889	9,419,494	9,137,623
	②	10,618,284	9,776,351	9,147,682	8,655,294
	③	10,606,237	9,673,182	8,925,483	8,313,642
関東	①	16,955,059	16,190,777	15,783,758	15,623,097
	②	16,956,651	16,189,429	15,740,930	15,484,382
	③	16,932,435	16,003,230	15,379,142	14,955,507
中部	①	17,986,187	16,956,938	16,342,988	16,020,616
	②	17,977,192	16,866,657	16,103,991	15,561,203
	③	17,952,553	16,677,350	15,736,052	15,029,360
近畿	①	13,157,730	12,467,149	12,070,015	11,877,553
	②	13,151,765	12,405,031	11,900,514	11,544,719
	③	13,132,109	12,257,092	11,619,757	11,145,007
中国	①	9,037,260	8,696,505	8,535,104	8,495,796
	②	9,029,279	8,620,640	8,344,401	8,144,759
	③	9,013,934	8,502,340	8,114,602	7,818,864
四国	①	5,392,722	5,061,739	4,858,993	4,746,768
	②	5,438,916	5,219,149	4,974,967	4,718,560
	③	5,378,659	4,943,952	4,601,731	4,329,165
九州	①	12,487,062	12,291,565	12,298,129	12,435,289
	②	12,477,256	12,196,270	12,053,995	11,979,234
	③	12,455,871	12,018,749	11,684,288	11,428,337

(出所) 筆者作成。

低いのは近畿（△5.2％）であり，関東（△2.9％），東北（1.6％）がそれに続く。8つの地域のうち，関東と近畿のみが，2015年から2040年の間に1人当たり額の負の成長を経験する。

② 産業関連

産業関連のインフラの価値が全体に占めるシェアは地域・時点・シナリオに

第16章　人口減少に伴う国内地域の持続可能性予測と望ましいインフラ管理

価値の将来推計

2035年度	2040年度	インフラの価値の減少率	人口減少率	1人当たり価値の成長率
7,839,876	7,797,127	-15.5%	-23.9%	8.4%
7,351,623	7,086,367	-23.1%	-23.9%	0.8%
6,877,948	6,492,743	-29.5%	-23.9%	-5.6%
8,989,524	8,933,512	-16.0%	-26.5%	10.5%
8,249,982	7,896,570	-25.6%	-26.5%	0.9%
7,796,483	7,332,949	-30.9%	-26.5%	-4.4%
15,627,889	15,739,639	-7.2%	-10.8%	3.6%
15,330,448	15,217,230	-10.3%	-10.8%	0.5%
14,610,894	14,245,002	-15.9%	-10.8%	-5.1%
15,898,946	15,911,726	-11.5%	-16.5%	5.0%
15,148,967	14,804,866	-17.6%	-16.5%	-1.1%
14,451,443	13,907,020	-22.5%	-16.5%	-6.0%
11,824,725	11,864,263	-9.8%	-16.6%	6.8%
11,273,127	11,041,592	-16.0%	-16.6%	0.5%
10,750,228	10,365,008	-21.1%	-16.6%	-4.5%
8,536,998	8,628,809	-4.5%	-20.2%	15.7%
7,984,149	7,836,766	-13.2%	-20.2%	7.0%
7,575,382	7,337,557	-18.6%	-20.2%	1.6%
4,697,300	4,690,294	-13.0%	-25.7%	12.7%
4,458,509	4,199,989	-22.8%	-25.7%	2.9%
4,102,178	3,894,492	-27.6%	-25.7%	-1.9%
12,651,951	12,912,094	3.4%	-18.6%	22.0%
11,924,628	11,857,716	-5.0%	-18.6%	13.7%
11,210,998	10,981,142	-11.8%	-18.6%	6.8%

よって異なっているが，2015年の場合は平均すると20.2％ほどであり，すべての地域において2番目にシェアが大きい。

図表16-6に示されているように，シナリオ③の下においては，すべての地域において，2015年から2040年までの総額の変化率は負になる。総額の減少率がもっとも大きいのは東北（△30.9％）であり，北海道（△29.5％），四国（△27.6％），がそれに続く。逆に総額の減少率がもっとも小さいのは九州（△

図表16-7 ■農林関係インフラの

		2015年度	2020年度	2025年度	2030年度
北海道	①	8,451,629	7,792,764	7,274,124	6,866,789
	②	8,447,570	7,753,345	7,172,900	6,676,764
	③	8,438,456	7,679,441	7,022,120	6,452,433
東北	①	8,644,420	7,782,663	7,095,144	6,547,223
	②	8,638,518	7,730,833	6,972,412	6,329,104
	③	8,633,060	7,684,326	6,872,601	6,175,809
関東	①	4,516,678	4,163,064	3,884,635	3,665,896
	②	4,516,141	4,156,335	3,863,587	3,620,440
	③	4,511,939	4,123,449	3,798,661	3,525,662
中部	①	10,187,156	9,466,637	8,903,060	8,463,546
	②	10,182,955	9,425,560	8,796,856	8,263,134
	③	10,173,504	9,352,454	8,653,727	8,055,327
近畿	①	4,081,626	3,771,876	3,528,461	3,337,642
	②	4,080,358	3,758,893	3,493,538	3,269,801
	③	4,076,581	3,730,342	3,439,042	3,191,845
中国	①	4,808,449	4,440,752	4,151,660	3,924,912
	②	4,805,859	4,416,262	4,090,430	3,812,744
	③	4,801,218	4,380,537	4,021,113	3,714,606
四国	①	2,966,560	2,795,898	2,664,516	2,563,894
	②	2,964,152	2,773,463	2,609,291	2,464,094
	③	2,960,549	2,745,481	2,554,277	2,384,859
九州	①	10,133,710	9,681,241	9,341,546	9,089,032
	②	10,127,504	9,622,047	9,192,550	8,814,709
	③	10,116,391	9,528,724	8,995,962	8,519,499

(出所) 筆者作成。

11.8％）であり，関東（△15.9％），中国（△18.6％）がそれに続く。

　1人当たり額については，九州の成長率（6.8％）がもっとも高く，中国（1.6％），四国（△1.9％）がそれに続く。逆に1人当たり額の成長率がもっとも低いのは中部（△6.0％）であり，北海道（△5.6％），関東（△5.1％）がそれに続く。8つの地域のうち，中国と九州を除く6つの地域において，2015年から2040年の間の1人当たり額の成長率が負になる。

第16章　人口減少に伴う国内地域の持続可能性予測と望ましいインフラ管理

価値の将来推計

2035年度	2040年度	インフラの価値の減少率	人口減少率	1人当たり価値の成長率
6,547,670	6,298,358	-25.5%	-23.9%	-1.6%
6,242,985	5,854,821	-30.7%	-23.9%	-6.8%
5,947,396	5,484,381	-35.0%	-23.9%	-11.1%
6,111,060	5,764,293	-33.3%	-26.5%	-6.8%
5,776,477	5,295,187	-38.7%	-26.5%	-12.2%
5,572,938	5,042,035	-41.6%	-26.5%	-15.1%
3,494,473	3,360,501	-25.6%	-10.8%	-14.8%
3,413,699	3,233,387	-28.4%	-10.8%	-17.6%
3,287,937	3,069,592	-32.0%	-10.8%	-21.2%
8,121,926	7,857,392	-22.9%	-16.5%	-6.3%
7,799,405	7,386,713	-27.5%	-16.5%	-10.9%
7,527,099	7,038,209	-30.8%	-16.5%	-14.3%
3,188,460	3,072,181	-24.7%	-16.6%	-8.1%
3,076,924	2,906,812	-28.8%	-16.6%	-12.2%
2,974,858	2,775,100	-31.9%	-16.6%	-15.3%
3,747,535	3,609,187	-24.9%	-20.2%	-4.7%
3,571,630	3,358,104	-30.1%	-20.2%	-9.9%
3,448,973	3,208,890	-33.2%	-20.2%	-12.9%
2,487,291	2,429,385	-18.1%	-25.7%	7.6%
2,332,518	2,210,494	-25.4%	-25.7%	0.3%
2,232,098	2,088,126	-29.5%	-25.7%	-3.8%
8,903,613	8,769,559	-13.5%	-18.6%	5.2%
8,471,392	8,149,409	-19.5%	-18.6%	-0.9%
8,088,099	7,680,159	-24.1%	-18.6%	-5.5%

③　農林関連

　農林関連のインフラの価値が全体に占めるシェアは地域・時点・シナリオによって異なっているが，2015年の場合は平均すると12.4％ほどである。4つの事業分野の中でシェアの順位は，地域によって異なるが，3番目か4番目である。

　図表16-7に示されているように，シナリオ③の下においては，すべての地

279

図表16-8 ■国土関連インフラの

		2015年度	2020年度	2025年度	2030年度
北海道	①	6,300,491	6,225,230	6,143,297	6,058,456
	②	6,296,789	6,189,272	6,050,958	5,885,112
	③	6,288,475	6,121,855	5,913,414	5,680,473
東北	①	7,551,033	7,235,496	6,948,579	6,688,844
	②	7,545,139	7,183,426	6,824,831	6,468,635
	③	7,539,533	7,135,680	6,722,386	6,311,347
関東	①	9,585,469	9,391,345	9,200,009	9,015,085
	②	9,584,944	9,381,445	9,162,941	8,927,593
	③	9,574,921	9,303,526	9,010,072	8,704,579
中部	①	14,389,190	14,088,375	13,793,272	13,509,076
	②	14,383,182	14,029,172	13,639,128	13,216,549
	③	14,368,856	13,918,684	13,423,552	12,904,425
近畿	①	8,189,024	8,010,483	7,836,386	7,669,496
	②	8,186,746	7,986,131	7,768,521	7,534,213
	③	8,178,106	7,921,282	7,645,927	7,360,233
中国	①	5,697,291	5,664,134	5,619,272	5,567,033
	②	5,693,329	5,626,761	5,526,037	5,396,501
	③	5,686,324	5,572,462	5,419,922	5,245,303
四国	①	3,648,282	3,571,886	3,496,959	3,424,815
	②	3,645,446	3,545,458	3,431,917	3,307,295
	③	3,641,217	3,512,599	3,367,278	3,214,159
九州	①	9,620,165	9,595,758	9,546,454	9,480,396
	②	9,615,097	9,546,588	9,420,664	9,245,691
	③	9,604,266	9,456,393	9,232,261	8,964,317

(出所) 筆者作成。

域において，2015年から2040年までの総額の変化率は負になる。総額の減少率がもっとも大きいのは東北（△41.6％）であり，北海道（△35.0％），中国（△33.2％）がそれに続く。逆に総額の減少率がもっとも小さいのは九州（△24.1％）であり，四国（△29.5％），中部（△30.8％）がそれに続く。

　農林関連のインフラについては，1人当たり額も，（人口が減少するにもかかわらず，）すべての地域において変化率が負になる。四国の減少率（△

第16章　人口減少に伴う国内地域の持続可能性予測と望ましいインフラ管理

価値の将来推計

2035年度	2040年度	インフラの価値の減少率	人口減少率	1人当たり価値の成長率
5,973,482	5,890,372	-6.5%	-23.9%	17.4%
5,695,543	5,485,769	-12.9%	-23.9%	11.0%
5,425,902	5,147,846	-18.1%	-23.9%	5.8%
6,454,629	6,244,151	-17.3%	-26.5%	9.2%
6,116,553	5,769,776	-23.5%	-26.5%	3.0%
5,907,803	5,510,119	-26.9%	-26.5%	-0.4%
8,839,032	8,673,413	-9.5%	-10.8%	1.3%
8,675,277	8,406,891	-12.3%	-10.8%	-1.5%
8,377,163	8,014,001	-16.3%	-10.8%	-5.5%
13,239,270	12,986,022	-9.8%	-16.5%	6.8%
12,766,422	12,293,621	-14.5%	-16.5%	2.0%
12,357,696	11,769,675	-18.1%	-16.5%	-1.6%
7,511,632	7,363,893	-10.1%	-16.6%	6.5%
7,284,967	7,023,070	-14.2%	-16.6%	2.4%
7,057,396	6,727,769	-17.7%	-16.6%	-1.1%
5,510,695	5,452,713	-4.3%	-20.2%	15.9%
5,243,533	5,071,624	-10.9%	-20.2%	9.3%
5,053,593	4,840,206	-14.9%	-20.2%	5.3%
3,356,333	3,292,061	-9.8%	-25.7%	15.9%
3,174,106	3,034,380	-16.8%	-25.7%	8.9%
3,056,035	2,890,499	-20.6%	-25.7%	5.1%
9,403,820	9,321,452	-3.1%	-18.6%	15.5%
9,029,869	8,779,718	-8.7%	-18.6%	9.9%
8,664,759	8,330,803	-13.3%	-18.6%	5.4%

3.8%）がもっとも小さく，九州（△5.5%），北海道（△11.1%）がそれに続く。逆に1人当たり額の減少率がもっとも大きいのは関東（△21.2%）であり，近畿（△15.3%），東北（△15.1%）がそれに続く。

④　国土関連

　国土関連のインフラの価値が全体に占めるシェアは地域・時点・シナリオに

よって異なっているが，2015年の場合は平均すると13.9%ほどである。4つの事業分野の中でシェアの順位は，地域によって異なるが，3番目か4番目である。

図表16-8に示されているように，シナリオ③の下においては，すべての地域において総額の変化率が負になる。総額の減少率がもっとも大きいのは東北（△26.9%）であり，四国（△20.6%），北海道と中部（△18.1%）がそれに続く。逆に総額の減少率がもっとも小さいのは九州（△13.3%）であり，中国（△14.9%），関東（△16.3%）がそれに続く。

1人当たり額については，正と負の成長率を経験する地域がある。北海道の成長率（5.8%）がもっとも高く，九州（5.4%），中国（5.3%）がそれに続く。逆に1人当たり額の成長率がもっとも低いのは関東（△5.5%）であり，中部（△1.6%），近畿（△1.1%）がそれに続く。

4 おわりに

以上が事業を横断する総計と事業分野別のインフラの価値の推計結果である。総じて東北の見通しが悪く，九州が良いという特徴があるが，総額や1人当たり額の変化のペースには，地域と事業分野によってかなりの多様性があることが確認できた。

この推計結果の含意はなんだろうか。シナリオ②や③の仮定は，人口の減少や高齢化というコンテクストが，インフラ投資のための政府の資金調達を難しくすることを反映したものである[16]。厳しい財政制約の下において，いつ，どこで，どのような分野のインフラに投資するかという問題は重要性を増している。われわれがインフラ投資によって世代をつうじた福祉を維持していきたいと望むのであれば，限られた，そしてますます縮小するだろう予算を，時間・空間・事業分野の間で効率的に配分していかなければならない。

本章の推計においては，全てのインフラ投資を政府が資金調達して行うと仮定した。政府による資金調達が難しいのであれば，PFI（Private Finance Initiative）によって民間の資金やノウハウを活用すればよいではないかという意見もあろう。実際，PFIは，インフラの維持・更新に関する問題の有望な

解決策のひとつとして様々なところで提案されている（根本，2011；藤波 2014）。しかし，民間からの投資が期待できるのは，事業性の高いものだけであろう。例えば，人口の密集地において行われる事業だけに資金が回るようであれば，地域間においてインフラ・サービスへのアクセスの格差が生まれ，人々の福祉にも影響する。また，生活関連の基礎的なサービスの供給主体が民間に変わることで生じる新たな問題もあろう。

インフラの維持・更新に関する問題の解決策の1つとして，細やかな管理活動による長寿命化や，前倒し投資による時点をつうじた支出の平準化，サービス水準を維持したままの施設の廃止と集約なども提案されているが，その前提となるのは，いつまで，またはいつから，どこで，どのような分野のインフラが必要あるいは不要とされているかという情報である。本章で行ったような，現在の投資水準を維持したときの資本ストックの将来推計は一時的な近似に過ぎず，本来必要なのは実地調査による住民の意向および施設の老朽化の把握とそれに基づいた費用の推計である。現在は施策を検討するための基礎情報があまりにも少ないので[17]，域内におけるトータルの管理（マクロ・マネジメント）と個々の施設の管理（ミクロ・マネジメント）を結び付けることができないでいる。早急にインフラの老朽化の程度と維持・更新費用の「見える化」を進めなければならない。また，限られた資金を用いて効率的に維持・更新を進めるには，事業の優先順位を決めるための判断基準がまず確立されなければならない。インフラの維持・管理というのは単なるハードの問題ではない。それに関する意思決定過程を統治する制度の改革を含めた，総合的なマネジメントが必要とされているのである。

謝辞

九州大学都市研究センターの山口臨太郎氏には，原稿を読んでいただき大変有益なコメントをいただいた。感謝を申し上げたい。

■注
1　本章における「インフラ」とは，国民生活や経済活動を支える道路・橋・港湾施設などの有形の社会資本を指す。
2　国土交通省は，下記のURLで，インフラの老朽化と将来予測についての情報を公開し

ている。

http://www.mlit.go.jp/sogoseisaku/maintenance/02research/02_01.html

3　『平成21年度版国土交通白書』の図表66「維持管理・更新費の推計（従来どおりの維持管理・更新をした場合）」に付された説明による。

4　平成15年度から，政府は社会資本整備事業を重点的，効果的かつ効率的に推進するために5カ年の社会資本整備重点計画を策定しており，現在は第3次計画の下で社会資本整備が進められている。

5　インフラの価値が新国富に占めるシェアは，以下のような粗い推計によって得ている。国連の『包括的「富」報告書』によれば，2010年におけるわが国の新国富は約54.7兆USドルであり，人工資本の価値は約20.7兆USドルである。したがって，わが国の新国富に占める人工資本の価値は約40％ということになる。また，国民経済計算（内閣府）によれば，1970年から2014年までに公共資本投資（公営企業の生産設備投資を除く）が総固定資本形成に占めていたシェアは平均して約20％であった。もし投資額における公共部門のシェアがストック額におけるそれと等しいのならば，新国富に占めるインフラの価値は約8％ということになる。なお，上記の粗い推計において，電話，鉄道，郵便のような民営化された部門が保有する資本については，そもそも「公営企業の生産設備」として除かれているから，これらの調整を考えなくてもよい。

6　わが国において，人工資本，自然資本，教育資本の価値の総計として定義された新国富に占めるそれぞれの形態の資本の価値は，人工資本と教育資本がほとんどを占め，自然資本はわずかな割合を占めているにすぎない。なお，人工資本と教育資本の価値のシェアはほぼ均等である。このような状況から，人工資本の一部であるインフラの価値が数十％減少するとき，それを自然資本の価値の増加によって埋め合わせることは現実的ではないし，人口減少・高齢化社会というコンテクストにおいては，教育資本の価値の増加でそれを埋め合わせることも難しい。

7　各事業分野の投資額（総額や1人当たり額）が現在の水準のまま維持されるというのは単純な仮定であるが，各地域におけるインフラ投資の構成の変化を予測することは難しいし，一次的な近似としては悪くないだろう。

8　第3のシナリオでは，政府支出をまかなうための現在の税負担構造が将来的にも維持されることが暗黙に仮定されている。しかし，高齢者にも一定の負担を求めるように税制は今後変わっていくかもしれない。

9　本章では，「その他」の分野に該当する資本についての報告は行わない。

10　内閣府政策統括官（2012）において，同じ方法で事業分野ごとの投資額のデータを得ている。

11　本章の推計には沖縄県は含まれていない。本土復帰前の1970年を初期時点としていること，1970年から1972年の本土復帰までの投資額データを欠いていることが理由である。

12　既存研究の多くにおいては，除却時（耐用年数経過時）まで資本価値は一定とされ，そのタイミングで取得時と同額の更新費用が生じると仮定している。もしその時点における投資額が更新費用に満たない場合は，除却によって不足部分に相当する粗資本ストックが減少する。

13　本来であれば除却と減耗の両方を考慮した推計が望ましいが，除却についての追加的な仮定が必要になるし，推計手続が複雑になってしまう。恣意性と複雑化を避けるために，本章の推計では除却については考慮していない。

14　都道府県の将来の人口については，国立社会保障・人口問題研究所の『日本の地域別将

来推計人口（平成25年3月推計）』（http://www.ipss.go.jp/pp-shicyoson/j/shicyoson13/t-page.asp）からデータを得ている．

15　各事業分野における投資総額を2010年度の水準に維持するのにもかかわらず，時間を経るにしたがって地域間にインフラの価値の総額や1人当たり額に関する格差が生じるのは，地域によってインフラのビンテージ構成が異なるからだと思われる．一般に東日本（北海道・東北・関東）と近畿では，早期に多額のインフラ投資が行われたために，資本のビンテージ構成は古い方に偏っている．

16　中央から地方への政府間補助金があるので，総人口や労働人口の減少ペースの差は，ただちにインフラ・ストックや資本サービスへのアクセスの変化に差を生じさせないかもしれない．しかし，長期的には前者の差が後者の差につながっていくと考えられる．

17　一部のインフラについては，平成25～26年度に，政令や省令によって定期点検が義務化されたが，先進的な自治体を除くと，新たな基準に基づく点検は着手されたばかりである．
http://www.mlit.go.jp/sogoseisaku/maintenance/02research/02_02.html

■参考文献

樺　克裕（2007）「社会資本ストックの維持に必要な行政投資額の将来推計」『計画行政』30(3)：79-86.

樺　克裕（2012）「社会資本の維持・更新と行政投資—シミュレーションによる都道府県別行政投資の将来推計—」齊藤愼編『地方分権化への挑戦—「新しい公共」の経済分析』第9章：203-232　大阪大学出版会.

樺　克裕（2014）「都道府県別社会資本の老朽化の検証」『八戸学院大学紀要』48：1-8.

小巻泰之（2002）「社会資本のヴィンテージと維持更新コスト」，『社会資本の資産評価に関する研究』，財政経済協会：39-58.

内閣府政策統括官（2002）『日本の社会資本　世代を超えるストック』国立印刷局.

内閣府政策統括官（2012）『日本の社会資本2012』国立印刷局.
www5.cao.go.jp/keizai2/jmcs/docs/pdf/jmcs2012.pdf

長野幸司・大谷悟・増田圭・関谷浩孝・西川雅史（2002）「今後の社会資本整備についての基礎的研究」『国土交通政策研究』，11.

長野幸司・南衛（2003）「社会資本の維持更新に関する研究」『国土交通政策研究』第32号.

西村隆司・宮崎智視（2012a）「分野別社会資本のストックと維持・更新投資額の将来推計」東洋大学経済学部　Working Paper No. 6. https://www.toyo.ac.jp/uploaded/attachment/2603.pdf

西村隆司・宮崎智視（2012b）「社会資本の維持・更新投資額の将来推計とPPPの導入効果の計測」『会計検査研究』，46：79-96.

根本祐二（2011）『朽ちるインフラ　忍び寄るもうひとつの危機』日本経済新聞出版社.

藤波匠（2014）『次世代の社会資本整備に向けたPFIの在り方』JRIレビュー　2014(5)：35-54.

UNU-IHDP and UNEP（2012）*Inclusive Wealth Report 2012: Measuring Progress Toward Sustainability*, Cambridge: Cambridge University Press（植田和弘・山口臨太郎訳『国連大学包括的「富」報告書』明石書店，2014年）.

UNU-IHDP and UNEP（2014）*Inclusive Wealth Report 2014: Measuring Progress Toward Sustainability*, Cambridge: Cambridge University Press.

第17章
世界の人口とインフラ資本

1 はじめに

　経済成長におけるインフラの重要性は広く指摘されているが，一般に，途上国では新たなインフラ投資の収益率が高く，基本的なインフラ整備により先進国にキャッチアップする必要性がうたわれる一方，先進国においては，既存インフラの更新やメンテナンス，インフラの質の向上やスマート化，人口減少下での縮小が重要と指摘されることが多い。また気候変動等による自然災害への対応を念頭に，既存インフラの強化が必要とされるのは，所得水準に依らず世界共通である。

　インフラストラクチャーは，文字通りには下部構造を意味することから，ちょうど生態系サービスの中での基盤サービスのように，富を構成する人工資本の中でも基盤としての位置にあると考えられる。人工資本は1992～2010年の世界全体の富の18%を占め，多くの国で12～28%の範囲に収まるとされているが（UNU-IHDP and UNEP, 2014），このうちどれほどがインフラかを想定するのは難しい。OECD諸国の一部については，国民経済計算からインフラ投資データを構築することはできるが，公的・民間に分けることは難しい（Blundell-Wignall and Roulet, 2015）[1]。一方，人工資本は，所有者によって住宅資本，法人資本，公的資本に分けられるが，インフラはこのうち公的資本とほぼ同じとみなされることが多いため，本章でもインフラを公的資本と同義と想定する。ただし厳密には，公的資本には土地のようなインフラ以外の資本も含まれるし，逆にインフラには民間企業や公的企業が整備して所有しているものも含まれる（IMF, 2014）[2]。

では，インフラ資本は，持続可能な発展の指標の1つである新国富（包括的富）の変化とどのような関係にあるのだろうか。さらには，将来的な人口増加や人口減少はインフラ整備にどのような影響をもたらすのだろうか。こうした問題を検討するため，本章では，インフラ資本の特徴を富の視点からまとめ，概念モデルを提示する。本章の後半では，世界の人口とインフラについて既存の将来予測を参照しつつ，人口が与えるインフラへの影響について考察する[3]。

2 インフラ資本の費用と便益

 費用と便益の期間配分構造

インフラ整備は初期に大規模なコストが発生するのに対し，便益は数十年（場合によっては百年以上）にわたって享受される。コストと便益の発生するタイミングに乖離があることから，気候変動に関するプロジェクトと同様に，割引率によって費用便益分析の結果が大きく左右されると考えられる。

このタイミングは，実務上，初期に大規模な資本整備と資金調達が必要となることを意味する。そのためODAや国際金融機関による支援や，官民連携，民間資金やいわゆるインフラ・ファイナンスの活用が検討されることも多い。近年では，新興国経済でのインフラ需要への対応から中国主導で設立されたアジアインフラ投資銀行（AIIB）が話題になっているが，英国のような国内レベルでもインフラ銀行の設立が重要と指摘されている（Helm, 2014）。

 短期的な需要サイドへの効果

インフラ資本の整備は政府支出でもあるため，短期的には，まず乗数効果により総需要を押し上げる効果がある一方で，毎期税収入で賄えない限り，財政赤字を増やすことになる。財政運営の長期的な目安となる公債・GDP比が増えるかどうかは，乗数効果と，総需要押し上げによって増える税収（税収のGDP弾力性）とのバランスによって決まる。実際，IMFの世界経済見通しでは，先進国ではインフラ投資のために国債を発行しても，GDP上昇が相殺するので，公共投資の効率性，資金調達（国債発行のほうが増税や歳出削減より

GDP効果が高い）を考慮しても，債務GDP比率は高くならないというシミュレーション結果が示されている（IMF, 2014）。先進国経済は，資本稼働率が低く金融政策が緩和的であるため，インフラ投資にはよいタイミングであると同書は結論付けている。ただし，GDPと消費とが必ずしも同じ方向に動くとは限らないことから，消費に対する影響が異なる可能性もある。Ganelli and Tervala（2016）は動学的一般均衡モデルにより，公共投資が1ドル増えたときの私的消費の増分（厚生乗数）を0.8としている。

こうした需要サイドへの効果は，長期的な持続可能性の指標である富の変化に対する影響としてはあまり重要ではない。特に公債は，負のストックのようにも思われるが，保有者が国内に限定されていれば，マクロ的には相殺されるため国の富に直接の影響はない[4]。

 長期的な供給サイドへの効果

インフラ資本は，長期的には供給サイドで経済全体の生産性に貢献する効果を持つ。例えばCanning and Bennathan（2000）は，人工資本，人的資本，インフラ資本を生産要素とするマクロ生産関数を想定し，電力や道路インフラとその他の人工資本の社会的収益率を比較している。電力にせよ道路にせよ，人工資本や人的資本との補完性が高く，他の資本が増えない中でインフラ資本だけが増えると急激に収益率は低下する。そのため，インフラ資本の供給は過剰にも過少にもなりやすい。

総じて，先進国では人的資本と人工資本の補完性が大きいが，投資財も安価なので人工資本の収益率は高い。また電力や道路インフラが不足している途上国でもインフラ資本の収益率は高く，特に貧困国では電力インフラ，中所得国では道路インフラの収益率が高い（Canning and Bennathan, 2000）。

 外部効果

長期的な供給サイドへの効果に関連して，インフラは大きな外部性を持つ財である。外部性とは，市場の外部を通じた効果がある，あるいはもっと広義に，意思決定に参加しなかった人に対する影響があるという意味である（Dasgupta, 2007）。一般に，財・サービスに正の外部性がある場合は過少供給に，負の外

部性がある場合は過剰供給になる。

仮想的な事例として，ある国のA州政府が舗装道路の整備事業を実施するかどうかを検討しているとする。A州政府の当初の目的は，農産物等の流通アクセスの向上，地域住民の移動の容易化，これらによる地域経済活性化だったとする。この目的に基づいて事前の費用便益分析を行ったところ，純便益がプラスとなったため，事業が実施された。道路の活用が始まって数年が経ち，事後的な政策評価を行ったところ，当初見込んでいたこれらの目的だけでなく，定性的に次のような影響が報告された。

- 子供たちは，以前はけものみちを通って2時間かけて学校に通っていたが，現在は農産物を運ぶトラックに乗せてもらい，30分で通学できるようになった。
- 一方で，トラックの往来が激しくなり，道路沿線の住民は口々に空気が悪くなったと訴えている。沿線の事業所へのアンケート調査からも，騒音や粉じんの増加が認められた。

こうした教育や環境に対する影響は，プラスのものもマイナスのものもあるが，事前の政策評価の際に考慮されなかったという点でいずれも外部性である。外部性は，インフラ資本の整備でもたらされる福祉の変化としてとらえることができる。具体的には，教育達成度の向上（人的資本の増加），大気汚染（自然資本の減耗），もしくは健康への影響（人的資本の減耗）として測定し，インフラの直接的な便益と合わせ，富への影響として含めることができる。結局，インフラ整備事業を行うかどうかの判断は，人工資本，人的資本，自然資本すべてへのネットの影響が合計でプラスになるかどうかで決まる（Dasgupta, 2009）。湾岸産油国における今後の電力インフラ投資が新国富にもたらす影響を分析している Collins et al.（2017）では，電力インフラ投資はGDPの増加を通じて人工資本と人的資本の増加に貢献する一方，資金調達のため必要な原油輸出により自然資本を失うと想定されている。

 5　貧困削減への寄与

直観的にも明らかなように，インフラは貧困削減に資する。2015年に国連で採択された持続可能な開発目標（SDGs）では，9番目の目標として「強靭

（レジリエント）なインフラ構築，包摂的かつ持続可能な産業化の促進及びイノベーションの推進を図る」とされている。

澤田（2000）は，インフラ整備が貧困削減に資する経路として大きく2つを指摘している。まず，インフラの整備が農業生産性の向上，非農業所得の上昇，円滑な市場経済化等を通じて，慢性的貧困を削減する（恒常所得を向上させる）。また，自然災害による被害を軽減するインフラは，一時的貧困を削減することにもなる。特に借入制約に直面する家計は，一時的貧困によって，教育など今期の投資を減らす行動をとりやすい。さらに，衛生インフラへのアクセスが子供の健康（乳児死亡率，幼児死亡率，栄養失調）に影響することも予想される（Fay et al., 2005）。

こうしたことから，インフラ資本の整備は，一時的貧困の軽減や，健康状態の改善を通じて，貧困国の人的資本の増加に資する可能性がある。また，安全な水や電気などは人々の生存に必要不可欠であるため，自然資本と同じように，それを下回ると人々の福祉が大幅に低下するようなクリティカルな水準が存在するといえる。逆に，自然資本と大きく異なる点は，不可逆性と不確実性が小さい点である。

3 富とインフラ資本の概念モデル

前節より，インフラ資本の特徴を富の観点でまとめると
- 人工資本の一部に含まれ，公的な人工資本とほぼ同義である
- 他の人工資本と同じく，不可逆性と不確実性は小さい
- 貧困国では，生存に必要な最低水準（閾値）が存在する
- 他の人工資本，人的資本との補完性が大きい。ただし，発展段階により代替の弾力性は異なる
- 人的資本，自然資本への外部効果がある

となる。こうした点を踏まえ，富にインフラ資本を加味した概念モデルを考える[5]。人工資本と公共資本ストックの混合経済を最初に定式化したのはArrow and Kurz（1970）である。Barro（1990）が内生的成長モデルにおいて公的支出フローをモデル化し，Futagami et al.（1993）はそれを拡張して公的資本を

ストック変数とした。2.4節のように、道路インフラが教育達成度の向上（人的資本の増加）、大気汚染（自然資本の減耗）という外部性を持つとする。人工資本K、インフラ資本G、自然資本E、人的資本Hの各資本の動学は、

$$\dot{K}=(1-\tau)K\phi\left(\frac{G}{K}\right)-C,\ \dot{G}=\tau K\phi\left(\frac{G}{K}\right)-\gamma G,\ \dot{E}=\rho E-\psi G,\ \dot{H}=[g_P+r'AG]H$$

と表される。ここで、τ：生産に対する課税率、$K\phi\left(\frac{G}{K}\right)$：生産関数（$\phi'>0$, $\phi''<0$)、γ：インフラ資本の減耗率、ρ：自然資本の浄化率、ψ：インフラが自然資本に与える被害率、g_P：（外生的）人口成長率、r'：教育の限界収益率（インフラ資本の関数）、A：教育の達成度である。社会的福祉を、

$$V(K,G,E,H,t)=\int_t^\infty U(C,E)e^{-\delta(s-t)}ds$$

と表すと、ある資源配分メカニズムにおける各資本のシャドー価格（効用単位）を$p_i\equiv\partial V/\partial i$ ($i=K,G,E,H$) として、持続可能性指標としての富の変化は、

$$\dot{K}+\frac{p_G}{p_K}\dot{G}+\frac{p_E}{p_K}\dot{E}+\frac{p_H}{p_K}\dot{H}$$

で測定することになる。ここで、金額ベースで表したインフラ資本のシャドー価格の変化率は、

$$\frac{\dot{p}_G}{p_G}-\frac{\dot{p}_K}{p_K}=\left[(1-\tau)+\tau\frac{p_G}{p_K}\right](1-\eta)\phi-(1-\tau)\phi'\frac{p_K}{p_G}-\left(1+\frac{p_H}{p_G}r'AH\right)(\tau\phi'-\gamma)+\frac{\psi p_E}{p_G}$$

となり、インフラ資本から人工資本、人的資本、自然資本への効果が含まれていることがわかる[6]。

4 世界のインフラ需要の決定要因と予測

　世界銀行は、世界のインフラ需要予測を一貫して実施している。クロスカントリーで多くの国のインフラ需要予測を行ったFay and Yepes (2003) は、あ

る国における今期のあるタイプのインフラ資本の需要が，

$$I_t = \alpha_0 + \alpha_1 I_{t-1} + \alpha_2 y_t + \alpha_3 A_t + \alpha_4 M_t + \alpha_5 d_i + \alpha_6 d_t + \epsilon_i$$

によって決まるとした。ここで右辺は，I_{t-1}が前期のインフラ資本，y_tが1人当たり所得，A_tは農業のGDPシェア，M_tは製造業のGDPシェア，最後の3項は国固定効果，期間ダミー，誤差項である。通常，財の需要関数は，価格と所得の関数であるが，ここで各国のインフラ財の価格や技術の差は国固定効果に含まれている。具体的なインフラ資本（被説明変数）は，千人当たり電話線，千人当たり携帯電話加入者数，1人当たり発電能力，千人当たり鉄道総延長，面積当たり舗装道路延長，上下水道へのアクセスのある世帯比率である。低中所得国，高所得国別にモデルがOLS推定され（水，衛生，携帯電話は全サンプル），このほかにも人口密度と都市人口比率もプラスの効果があった。いずれも決定係数が極めて高いことから，今後10年の予測に使われている。

　Ruiz-Nuñez and Wei（2015）は，上記Fay and Yepesのモデルと145カ国，1960〜2012年の膨大なインフラ資本データを用いて需要予測を行っている。その結果，新興・途上国において2014〜20年に既存インフラのサービスを維持しつつ新しい需要を満たすのに必要な額を，年間8,360億ドル（GDPの6.1%に相当）と推計しており，現在の実績を倍増させる必要があるとしている。

　また，各民間コンサルティング会社や金融機関も，民間企業の投資機会につながることから，インフラの需要予測を公表している。例えばプライスウォーターハウス・クーパース（PwC）は，世界のインフラ投資の中心が欧米からアジアにシフトし，2012年の年間4兆ドルから，2025年には年間9兆ドル超にまで増えると予測している[7]。地域別には，中国をはじめとする新興国がほぼ半分を占めるようになり，先進国は全体の3分の1程度を占めるに過ぎなくなる。一方で，人口構造も重要となり，例えば少子高齢化が進む日本や西欧ではヘルスケア施設，若年人口が人口の大半を占めるサブサハラアフリカ，中東，アジア太平洋では学校が必要になる，としている[8]。手法の違いはあるものの，各機関が公表しているインフラ需要予測は，年間2〜4兆ドル，新興・途上国に限れば8千億ドル〜2兆ドルの範囲となっている。

　Fay and Yepesより，インフラ需要を決める要因として，1人当たりGDP，

人口密度，都市人口が重要であることがわかる（ただし鉄道等には，人口密度がマイナスに働く）。一般に，人口が増加（減少）するとインフラ需要は増える（減る）と考えられているが，Ruiz-Nuñez and Weiの結果によれば，人口成長率の影響は一概には言えず，特に衛生インフラ等に対しては有意にマイナスの効果が出ている。

5 人口変化とインフラ需要

インフラ需要の決定要因の今後の変化

まず，世界の将来人口について，国連人口部の最新の予測では，これまで恣意的と批判されてきた合計特殊出生率の想定にベイズ統計的な手法が使われて改良されている。その結果，2050年までに世界の人口は現在の73億人から97億人まで，2100年には112億人まで増加するとされている。2060年ごろまでは人口増加の大半が途上国と最貧国である（**図表17-1参照**）。アフリカでの少子化

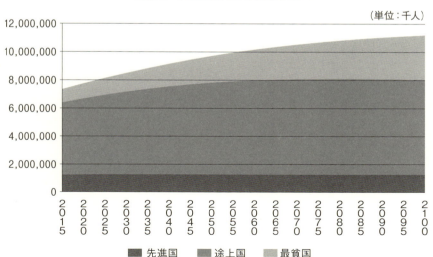

図表17-1 世界人口の将来予測

（出所）　UNDESA (2015). World Population Prospects: The 2015 Revision，中位推計より作成。

の速度がアジアほどではないと予想されることなどから，今世紀中に人口増加のペースは衰えるものの，増加そのものが止まる見込みは小さくなっている（Gerland et al., 2014）。また，2050年には人口の約7割が都市に住むようになると考えられる。

　GDPの長期予測については，国際機関のほか民間の金融機関等が推計を公表している。例えばOECD（2016）によれば，世界のGDPは2060年に221兆ドルと，2015年の3倍超の規模にまで拡大する。単純に考えると，世界平均で1人当たりGDPは今後数十年で2倍以上に増えることになる。

　以上より，1人当たりGDP，人口密度，都市人口はいずれも今後増加し，これらはいずれもインフラ需要を増やす効果がある。一方で，人口も確実に増加し続けるものの，個別のインフラ需要に対する影響は定かではない。

 人口変化と減耗への影響

　ここでは，人口変化，減耗，メンテナンスの関係について考える。

　まず，インフラ資本の物理的側面を人的資本や自然資本のそれと比較すると，可逆性が大きく，不確実性が小さい。メンテナンスや更新（リプレース）が物理的に容易にできるのは，インフラを含めた人工資本の特徴である。実際，一般にインフラ新設事業が優先されることが多いものの，メンテナンス事業の収益率は高いとされる。メンテナンスは，工学の分野では重要な要素だが，経済学ではほとんど議論されることがない。Rioja（2003a）は，インフラ資本の減耗率が政府のメンテナンスによって減少するという仮定の下で，最適なメンテナンス水準を導出し，新規投資支出をメンテナンスに振り向けることで成長率を高められるとしている。Rioja（2003b）も，公共投資に占めるメンテナンスのシェアが高まればインフラの質も高まるという仮定の下で，同様の結論に至っている。なお，Fay and Yepes（2003）の需要予測では，メンテナンス費用をインフラ資本の更新（リプレース）費用の一定割合（発電2％，水・衛生3％，電話8％）と仮定し，Ruiz-Nuñez and Wei（2015）では，インフラ資本の減耗分の価値と等しいメンテナンス費用が発生すると仮定している。

　インフラ資本ストックは，長期的には定常状態，すなわちGDPに対するインフラ資本の比率が一定になる状態に到達すると考えられる。インフラ資本 G

の増分は，今期の投資 I から減耗 γK（$\gamma > 0$）を引いた分である。GDP 成長率は $g > 0$ とする。すなわち，

$$\dot{G} = I - \gamma G, \quad \dot{Y} = gY$$

インフラ資本・GDP 比 $k \equiv G/Y$ が一定となる定常状態では，

$$k^* = \frac{I/Y}{g + \gamma}$$

となる（UNU-IHDP and UNEP, 2014）。

　ここで，数値のおおざっぱな規模をつかんでおく。まず g について，OECD の長期予測によると，世界の実質潜在 GDP 成長率は，2018〜2030 年が 3.3%（非 OECD 諸国は 5.1%），2031〜2050 年が 2.4%（非 OECD 諸国は 3.0%）である（OECD, 2012）。また減耗率 γ は，資産によって異なる点を反映する必要があるものの（Feenstra et al., 2015），人工資本全体で 4% 程度とされることが多い。つまり，定常状態においては，GDP に占めるインフラ投資の割合は，インフラ資本・GDP 比 × 7% 程度となる。Ruiz-Nuñez and Wei（2015）の予測では，新興・途上国平均で GDP に占めるインフラ支出の割合（I/Y）は 4.3% とされており，こうした数値から，定常状態におけるインフラ資本ストック・GDP 比は，およそ 6.1 倍となる。

　ここで，定常状態において人口増加や減少が与える影響について考える。人口減少は，メンテナンス水準の低下を通じて，減耗を速め，インフラの質を下げる可能性がある[9]。人口 N の変化により減耗率が変わると想定しよう。具体的には，減耗率を $\gamma(N) = 1 - \gamma_0 N$（$\gamma_0 > 0$）などと定式化することが考えられる。これは，人口が多いほどメンテナンスがなされ，逆に人口がゼロという極端な場合には，インフラ資本は毎期完全に償却してしまうという想定である。他の条件を一定とすると，人口減少は，減耗の増加を通じて定常状態のインフラ資本・GDP 比を下げる効果を持つ（$\frac{\partial k^*}{\partial N} > 0$）。

　上記の数値例を用いれば，人口減少により，例えば減耗率が 4% から 6% に増えただけでも，定常状態におけるインフラ資本ストックは，GDP の 6.1 倍から 4.8 倍に減少する。逆に，減耗率が上がったときに，定常状態におけるイン

フラ資本・GDP比率を以前と同じ水準にするためには，GDPに占めるインフラ支出を4.3%から5.5%程度まで上げる必要があることになる[10]。このトレードオフを回避する1つの方法は，赤井・竹本（2015）が指摘するような耐用年数の延長（インフラ資本の長寿命化）という技術的な対応である。もちろん人口が増加する局面での政策的含意は上記と逆になる。

6 結びに代えて

　本章では，人工資本の一角を占めるインフラ資本について，経済学での先行研究を踏まえながら新国富の視点から特徴を指摘し，概念モデルを示した。5節で示した人口減少が減耗率の上昇を通じてインフラ支出に与えるチャネルからは，人口減少に直面する先進国にとっては，GDPに占めるインフラ支出を上げるか，インフラ資本ストックのGDP比を下げるしかないという政策的含意が得られる。前者を選択する場合，2.4節に挙げたように，他の資本に対する外部性も考慮した費用便益分析を行うことで，富を増やすようなインフラ投資が選ばれる必要がある。

■注
1　なおBlundell-Wignall and Roulet（2015）は，Bloombergデータを用いて「営業キャッシュフロー－配当－資産購入－キャッシュ純増－借入金」から民間企業による投資データを構築し，北米では石油・ガス部門，欧州では通信部門，日本では輸送・通信部門でのインフラ投資シェアが大きいことなどを指摘している。
2　実際，経協インフラ戦略会議「インフラ輸出システム戦略」（平成28年改定版）では，海外でのインフラ整備への日本の民間企業の参加を通じて海外の成長を取り込むことが目指されている。
3　なおここでは，鉄道，道路，上下水道，通信等，物的な人工資本に含まれるハードとしてのインフラストラクチャーを想定する。具体的には，行政サービスのようなソフト的なインフラ，法の支配をはじめとする制度，人的ネットワークや弱いつながりなどの社会関係資本（ソーシャルキャピタル）は，国民の福祉にとって重要な広義のインフラと言えるが，対象外とする。
4　ただし，公債の存在そのものが何らかの非効率をもたらしている場合は，将来の福祉への影響を考慮する必要がある。償還時の増税（Aronsson et al., 2012）や資本市場における利子率上昇などが考えられる。
5　インフラ資本を富の枠組みで最初に定式化したのはCollins et al.（2014）である。なお以下の議論では，必要最低水準は定式化されていない。

6 なお家計の私的最適化を前提とした消費経路は，σ_{CC} を限界効用の弾力性，σ_{CE} を限界効用の交叉弾力性，η を産出のインフラ資本弾力性として，

$$\frac{\dot{C}}{C}=\frac{1}{\sigma_{CC}}\left[(1-\tau)(1-\eta)\phi+\sigma_{CE}\left(\rho-\frac{\psi G}{E}\right)-\delta\right]$$

となり，Barro (1990) の結果に自然資本ストックへの影響が加味される。

7 Capital project and infrastructure spending Outlook to 2025, http://www.pwc.com/cpi-outlook（2016年10月24日閲覧）。なおPwCは，インフラの推計対象として，ユーティリティ，交通，社会（病院，学校）だけでなく，資源や製造業まで含めている。

8 みずほ総合研究所は，各種資料に基づいた試算結果として，今後のインフラ投資は累計33兆ドル以上，うち道路が10兆ドル弱，電力7兆ドル，上下水道6.8兆ドルとしている。地域別にはやはりアジアの比重が大きく，投資必要額は14兆ドルとしている（いずれも2015～25年累計）「内外経済の中期見通し～長期展望も視野に，2020年までの世界経済の行方」（2015年7月24日）。

9 英米では老朽化への懸念とインフラの質向上が強調されるのに対し（Helm, 2011; U.S. Treasury, 2010），日本では，人口減少・高齢化により地方財政の厳しさが増すことから，長寿命化やインフラの質向上だけでは足りず，集約化の必要性が指摘される（赤井・竹本，2015）。

10 より正確には，$\dfrac{d\left(\dfrac{I}{Y}\right)}{d\gamma}\Big|_{k^{*}=constant}=-\dfrac{\partial k^{*}}{\partial\left(\dfrac{I}{Y}\right)}\Big/\dfrac{\partial k^{*}}{\partial\gamma}$

■参考文献

赤井伸郎・竹本亨（2015）「道路インフラの将来更新費と自治体別の財政負担—都道府県管理の道路を対象とした推計—」『フィナンシャル・レビュー』124：113-140.
Aronsson, T., Cialani, C., & Löfgren, K. G. (2012) Genuine saving and the social cost of taxation. *Journal of Public Economics*, 96 (1)：211-217.
Arrow, K. J., & Kurz, M. (1970) *Public investment, the rate of return, and optimal fiscal policy*, Baltimore London: Johns Hopkins Press.
Barro, R. J. (1990) Government spending in a simple model of endogenous growth. *Journal of Political Economy*, S103-S125.
Blundell-Wignall, A., & Roulet, C. (2015) Infrastructure versus other investments in the global economy and stagnation hypotheses. *OECD Journal: Financial Market Trends*, 2014 (2)：7-45.
Calderón, C., & Servén, L. (2010) Infrastructure and economic development in Sub-Saharan Africa. *Journal of African Economies*, 19 (suppl 1), i13-i87.
Canning, D., & Bennathan, E. (2000) The social rate of return on infrastructure investments. *World Bank Policy Research Working Paper*, 2390.
Collins, R., Sakhrani, V., Selin, N.E., Alsaati, A., & Strzepek, K.M. (2014) Using inclusive wealth for policy evaluation: the case of infrastructure. In: UNU-IHDP and UNEP (2014)

Collins, R., Selin, N. E., de Weck, O., & Clark, W. C. (2017). Using inclusive wealth for policy evaluation: application to electricity infrastructure planning in oil-exporting countries. *Ecological Economics*, 133：23-34.

Dasgupta, P. (2007) *Economics: A very short introduction.* Oxford University Press.（植田和弘・山口臨太郎・中村裕子訳『経済学』岩波書店，2008年）

Dasgupta, P. (2009) The welfare economic theory of green national accounts. *Environmental and Resource Economics*, 42 (1)：3-38.

Fay, M., Toman, M., Benitez, D., & Csordas, S. (2011) Infrastructure and sustainable development. *Postcrisis Growth and Development: A Development Agenda for the G20*：329-382.

Fay, M., Leipziger, D., Wodon, Q., & Yepes, T. (2005) Achieving child-health-related Millennium Development Goals: The role of infrastructure. *World Development*, 33 (8)：1267-1284.

Fay, M., & Yepes, T. (2003) *Investing in Infrastructure: What is Needed from 2000 to 2010?* (Vol. 3102). World Bank Publications.

Feenstra, R. C., Inklaar, R., & Timmer, M. P. (2015) The next generation of the Penn World Table. *American Economic Review*, 105 (10)：3150-3182.

Futagami, K., Morita, Y., & Shibata, A. (1993) Dynamic analysis of an endogenous growth model with public capital. *The Scandinavian Journal of Economics*：607-625.

Ganelli, G., & Tervala, J. (2016) The welfare multiplier of public infrastructure investment, *IMF Working Paper*, WP/16/40.

Gerland, P., Raftery, A. E., Ševčiková, H., Li, N., Gu, D., Spoorenberg, T., et al. (2014) World population stabilization unlikely this century. *Science*, 346 (6206)：234-237.

Helm, D. (2009) Infrastructure investment, the cost of capital, and regulation: an assessment. *Oxford Review of Economic Policy*, 25 (3)：307-326.

Helm, D. (2011) The sustainable borders of the state. *Oxford Review of Economic Policy*, 27 (4)：517-535.

IMF (2014) Is it time for an infrastructure push? The macroeconomic effects of public investment. *World Economic Outlook: Legacies, clouds, uncertainties*, International Monetary Fund, Washington, DC.

OECD (2012) OECD Economic Outlook, 2012:1, OECD Publishing.

OECD (2016) GDP long-term forecast (indicator). doi: 10.1787/d927bc18-en (Accessed on 26 October 2016)

Rioja, F. K. (2003a) Filling potholes: macroeconomic effects of maintenance versus new investments in public infrastructure. *Journal of Public Economics*, 87 (9)：2281-2304.

Rioja, F. K. (2003b) The penalties of inefficient infrastructure. *Review of Development Economics*, 7 (1)：127-137.

Ruiz Nunez, F., & Wei, Z. (2015) Infrastructure investment demands in emerging markets and developing economies. *World Bank Policy Research Working Paper*, (7414).

澤田康幸（2000）「動学的貧困問題とインフラストラクチャーの役割」『開発金融研究所報』，21-46.

UNU-IHDP and UNEP (2014) *Inclusive Wealth Report 2014: Measuring Progress Toward*

Sustainability, Cambridge: Cambridge University Press.
U.S. Treasury (2010) An economic analysis of infrastructure investment: a report prepared by the Department of the Treasury with the Council of Economic Advisors.

終章

持続可能性研究における
新国富の到達点と展望

　オイルショック後の1970年頃，ブルントラント報告書をきっかけに持続可能性への危惧が世界中に広まった。より単純に一国の人口が増加しすぎること，また減少しすぎることは国の存亡に関わる問題として，「持続可能性」の問題がそれ以前から存在していたことは，問題の根深さを物語っている。歴史的には19世紀からヨーロッパでは人口減少社会に直面しており，そのもとでの経済成長について長く議論が続けられていた。持続可能性の問題は経済成長の問題と同様に古く，そして新しい問題と言えるかもしれない。だからこそ持続可能性の追求は，日々を真面目に働く人々が思う理想の社会像において，皆で達成すべき目的の1つであることに違いないだろう。そして，これだけ長く世界的に議論されても世界全体が持続可能な方向に向いているわけではないのは，持続可能性が100年，200年先の将来まで見据える必要のある，「想像しがたい概念」だからだろう。たしかに本書を貫く新国富のアプローチも，その将来の世代の豊かさや幸せを確保することを基本的な考えとしている。しかし，それを「指標」という目に見える形にしたことで，その「想像しがたい概念」が少しは身近に感じれるようになるのではないだろうか。その期待を根底に，本書では日本の総括的な地域の持続可能性に始まり，世界的に重要であろう多様な持続可能性の問題など，様々なテーマについて新国富を軸に議論をしてきた。

　この終章では，新国富を軸に日本の持続可能性の問題を見直した時，何が明らかになったのかという観点，つまりは各章により解明されたことを1つ上の観点から概観し，それをまとめることを試みたい。多くの専門家の執筆協力を得たこともあり，その力点は様々な方向に向いているが，敢えてそれを上記の観点からまとめれば，各部に対応した以下の4点になるだろう。

終章　持続可能性研究における新国富の到達点と展望

1　日本の地域レベルにおける持続可能性を俯瞰した第1章，2章，3章の結果を踏まえて総論を述べたい。まず，第1章では日本の都道府県レベルでは持続可能性が低下している点が示されており，近年の日本の持続可能性がいかに深刻な問題か明らかにされた。特に，2000年以降は5つの県（愛知県，静岡県，三重県，熊本県，宮崎県）のみ持続可能な成長を示している状況は驚きである。一般的に人口が集中する中核都市，首都圏の持続可能性の低下が議論されることは少ないが，むしろそうしたところで持続可能性が低下し，地方の方が持続可能という点は地方創生の議論をもう一度見直す契機となるやもしれない。より細かい地域レベルの推計結果から見ると，東京都内のように労働移動により極端に人口が集中する地域ではやはり持続可能性は維持されており，西東京や離島の一部で持続可能性が危ぶまれる点は，現実的な結果として理解できる（第2章）。また，地方の中核都市の集合である，政令指定都市に関しては2000年以降持続可能性が失われている点は都道府県レベルの分析と整合的である（第3章）。いずれの分析結果にしても人的資本の損失が持続可能性の低下の主要因となっており，学校教育，出生率，労働賃金率の改善が急務といえよう。

2　第Ⅱ部では日本の地方創生を取り上げているが，地方の中でも，東日本大震災により地震，津波，原発事故の複合災害に遭った福島県を対象とした分析は，地方の持続可能性の議論の中でも大きな意味を持つだろう。第4章では，その福島における被災と復興を経て新国富指標がV字回復している点を明らかにするとともに，原発事故と除染がもたらした新国富への便益が試算された。推計結果自体の頑強性は低いだろうが，このような災害に対する地域復興を持続可能性の面から評価する試みは今後の試金石となるだろう。他方で，人口減少地域の代表例が離島であり，広い意味で第5章・第6章・第7章は離島の在り様を問う事例研究であった。その離島の持続可能性を高めるには人口減少率を抑えつつも，有益な資本を後世に残していく重要性が第5章で指摘される一方で，既に屋久島（第5章），佐渡島（第6章）は持続可能な成長を遂げてきた歴史的経緯は興味深い。また，日本において政治的，経済的に重要な沖縄に関しては，市区町村レベルの新国富指標の推計結果に触れながら普天間基地の持続可能性を検討している点は見逃せない（第7章）。最後に地方の産業政策

の面でも新国富が活用できる点を示した第8章の意義は大きいだろう。地方の主要産業の1つである農林水産業は地方創生の一環としてもその強化の必要性が訴えられている。価格規制，数量規制，参入規制，補助金，関税など，生産性向上にむけた応用経済学の研究成果を土台にすることで，新国富による持続可能性の評価が可能であることを示している。

3 第Ⅲ部では，自然資本，人工資本の拡張，そして技術革新の評価といった新国富指標の精緻化に不可欠な論点を取り上げている。まず，生物多様性や生態系といった無形資産は新国富の要素である自然資本に今後重点的に取り入れるべき項目である。第9章では自然資本のデータベースとなる生態系勘定の概念的，実務的な現時点での到達点を手際よくまとめており，今後の指針を提供するだろう。また，現状の新国富指標の計測方法では既にある生態系勘定を用いて森林資本の価値を算定しているが，日本固有の森林の価値を算出しているわけではない。そのため第10章にあるようにアンケートデータに基づく支払意思額の計測から算出する試みはより精緻な新国富指標を可能にするものである。さらに，自然界の生物も一種の資本であり，その価値計測をクジラを対象に行った第11章の研究結果は関心を呼ぶだろう。クジラを単に食料として捉えるのではなく，観光資源としても捉え，その価値換算を通じて捕鯨政策の是非にまで議論を拡張している。その他，交通インフラ自体とその整備は人工資本に含まれる事項であるが，混雑に伴うストレスや不快感の解消といった主観的な側面での価値の損失は測られてこなかった。第12章で明らかにされた，仮に混雑を解消できれば約20兆円の価値がある点はインフラ政策の観点からも無視できない。さらに，新たなイノベーションとして，人工知能技術の応用で実現が期待される完全自動運転の価値が第13章で計測された。分析結果によると，完全自動運転の価値は約19万円であり，日本国民の約半数に購入意思があるものの，現状では障害の方が多いという結果は，実情と照らしても妥当な結論だろう。

4 第Ⅳ部は，新国富の将来的な展望に繋がる話題であり，その政策上の活用方法まで見通しを提供するものとなっている。まず第14章では，企業投資の観

点からも持続可能性はその投資基準の1つとして認識されていることを背景に，近年注目を集めている環境・社会・ガバナンス（ESG）投資を取り上げ，新国富指標との関連性を踏まえた，主要企業におけるESG投資評価ランキングの実例を提示していた。企業が立地する地域の新国富指標が企業投資へと影響し，結果的に地域全体への持続可能性の向上に結び付く可能性を示した点は，より新国富を実社会に活用するための有益な視点を提供するだろう。第15章では，人の幸福をより正確に計測しようとする試みが，新国富のより精緻な計算にも結び付く可能性を検証している。そこでは市区町村単位で集計したデータを使用し，フローである主観的幸福度（その一部である自宅周辺の住みやすさへの満足度を用いて）と，ストックである新国富の各資本価値との間に，正の相関があることが示された。現状の計測方法上，この2指標の互換性は考慮されていないが，今後のより精緻な新国富指標の測定に向けて有益な試みとなっている。第16章，第17章では人工資本の基盤であるインフラの将来像に焦点を当てている。第16章では，国内の生活基盤，産業基盤，農林水産，国土保全目的のインフラを取り上げ，インフラ投資が現状維持される場合をベースラインとして，深刻な社会現象である人口減少を考慮した場合，さらに少子高齢化まで考慮したシミュレーションを実施していた。結果的に九州の結果が一番よく，東北の見通しが悪いという結果が得られており，今後の投資の選択・集中へ示唆に富む分析結果である。一方で，第17章では世界的には貧困国の貧困削減，自然災害による被害を軽減するインフラの強化が重要視されている点を指摘していた。そして，そのインフラを新国富の経済理論枠組みで捉えなおした概念モデルを提示しており，人口減少がインフラの減耗を加速させるため，現状のストックを維持するためにはGDPに占めるインフラ支出を上げるしかないという政策的含意を導出していた。第14章と同じく，新国富を構成する資本へ影響を与える投資行動に対する提言という点で，これまで以上に新国富の政策的活用を可能にする論拠となるだろう。

しかし，各章で指摘されたように新国富には今後解決しなければいけない課題もある。指標に含めるべき資本項目の拡張とシャドウ・プライスのより精緻な推計が重要な課題だ。例えば，地方で見られる農村風景，世界遺産，温泉施

設なども資本項目の候補であろうし，そのシャドウ・プライスを精緻にするには，最終的には自治体ごとにアンケート調査をすることが必要だろう。もちろん，重要な資本を事前に選定することでその費用を最小限に抑えることは可能である。また，広義の意味での資本項目の拡充としては，ストレスなどの現代病を健康資本の損失項目として含めることも不可欠である。

　このように改善の余地が残されているが，持続可能性の問題が即座に解決できる類の問題ではないことは冒頭で述べたとおりであり，本書のように一歩ずつ前進することこそ大事なのである。そして本書のような地道な研究が，同様の問題に直面している他の欧米諸国，さらには将来的にアジア，アフリカの途上国にとっても有益なものに昇華していくことが今後重要になるだろう。

付　録

1,727市区町村の
新国富ランキング

──2010年時点

付　録
1,727市区町村の新国富ランキング（2010年時点）

　この付録は，国連大学と国連環境計画が発行している『包括的「富」報告書』のフレームワークに順じて推計した，国内の1,727市区町村の資本資産の価値（2010年度時点）をランキング形式で報告するものである[1]。まず，人工，自然，教育のそれぞれの形態の資本の価値の総額と1人当たり額のランキング（トップ30）を示す。次に，それらの総計である新国富について，総額と1人当たり額のランキング（トップ30）を報告する。なお，新国富指標にもとづいて持続可能性分析を行う際には，様々な調整がなされる。例えば，二酸化炭素による炭素ダメージや海外からの天然資源の純輸入などを考慮して，富の変化量を調整するのである。しかし，本付録の目的は，1時点のランキングを示すことであるので，これらの調整については省略する。最後に，別会計とされる健康資本の価値について，総額と1人当たり額のランキング（トップ30）を示す。健康資本だけが別会計とされるのは，その価値が他の3つの形態の資本の価値の総計を凌駕するほど巨額だからである。

　ここで読者に断っておきたいのは，現行のフレームワークの下で推計された新国富や各形態の資本の価値は試験的なものであり，決定的なものだとみなすべきではないということである。例えば，われわれの推計からは，生物多様性や生態レジリエンスなど，重要な自然資本の価値が抜け落ちているし，労働者が学校教育の外で身に付けた知識や技能については考慮されていない。さらに，健康資本については長命の価値のみが推計の対象になっており，消費効用の増進や労働生産性の向上については考慮から外れている。

　なお，全市区町村のランキングを示したデータを，下記URLにて公開している。

　http://www.managi-lab.com/ui/achievement.html

1　この付録に掲載されている塗り分け地図は，九州大学工学部馬奈木研究室の中村寛樹氏に作成していただいた。また，データの作成にあたっては，同研究室の阿部奈菜美，鴨川幹大，陳秋夷，中村龍志，山田裕明の各氏にご協力いただいた。九州大学都市研究センターの山口臨太郎氏には，原稿を読んでいただき有益なコメントをいただいた。これらすべての方に感謝する。

付録　1,727市区町村の新国富ランキング（2010年時点）

図表付-1　人工資本の価値（総額）のトップ30

(百万円)

順位	市区町村	都道府県	人工資本の価値	順位	市区町村	都道府県	人工資本の価値
1位	大阪市	大阪府	65,316,583	21位	さいたま市	埼玉県	13,065,470
2位	名古屋市	愛知県	47,461,030	22位	渋谷区	東京都	12,124,209
3位	横浜市	神奈川県	45,522,723	23位	熊本市	熊本県	11,201,379
4位	札幌市	北海道	33,199,653	24位	大田区	東京都	11,002,216
5位	神戸市	兵庫県	27,968,264	25位	品川区	東京都	10,942,729
6位	福岡市	福岡県	24,916,560	26位	江東区	東京都	10,745,067
7位	港区	東京都	24,400,650	27位	堺市	大阪府	10,636,368
8位	千代田区	東京都	23,607,660	28位	姫路市	兵庫県	10,217,070
9位	京都市	京都府	22,586,462	29位	鹿児島市	鹿児島県	10,037,062
10位	広島市	広島県	20,476,200	30位	富山市	富山県	9,903,805
11位	中央区	東京都	17,926,560				
12位	仙台市	宮城県	16,941,643				
13位	新宿区	東京都	16,411,230				
14位	川崎市	神奈川県	16,372,296				
15位	新潟市	新潟県	15,903,802				
16位	北九州市	福岡県	13,809,583				
17位	浜松市	静岡県	13,776,127				
18位	千葉市	千葉県	13,700,113				
19位	岡山市	岡山県	13,393,384				
20位	静岡市	静岡県	13,105,884				

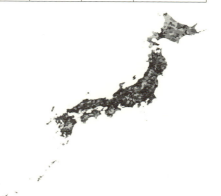

　図表中の地図上の濃度は濃いほど高い値であることを表している。

　人工資本の価値の総額のトップ30を占めるのは，ほとんどが政令指定都市か東京都の特別区である。順位は，ほぼその経済規模に従っている。第1位は大阪市であり，65.3兆円である。それに名古屋市（47.5兆円），横浜市（45.5兆円）が続く。東京都の特別区のうち7つがトップ30に入っている。港区は福岡市，千代田区は京都市，中央区は仙台市，新宿区は川崎市，渋谷区は熊本市，大田区，品川区，江東区の3区は堺市に匹敵する資産を人工資本の形態で保有している。

付録　1,727市区町村の新国富ランキング（2010年時点）

図表付-2 ■人工資本の価値（1人当たり額）のトップ30

(千円)

順位	市区町村	都道府県	人工資本の価値	順位	市区町村	都道府県	人工資本の価値
1位	千代田区	東京都	501,065	21位	留寿都村	北海道	31,305
2位	中央区	東京都	146,027	22位	昭和町	山梨県	31,109
3位	港区	東京都	118,952	23位	大衡村	宮城県	30,449
4位	飛島村	愛知県	88,687	24位	磐梯町	福島県	30,152
5位	渋谷区	東京都	59,289	25位	品川区	東京都	29,955
6位	新宿区	東京都	50,294	26位	文京区	東京都	29,946
7位	芳賀町	栃木県	48,457	27位	占冠村	北海道	27,920
8位	泊村	北海道	39,923	28位	豊山町	愛知県	27,827
9位	竜王町	滋賀県	38,140	29位	赤井川村	北海道	27,642
10位	台東区	東京都	37,390	30位	松茂町	徳島県	27,603
11位	久御山町	京都府	36,306				
12位	大熊町	福島県	35,126				
13位	箱根町	神奈川県	35,025				
14位	大潟村	秋田県	34,918				
15位	五霞町	茨城県	34,496				
16位	大口町	愛知県	34,157				
17位	六ケ所村	青森県	34,062				
18位	芝山町	千葉県	33,945				
19位	聖籠町	新潟県	32,864				
20位	粟島浦村	新潟県	32,267				

　人工資本の価値を1人当たり額について見てみると，トップ30の顔触れはがらりと変わる。東京都の特別区が多く含まれているのは総額のランキングと同じだが，様々な都道府県の町村が入っている。発電所，空港などの大規模な社会資本が域内にあるか，工業団地が整備されて民間企業の生産設備が蓄積されており[2]，かつ人口規模が比較的小さな自治体がトップ30に入っている。

　自然資本の価値の総額のトップ30を占めるのは，すべて北海道の市や町である。これは，われわれの自然資本の作業的定義に含まれているものが農地，森林，水産資源などに限定されており，かつ北海道ではそれらの資本ストックが大きいことから当然と言える。第1位は別海町であり，2.1兆円である。それ

付録　1,727市区町村の新国富ランキング（2010年時点）

図表付-3　自然資本の価値（総額）のトップ30

（百万円）

順位	市区町村	都道府県	自然資本の価値	順位	市区町村	都道府県	自然資本の価値
1位	別海町	北海道	2,144,153	21位	浦幌町	北海道	460,281
2位	標茶町	北海道	1,064,147	22位	豊富町	北海道	458,855
3位	北見市	北海道	1,000,709	23位	湧別町	北海道	456,713
4位	中標津町	北海道	849,132	24位	釧路市	北海道	443,439
5位	音更町	北海道	799,349	25位	美幌町	北海道	439,887
6位	幕別町	北海道	776,398	26位	本別町	北海道	438,105
7位	帯広市	北海道	773,899	27位	枝幸町	北海道	433,660
8位	芽室町	北海道	729,766	28位	標津町	北海道	428,889
9位	岩見沢市	北海道	686,265	29位	深川市	北海道	423,430
10位	士別市	北海道	616,502	30位	豊頃町	北海道	419,680
11位	足寄町	北海道	576,316				
12位	士幌町	北海道	526,280				
13位	浜中町	北海道	524,460				
14位	稚内市	北海道	521,178				
15位	旭川市	北海道	515,351				
16位	大樹町	北海道	513,483				
17位	網走市	北海道	511,365				
18位	大空町	北海道	497,365				
19位	清水町	北海道	494,471				
20位	美瑛町	北海道	487,090				

に標茶町（1.1兆円），北見市（1.0兆円）が続く。31位以降も100位までのほとんどを北海道の自治体が占める（**図表付-4**に続く）。

2　域内に発電所や空港などの社会資本や工業団地があると，当該自治体の従業者数は同規模の自治体の中でより多くなる。従業者数が多くなれば，都道府県と市町村の従業者数の比も，同規模の自治体の中では大きくなる傾向がある。したがって，この比を用いた按分法による推計方法では，このような自治体の人工資本の総額はより大きくなり，1人当たり額も大きくなる傾向がある。実際の人工資本の蓄積状況はこの推計とは異なる可能性があることに注意していただきたい。

図表付-4 自然資本の価値(総額)のトップ30(北海道の自治体を除く)

(百万円)

順位	市区町村	都道府県	自然資本の価値
1位(51位)	浜松市	静岡県	323,095
2位(55位)	宮古島市	沖縄県	309,142
3位(56位)	いわき市	福島県	305,891
4位(59位)	鶴岡市	山形県	293,313
5位(61位)	新潟市	新潟県	277,445
6位(66位)	一関市	岩手県	258,090
7位(75位)	庄原市	広島県	238,415
8位(76位)	高山市	岐阜県	232,430
9位(78位)	長岡市	新潟県	228,278
10位(89位)	由利本荘市	秋田県	212,256
11位(91位)	郡上市	岐阜県	210,954
12位(92位)	村上市	新潟県	210,882
13位(96位)	上越市	新潟県	204,535
14位(100位)	田辺市	和歌山県	195,146
15位(103位)	奥州市	岩手県	185,657
16位(104位)	大仙市	秋田県	185,566
17位(105位)	酒田市	山形県	183,512
18位(106位)	佐渡市	新潟県	183,214
19位(107位)	下呂市	岐阜県	181,834
20位(109位)	富山市	富山県	180,174
21位(116位)	岩国市	山口県	172,640
22位(118位)	花巻市	岩手県	169,336
23位(119位)	郡山市	福島県	167,302
24位(121位)	石垣市	沖縄県	164,985
25位(123位)	静岡市	静岡県	164,756
26位(124位)	宍粟市	兵庫県	164,040
27位(128位)	大崎市	宮城県	161,809
28位(129位)	都城市	宮崎県	160,041
29位(130位)	石巻市	宮城県	159,071
30位(131位)	横手市	秋田県	158,771

　他の都道府県の自治体で100位以内に入っているのは，静岡県浜松市(51位)，沖縄県宮古島市(55位)，福島県いわき市(56位)，山形県鶴岡市(59位)，新潟県新潟市(61位)，岩手県一関市(66位)，広島県庄原市(75位)，岐阜県高山市(76位)，新潟県長岡市(78位)，秋田県由利本荘市(89位)，岐阜県郡上市(91位)，新潟県村上市(92位)，新潟県上越市(96位)，和歌山県田辺市(100位)の14自治体である。北海道以外の市町村からトップ100に入っているのはすべて市であり，町村は含まれない。北海道以外では，新潟県と岐阜県の自治体が100位以内に複数入っている。

付録　1,727市区町村の新国富ランキング（2010年時点）

図表付-5 ■自然資本の価値（1人当たり額）のトップ30

(千円)

順位	市区町村	都道府県	自然資本の価値	順位	市区町村	都道府県	自然資本の価値
1位	鶴居村	北海道	138,491	21位	鹿追町	北海道	70,562
2位	別海町	北海道	135,235	22位	清里町	北海道	70,091
3位	標茶町	北海道	128,443	23位	西興部村	北海道	68,371
4位	豊頃町	北海道	123,653	24位	中川町	北海道	68,257
5位	更別村	北海道	115,124	25位	小清水町	北海道	68,054
6位	幌延町	北海道	105,602	26位	音威子府村	北海道	66,946
7位	豊富町	北海道	104,809	27位	置戸町	北海道	65,410
8位	陸別町	北海道	99,881	28位	大空町	北海道	62,696
9位	幌加内町	北海道	97,265	29位	剣淵町	北海道	61,735
10位	天塩町	北海道	95,999	30位	中札内村	北海道	61,383
11位	大樹町	北海道	85,910				
12位	浦幌町	北海道	84,301				
13位	士幌町	北海道	82,026				
14位	浜中町	北海道	80,550				
15位	雄武町	北海道	78,263				
16位	猿払村	北海道	76,106				
17位	標津町	北海道	75,963				
18位	足寄町	北海道	75,533				
19位	上士幌町	北海道	73,444				
20位	中頓別町	北海道	70,583				

　自然資本の価値を1人当たり額について見てみると，総額の場合と同様に，すべて北海道の自治体で占められている。総額の場合と違うのは，比較的大きな自治体である市や町に加えて，村がトップ30に入っていることである。第1位は鶴居村であり，1.3億円である。それに別海町（1.4億円），標茶町（1.3億円）が続く。31位以降も100位までのほとんどを北海道の自治体が占める（**図表付-6**に続く）。

311

付録　1,727市区町村の新国富ランキング（2010年時点）

図表付-6　自然資本の価値（1人当たり額）のトップ30（北海道の自治体を除く）

(千円)

順位	市区町村	都道府県	自然資本の価値	順位	市区町村	都道府県	自然資本の価値
1位(64位)	大川村	高知県	37,541	21位(137位)	天川村	奈良県	15,325
2位(68位)	川上村	奈良県	36,267	22位(139位)	椎葉村	宮崎県	15,180
3位(70位)	南大東村	沖縄県	35,255	23位(141位)	丹波山村	山梨県	14,642
4位(72位)	野迫川村	奈良県	34,158	24位(143位)	北山村	和歌山県	14,234
5位(83位)	上北山村	奈良県	29,860	25位(144位)	平谷村	長野県	14,028
6位(93位)	北川村	高知県	25,874	26位(146位)	北相木村	長野県	13,280
7位(94位)	馬路村	高知県	25,793	27位(151位)	西粟倉村	岡山県	12,874
8位(95位)	早川町	山梨県	25,477	28位(152位)	七ケ宿町	宮城県	12,673
9位(98位)	大潟村	秋田県	24,095	29位(156位)	安芸太田町	広島県	12,369
10位(99位)	北大東村	沖縄県	24,061	30位(159位)	新郷村	青森県	12,011
11位(101位)	五木村	熊本県	23,565				
12位(102位)	多良間村	沖縄県	23,054				
13位(107位)	竹富町	沖縄県	21,995				
14位(108位)	王滝村	長野県	21,916				
15位(114位)	大鹿村	長野県	20,253				
16位(116位)	西米良村	宮崎県	18,962				
17位(123位)	十津川村	奈良県	17,743				
18位(126位)	根羽村	長野県	17,328				
19位(132位)	豊根村	愛知県	16,454				
20位(136位)	東吉野村	奈良県	15,602				

　北海道以外の自治体で100位以内に入っているのは，高知県大川村（64位），奈良県川上村（68位），沖縄県南大東村（70位），奈良県野迫川村（72位），奈良県上北山村（83位），高知県北川村（93位），高知県馬路村（94位），山梨県早川町（95位），秋田県大潟村（98位），沖縄県北大東村（99位）の10町村である。100位以内に，奈良県，高知県，沖縄県の自治体が複数入っている。

図表付-7 教育資本の価値（総額）のトップ30

(百万円)

順位	市区町村	都道府県	教育資本の価値
1位	横浜市	神奈川県	94,330,597
2位	名古屋市	愛知県	64,294,328
3位	大阪市	大阪府	59,248,638
4位	札幌市	北海道	40,158,388
5位	神戸市	兵庫県	35,977,742
6位	福岡市	福岡県	35,531,285
7位	川崎市	神奈川県	35,453,361
8位	さいたま市	埼玉県	35,032,180
9位	京都市	京都府	30,859,005
10位	広島市	広島県	28,741,996
11位	仙台市	宮城県	26,781,233
12位	千葉市	千葉県	21,854,502
13位	北九州市	福岡県	21,601,882
14位	世田谷区	東京都	20,080,134
15位	堺市	大阪府	19,352,752
16位	大田区	東京都	18,750,112
17位	相模原市	神奈川県	18,134,628
18位	浜松市	静岡県	17,895,896
19位	新潟市	新潟県	17,529,563
20位	江戸川区	東京都	16,813,904
21位	練馬区	東京都	16,752,089
22位	八王子市	東京都	16,497,307
23位	岡山市	岡山県	16,488,680
24位	熊本市	熊本県	15,963,601
25位	足立区	東京都	15,852,025
26位	豊田市	愛知県	15,781,967
27位	静岡市	静岡県	15,503,070
28位	船橋市	千葉県	14,392,776
29位	川口市	埼玉県	13,772,777
30位	江東区	東京都	13,511,835

　教育資本の価値の総額のトップ30を占めるのは，ほとんどが政令指定都市か東京都の特別区である。順位は，ほぼ雇用者数の規模にしたがっている。第1位は横浜市であり，94.3兆円である。それに名古屋市（64.3兆円），大阪市（59.2兆円）が続く。

付録　1,727市区町村の新国富ランキング（2010年時点）

図表付-8 ■教育資本の価値（1人当たり額）のトップ30

(千円)

順位	市区町村	都道府県	教育資本の価値	順位	市区町村	都道府県	教育資本の価値
1位	川北町	石川県	193,062	21位	みよし市	愛知県	34,024
2位	東庄町	千葉県	72,077	22位	安城市	愛知県	33,643
3位	神崎町	千葉県	54,212	23位	幸田町	愛知県	33,397
4位	東秩父村	埼玉県	54,207	24位	日進市	愛知県	33,287
5位	小笠原村	東京都	47,256	25位	昭島市	東京都	32,937
6位	青ヶ島村	東京都	46,756	26位	箱根町	神奈川県	32,918
7位	東郷町	愛知県	46,099	27位	羽村市	東京都	32,714
8位	御蔵島村	東京都	43,446	28位	三宅村	東京都	32,628
9位	利島村	東京都	41,704	29位	岡崎市	愛知県	32,343
10位	豊田市	愛知県	37,444	30位	碧南市	愛知県	31,964
11位	神川町	埼玉県	37,262				
12位	日野町	滋賀県	36,520				
13位	宮代町	埼玉県	36,036				
14位	刈谷市	愛知県	35,910				
15位	北大東村	沖縄県	35,894				
16位	東海市	愛知県	35,360				
17位	嵐山町	埼玉県	35,335				
18位	大府市	愛知県	35,258				
19位	芦屋市	兵庫県	34,675				
20位	知立市	愛知県	34,655				

　教育資本の価値を1人当たり額について見てみると，2つの特徴がある。第1に人口規模が1万人未満の小さな自治体がトップ30に多く入っていること，第2に愛知県の自治体がトップ30に多く入っていることである。人口規模が小さな自治体においては，1人当たりの教育資本の価値が若い雇用者の数に敏感に反応する。また，愛知県の自治体において1人当たり額が大きいのは，製造業における雇用機会が豊富にあるからであろう。なお，第1位は川北町（石川県）であり，突出して高い額を示しているが，舟場島工業団地や橘に多くの工場が立地しており，他の地域の同規模の自治体に比べて雇用者数が多いことが影響していると考えられる。

付録　1,727市区町村の新国富ランキング（2010年時点）

図表付-9　新国富の価値（総額）のトップ30

(百万円)

順位	市区町村	都道府県	新国富の価値	順位	市区町村	都道府県	新国富の価値
1位	横浜市	神奈川県	139,903,726	21位	静岡市	静岡県	28,773,710
2位	大阪市	大阪府	124,567,149	22位	熊本市	熊本県	27,267,770
3位	名古屋市	愛知県	111,766,256	23位	相模原市	神奈川県	26,103,896
4位	札幌市	北海道	73,511,679	24位	豊田市	愛知県	24,893,727
5位	神戸市	兵庫県	63,977,791	25位	千代田区	東京都	24,879,642
6位	福岡市	福岡県	60,476,015	26位	江東区	東京都	24,258,124
7位	京都市	京都府	53,583,632	27位	足立区	東京都	23,739,436
8位	川崎市	神奈川県	51,833,954	28位	江戸川区	東京都	23,715,504
9位	広島市	広島県	49,343,905	29位	八王子市	東京都	23,699,211
10位	さいたま市	埼玉県	48,136,970	30位	練馬区	東京都	23,648,784
11位	仙台市	宮城県	43,796,431				
12位	千葉市	千葉県	35,602,206				
13位	北九州市	福岡県	35,443,295				
14位	新潟市	新潟県	33,710,810				
15位	浜松市	静岡県	31,995,118				
16位	堺市	大阪府	30,003,413				
17位	世田谷区	東京都	29,969,869				
18位	岡山市	岡山県	29,965,797				
19位	大田区	東京都	29,757,043				
20位	港区	東京都	29,039,268				

　新国富を，人工資本，自然資本，教育資本の価値の総計と定義すると，総額のトップ30を占めるのは，豊田市（愛知県）を例外とすると，すべて政令指定都市か東京都の特別区である。第1位は横浜市であり，139.9兆円である。それに大阪市（124.5兆円），名古屋市（111.8兆円）が続く。

付録　1,727市区町村の新国富ランキング（2010年時点）

図表付-10　新国富の価値（1人当たり額）のトップ30

(千円)

順位	市区町村	都道府県	新国富の価値	順位	市区町村	都道府県	新国富の価値
1位	千代田区	東京都	528,062	21位	飛島村	愛知県	120,246
2位	川北町	石川県	217,049	22位	標津町	北海道	119,467
3位	別海町	北海道	176,762	23位	足寄町	北海道	114,505
4位	中央区	東京都	176,093	24位	鹿追町	北海道	114,161
5位	鶴居村	北海道	175,722	25位	上士幌町	北海道	113,108
6位	標茶町	北海道	166,512	26位	音威子府村	北海道	110,510
7位	豊頃町	北海道	163,505	27位	中川町	北海道	109,872
8位	更別村	北海道	155,776	28位	西興部村	北海道	108,601
9位	幌延町	北海道	151,992	29位	中札内村	北海道	108,009
10位	豊富町	北海道	145,436	30位	中頓別町	北海道	105,782
11位	港区	東京都	141,565				
12位	陸別町	北海道	138,158				
13位	天塩町	北海道	136,395				
14位	幌加内町	北海道	136,014				
15位	大樹町	北海道	129,128				
16位	猿払村	北海道	127,890				
17位	士幌町	北海道	125,135				
18位	浦幌町	北海道	122,157				
19位	雄武町	北海道	122,154				
20位	浜中町	北海道	121,118				

　新国富の価値を1人当たり額について見てみると，人工資本の1人当たり額が大きい東京都の特別区と飛島村（愛知県），自然資本の1人当たり額が大きい北海道の自治体，教育資本の1人当たり額が大きい川北町（石川県）がトップ30に入っている。特に，北海道の自治体が25もトップ30に入っているのが特徴的である。

付録　1,727市区町村の新国富ランキング（2010年時点）

図表付-11　健康資本の価値（総額）のトップ30

(百万円)

順位	市区町村	都道府県	健康資本の価値	順位	市区町村	都道府県	健康資本の価値
1位	大阪市	大阪府	2,462,151,963	21位	新潟市	新潟県	532,875,496
2位	横浜市	神奈川県	2,217,545,592	22位	杉並区	東京都	511,161,978
3位	名古屋市	愛知県	1,407,219,521	23位	堺市	大阪府	499,068,500
4位	札幌市	北海道	1,146,060,542	24位	板橋区	東京都	498,377,557
5位	神戸市	兵庫県	1,086,089,445	25位	静岡市	静岡県	487,155,766
6位	福岡市	福岡県	1,034,705,568	26位	岡山市	岡山県	442,170,795
7位	京都市	京都府	994,237,902	27位	相模原市	神奈川県	431,359,299
8位	川崎市	神奈川県	856,961,882	28位	江東区	東京都	428,614,335
9位	世田谷区	東京都	815,838,585	29位	熊本市	熊本県	422,571,135
10位	広島市	広島県	791,299,380	30位	葛飾区	東京都	411,655,561
11位	さいたま市	埼玉県	733,352,187				
12位	仙台市	宮城県	716,809,961				
13位	練馬区	東京都	666,077,163				
14位	大田区	東京都	644,916,133				
15位	足立区	東京都	635,664,286				
16位	江戸川区	東京都	631,516,906				
17位	北九州市	福岡県	621,294,494				
18位	千葉市	千葉県	557,694,482				
19位	浜松市	静岡県	544,747,451				
20位	八王子市	東京都	539,515,582				

　既述のように，健康資本の価値は，他の3つの形態の資本の価値の総計を凌駕するほど大きいので，別会計とされる。健康資本の価値の総額のトップ30を占めるのは，すべて政令指定都市か東京都の特別区である。健康資本の価値は，人口規模と経済規模が大きいところで高くなる。トップ3は，大阪府（2,462.兆円），横浜市（2,218兆円），名古屋市（1,407兆円）である。

317

付録　1,727市区町村の新国富ランキング（2010年時点）

図表付-12　健康資本の価値（1人当たり額）のトップ30

(千円)

順位	市区町村	都道府県	包括的富の価値	順位	市区町村	都道府県	包括的富の価値
1位	六ケ所村	青森県	2,413,155	21位	嘉島町	熊本県	1,056,834
2位	和木町	山口県	2,200,249	22位	湯沢町	新潟県	1,052,171
3位	東庄町	千葉県	1,917,599	23位	伊方町	愛媛県	1,048,532
4位	猪名川町	兵庫県	1,773,050	24位	檜枝岐村	福島県	1,020,470
5位	苅田町	福岡県	1,709,321	25位	松茂町	徳島県	1,010,210
6位	玄海町	佐賀県	1,537,513	26位	白川村	岐阜県	1,006,188
7位	美里町	埼玉県	1,505,227	27位	東通村	青森県	996,053
8位	神崎町	千葉県	1,437,739	28位	芳賀町	栃木県	992,470
9位	広野町	福島県	1,422,507	29位	亀山市	三重県	975,895
10位	飛島村	愛知県	1,410,561	30位	北山村	和歌山県	966,900
11位	竜王町	滋賀県	1,409,245				
12位	千代田町	群馬県	1,347,799				
13位	忍野村	山梨県	1,345,132				
14位	楢葉町	福島県	1,261,977				
15位	久御山町	京都府	1,221,360				
16位	大熊町	福島県	1,174,337				
17位	上三川町	栃木県	1,163,676				
18位	多賀町	滋賀県	1,159,809				
19位	聖籠町	新潟県	1,138,117				
20位	昭和町	山梨県	1,114,266				

　健康資本の価値を1人当たり額について見てみると，トップ30の顔触れは総額のそれとはかなり変わる。様々な都道府県の市区町村がトップ30に入っており，共通するのは同じ人口規模に比して大きな経済規模をもっている自治体だということである。1人当たりGDPは，健康資本の1単位当たりの価値（シャドウ・プライス）の推計に影響する。トップ3は，六ヶ所村（青森県）の24.1億円，和木町（山口県）の22.0億円，東庄町（千葉県）の19.2億円である。

補　論

地域区分に応じた
日本の新国富指標の計算方法

補論
地域区分に応じた日本の新国富指標の計算方法

　補論では，日本の地域レベルにおける新国富指標を実際に計測する方法について解説する。基本的な手法はArrow et al. (2012), UNU-IHDP and UNEP (2012；2014) に準拠しているものの，データの入手可能性や，日本の実状に照らし合わせて計算方法の策定と資本項目の特定を行った。例えば，第Ⅰ部では市区町村レベル，都道府県レベルの新国富指標のデータを使用しているが，その指標活用の目的に応じて，詳細に計算しなくてはいけない箇所と，逆に重要性が低いことから単純な計算に依存する箇所という具合に，焦点を絞った計測を実施している。そのため，都道府県レベルでの推計結果を市区町村レベルに按分する方法，市区町村レベルのデータで推計する方法などを，研究目的に応じて適用している。

　同じデータ，同じ手法で計算されてこそ指標として意味を持つとの立場に立てば，不完全な指標に見えるだろう。しかし，資本の価値を完璧に計算することは難しい現状では，形式的に指標を統一することには意味があるのだろうか。仮に全ての資本項目を厳密に計測しようとすれば，時間がかかるし，そこまで厳密な計測は徒労に終わる可能性も大きいだろう。新国富指標は現実の問題解決に利用可能な実務的指標を志向するのであるから，不完全であっても効果的に持続可能性の判断指標として利用できるようにする優先順位の方が高いのである。

　これは何も新しい指標を推進するための方便なわけではない。経済の舵取りに利用されるGDPですら，何を計測するのか，どのデータを利用するのか，といった問題に現状でもぶつかっている（例えば，GDPでは家事が計上されないため，保育所に子供を預ければGDPは上がり，家で育てればゼロである。また，四半期ごとに発表される「速報値」，その約1カ月後に発表される「改定値」，そして毎年12月に発表される「確報値」が示す前期比はプラスからマイナスに変更されることもある）。このような現状を踏まえれば，何の富（資本）を厳密に計測した新国富指標を使用しているか，という点を新国富指標の活用で理解しているのであれば，持続可能性の指標として活用可能だと考える。例えば，人口減少が激しい地域であれば，その影響を最も受けるであろう人的資本を厳密に計測する新国富指標を使用すべきだろう。また，第1章では自然資本の計測に力を入れているが，第2章，第3章では人口過密地域を取り扱うことから人的資本を詳細に計算している[1]。

　以下では簡単に新国富指標に含める資本項目を解説した後，各資本項目の実際の計算方法を述べる。第Ⅰ部で使用したデータの基本となる計算は都道府県レベルで行ったものであることから，まずは都道府県レベルの新国富指標の計算方法を説明する。そして最後に市区町村レベルの新国富指標の計算方法について解説する。

1　新国富の資本項目[2]

　新国富は大きく分けて2つのプロセスに分けて計算される。まず、第1段階では人工資本、人的資本、自然資本の3つの資本群の価値を計算する。人的資本、自然資本はさらに以下のように細かな資本に分類される（各資本とその他の調整項目の具体例は**図表補-1**を参照されたい）。
(i)　人的資本は教育資本、健康資本
(ii)　自然資本は農地資本、森林資本、漁業資本、鉱物資本

　このように分類された資本各々の価値を計算するのである。そして第2段階でそれらの個別資本を足し合わせ、最終的な調整を行うことで新国富指標を得ることができる。最終的な調整には次の項目を含む。資源輸入に伴い他国の自然資本を減耗させている分を自国の自然資本の減耗に振り替える調整、原油価格上昇から得られるキャピタルゲイン、二酸化炭素排出による自然の損失額の調整などである。

図表補-1　各資本の内容

人工資本	人的資本	自然資本	その他
・住宅ストック ・工場、機械等 ・公共資本	・教育 ・健康	・石油、ガス、鉱物資源 ・漁業・森林資源 ・生態系サービス	・CO_2（二酸化炭素）排出 ・資源貿易の影響 ・人口変化

（注）　CO_2排出は自然資本を減少させる項目であるため、計算上はその他の項目（調整項目）として扱っている。また、UNU-IHDP and UNEP（2014）では調整項目に全要素生産性（TFP）の影響が含められているが、我々の独自推計において現時点で除外している。
（出所）　馬奈木ら（2016）の図3を筆者修正。

　第1段階で得られる各資本の価値は、「資本ストック量×シャドウ・プライス（潜在資本価格）」という式にあてはめて計算する。資本ストック量は森林体積などの資本の物量を表し、シャドウ・プライスはその1単位当たりの価値である。この価値には市場価格を含めるものの、注意が必要である。それは、新国富と将来まで含めた「豊かさ」の価値が等しいことから、新国富を形成する各資本ストック1単位は、現在の世代の福祉に与える価値だけでなく、将来の世代の福祉の価値も合算しなくてはならない点である。例えば森林について、資本ストック量を1㎡当たりの木材量とすれば、その市場価格（正確には市場販売価格からその材料費、人件費などを除いた付加価値額であるが）は現在世代の福祉の価値と暫定的にみなすことはできるが、将来世代の福祉の価値は含まれていないだろう。そのため、現在世

代の福祉の価値は，各資本ストックの市場価格で代用するにしても，観察できない将来世代の福祉の価値を改めて推計する必要があるのである。ここで我々は現在と同じ量の消費が行われるという仮定を置いている。つまり，将来実現していく毎期の福祉が現在と同じであり，それが永続的に続いていくことを想定しているのである。

将来枯渇するかもしれない石油資源を（経済学的に）最適に利用することを考えれば，少し奇妙な仮定に見えるかもしれないが，このような仮定を置いてシャドウ・プライスを求めても良い理由がある。もし我々が最適な経済行動をとることができるなら，石油の埋蔵量が年々減っていくにつれ消費量は減り，その希少性が上がる。したがって，希少なものを消費して得られる福祉が増加し，シャドウ・プライスも増加していくだろうが，このような最適な経済行動は現実にはとられないだろう。そして最適な経済行動がとられない場合には，先程の「毎年同じ量を消費する」といった資源配分メカニズムによりシャドウ・プライスが決められることがわかっており，我々もそれに従っているのである（ここでは，石油資源を配分するメカニズムを例に挙げたが，詳しく知りたい読者はDasgupta and Mäler（2000）を参照されたい）。

2　都道府県レベルの各資本の計測

以下では，シャドウ・プライスと資本ストック量を用いた各資本の価値の実務的計算を説明する。ちなみに使用した主要なデータは世界銀行などの国際機関のデータベースと，総務省の政府統計窓口「e-Stat」から得ており，詳細は**図表補-2**にまとめている。

また，ドルベースの価格を日本円に変換する処置をほぼ全ての資本で行っているが，最終的に2000年度基準の実質円価額に統一している。

3　人工資本の計算

King and Levine（1994）とUNU-IHDP and UNEP（2014）における人工資本計測に使用された継続記録法（Perpetual inventory method）を使用した。その一連の計算過程を概観すると，まず経済の初期時点（本研究では1975年）における資本を資本算出比率を用いて初期時点の人工資本の価値を推計する。次に時間経過とともに各年度の投資額を積み上げると同時に減価償却を考慮するのである。さらに，重要な理論的な考えとしては，一時的に経済が不安定だとしても，長期的には安定的（Steady state）であり，その安定的な状態における資本を計測する点が挙げられる。

具体的な計算手順について，まず重要な資本算出比率の算定を説明しよう。ちなみに，従来の継続記録法との違いはこの資本算出比率を計算するところにあり，計算しない従来の方法では初期資本をゼロとする仮定を置いていた。計測対象とする経済iの資本算出比率k^iは

補　論　地域区分に応じた日本の新国富指標の計算方法

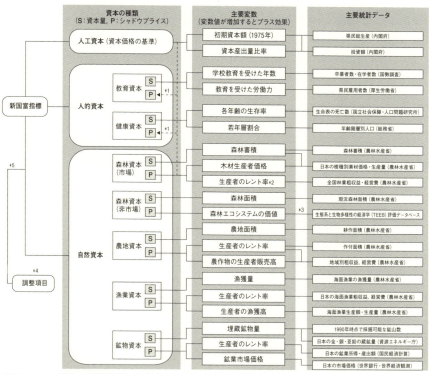

図表補-2　新国富指標の計算フローチャート

（注）　＊1　資本の配賦状態に依存する人的資本ごとの生産効率性を用いて算出される（他の資本計算後）。
　　　＊2　レント率とは，資本を1単位増やした時の，その時点での収益率を指す。ここでは生産者が1単位資本を増やした時の収益率であるため，マージン率（＝（売上－生産費用）／売上）と読み替えてもよい。
　　　＊3　水源涵養・吸水・気候緩和・土壌保全機能を含む。
　　　＊4　二酸化炭素排出による自然資本の減耗，資源貿易に伴う減耗した自然資本の調整などが含まれる。
　　　＊5　新国富指標計算後に調整項目は加えられ，それを調整済新国富指標と呼ぶ。
（出所）　筆者作成。

次の計算式で計算される。

$$k^i = \frac{I^i/y^i}{\delta^i + \gamma^i}$$

（i）　I^iはグロスの投資額であり，民間投資額と公的投資額の合算とした。民間投資額は県民

経済計算に記載された各年度の総資本形成のデータを使用した。また、公的投資額については、総務省発行の都道府県別行政投資実績報告書における都道府県別行政投資額（1975, 1985, 1995, 1998, 2007-2010年）のデータを使用し、欠損されたデータは線形補間した。
(ii) y^iは総生産高であり、内閣府の県民経済計算記載の各年度の県内総生産のデータを使用した。2005年価格基準の93SNAによるデータをベースにしており、93SNAによるデータが存在しない2000年以前の過去のデータベースを構築する際は、古いSNAによるデータを93SNA基準データの初期年（この場合では2001年）の比率で接続した。換言すれば、その接続年における2つのデータベースの値の比率を乗じた古いSNA基準のデータを接続したのである。同様にして、1990年までの総生産高のデータベースを構築した。
(iii) δ^iは減価償却率であり、ここでは4％と仮定した。
(iv) γ^iは経済成長率である。長期的安定状態における経済成長率を算定するために、そうでないデフレ期に相当する期間を除いた1990年から1999年の日本の経済成長率1.47％（IMF World Economic Outlook Database）と、1970年から2010年までの世界の経済成長率3.07％（同上）に対して、前者に0.25、後者に0.75を乗じたものを加算する重みづけ平均により算定した[3]。また、この値は各都道府県で共通の値としている。

そして、算定された資本算出比率k^iを1975年の総生産高に乗じることで、初期資本額K_0^iを計算した。1975年まで遡って初期資本K_0^iを算定するのは、計測期間の1990年以降の資本価値への誤差の影響を小さくするためである。

地域iにおけるt時の資本K_t^iは下式で求められる。初期資本額K_0^iは下式の右辺第1項にあるように減価償却を考慮して、減衰していくように計算している。そして、右辺第2項にあるように、各期jに行われる投資I_j^iが資本として積み上げられていくとともに、これらの投資のt時以前の減価償却の効果も考慮している。

$$K_t^i = (1-\delta^i)^t K_0^i + \sum_{j=1}^{t} I_j^i (1-\delta^i)^{t-j}.$$

4 詳細な自然資本の計算（第1章）

自然資本は自然資源タイプ別で賦存量（または、ストック）とそれぞれのシャドウプライスの積である。本書では1990、2000と2010年の都道府県別の自然資本を推計した。

(1) 農地資本

第1章3節の農地資本の推計は基本的にはUNU-IHDP and UNEP（2012）に従った。その推計は下記①×②となる。

補　論　地域区分に応じた日本の新国富指標の計算方法

① 農地の賦存量（ストック）の集計
　　対象期間各年の都道府県の耕地面積（牧草地を含まない）である。
② シャドウ・プライス
　　農地のシャドウ・プライスはヘクタール当たりの内の将来収益の純現在価値（Net Present Value, NPV）である。その推計には，3つの手順に従って行う。
(i)　1ヘクタール当たりレンタル率の推計

$$RPA_j = \frac{1}{A}\sum_{k=1}^{10} R_k P_{jk} Q_{jk} \tag{1}$$

　　農地の価値が栽培する農作物の収益に基づくもので，農作物の市場価格がそれぞれ異なるため，地域レベルでの評価は，統合したレンタル率の算出が必要となる。ここで，数式(1)を用いて推計を行う。jは研究対象年を示す；kは農作物の種類；Aは，作付面積であり，本書では『作物統計調査』の「耕地及び作付面積統計」を使用する。Rは農作物kのレンタル率；Pは各年の農作物kの単位当たりの市場価格で，Qは各年農作物kの生産量である。つまり，$P_k \times Q_k$は，各年農作物kの生産額である。しかし，各都道府県における農作物のレント価格の推計は困難であるため，本書では，都道府県別農業総産出額の内耕種部分（10項目）の産出額を使用し，Narayanan and Walmsley（2008）の日本の農業付加価値の要素別シェアのうち土地分0.18を使用した。なお，物価変動や地域差の影響を取り除くため，GDPデフレーターと地域間CPI調整指数を用い，2009年水準に変換する。
(ii)　ヘクタール当たり農地の富の算出

$$Wha_j = \sum_{t=0}^{\infty} \frac{RPA_j}{(1+r)^t}$$

　　ここで，Wha はwealth per ha を意味している，つまり，ヘクタール当たりの富である；r（＝5％）は割引率；tは計画期間，再生産可能であるためtは無限と設定する。
(iii)　ヘクタール当たり農地の平均価値

$$\overline{Wha} = \frac{1}{N}\sum_{t=1}^{N} Wha_j$$

　　ここで，Nは対象期間年数である。本書第1章では，1990年から2010年を対象とするため，21となる。

(2) 林地資本[4]

　　林地資本の算出は木材と林産物の収益に基づくものである。
① 木材資源のストック
　　ここでは人工林の蓄積をストックとして用いる。入手可能なデータは，林野庁都道府県別森林資源現況（2000年，2007年，2012年）である。2010年の都道府県別蓄積は2007年と2012年の平均値を使用した。また，1990年の都道府県別蓄積は1990年の全国蓄積値に2000年の

補　論　地域区分に応じた日本の新国富指標の計算方法

シェアを掛けることで得る。

② **木材資源のシャドウ・プライス**

　代理係数として，木材のレンタル価格を推計する。そのため，まず，都道府県樹種別生産量の割合と価格も用い，各年各県の木材加重平均価格を推計する。次に，日本のレントレート0.4（Bolt et al., 2002）を掛けて，木材の単位レント価格を算出する。ここで，樹種別価格は，日本不動産研究所の『山林素地及び山元立木価格調』の都道府県別データを用いた。対象となる木材は杉，檜，松・薪炭材であるが，都道府県別の薪炭材の価格がないため，北海道の数値を用いた。

③ **非木材林産物のストック**

　既存研究（Hamilton et al., 2005）を参照し，森林面積の10％を非木材林産物の採集範囲とする。

④ **非木材林産物のシャドウ・プライス**

　Lampietti and Dixon（1995）を参照し，単位的経済価値$190に割引率5％で無期限に続く将来収益を割り引いた現在価値を換算する。単位的経済価値は『生産林業所得統計』から得られる。用いたデータ：『生産林業所得統計』（表：年次別林業粗生産額および生産林業所得累年統計）および『農林業センサス』（林業地域調査：14　林野面積）より得た。

(3) 漁業資本

　UNU-IHDP and UNEP（2012）では，データ欠損のため，4ヵ国の漁業資源しか評価してない。本書では，鉱物資本の推計方法を参照し，漁業資本を推計した。漁業は主に海面漁業，海面養殖，内水面漁業および内水面養殖の4種類によって構成されている。

① **ストック**

　都道府県毎海面漁業のストック：UNU-IHDP and UNEP（2012）には，漁場面積をベースに，ストックを計算したが，日本の場合，季節や海流など魚種生態の関係で，生産量と生産額が異なる。そのため，本書では，『我が国周辺水域の漁業資源評価』（水産庁増殖推進部漁場資源課 2016）の資源量を用い，各都道府県の漁獲量シェア（『漁業生産統計』により）をパラメータとして都道府県別の漁業資源量を推定した。漁業資源量に関するデータが欠損する魚種の場合，各年獲得量を足し合わせて過去に遡って推計する。

　都道府県別内水面漁業のストック：湖沼・川の漁業資源量に関するデータが不足しており，漁獲量に基づく推定となる。

$$(t-1年のストック)=(t年のストック)+(t年の生産量)$$

　海面養殖と内水面養殖の場合は，5年毎行われる『漁業センサス』を参考し，漁獲量をベースに，推計を行う。ただし，2011年の東日本大震災による影響が大きいため，2010年の値は2008年と2013年の平均値ではなく，2008年の値をそのまま使用した。

② シャドウ・プライス

シャドウ・プライスにはレンタル価格を使用する。漁業タイプ別で魚種毎の市場価格と生産量を用い，平均化した価格をGDPデフレーターで不変価格に変換し，1990年から2010年の平均価格を求める。平均価格にレンタル率を掛けることで漁業のレンタル価格を得られる。なお，内水面養殖の場合，成魚価格の推計がしづらいため，種苗用の生産を含まない。

5　簡易な自然資本の計算（第2・3章）

(1) 森林資本（市場価値）

森林の価値における本項の市場価値と次項の非市場価値について天然林（自生可能な森林）を対象に計測する。森林の更新が人の手で行われる人工林に関しては，その主な資本価値が人工資本としてカウントされているからである。

① シャドウ・プライス

シャドウ・プライスは森林のレンタル率（林業経営者の利益率で代理した）に立木市場価格を乗じて得られる，各時点での立木資本価格が永続的と仮定した，その割引現在価値として算出する。そのシャドウ・プライスに資本ストック量を乗じることで森林の市場的価値を算出するのである。

まず，レンタル率は，(売上高－生産費)/売上高　で算定される。売上高や生産費用を含む粗収益のデータは農林水産省の林業経営統計調査から得た。しかし，長期統計が日本全国に関するものしか存在しないことから，全都道府県で同一との仮定を置いた。定常経済におけるレンタル率算定のため，可能な限り長期のデータ使用を試みた結果，1978年から2008年までの期間平均を取った。

次に立木市場価格の算出であるが，日本の林業の状況を踏まえれば，生産市場で最も高いシェアを誇る製材用の素材価格を立木価格として使用することが適当である。これらの価格データは木材需要報告書中の素材価格累年統計より得た。地域別のデータが不十分であったことから，日本全国レベルのデータを使用することにしたものの，木材統計調査（都道府県別）から得られる樹種別の素材生産量で加重平均を取る処置を行うことで，各年度の立木価格に都道府県レベルの差異が生じるようにした。

② ストック

森林の資本ストック量の代理指標として，UNU-IHDP and UNEP（2014）に倣い，利用可能な森林体積を使用した。具体的には，森林体積に人工林以外の森林面積比率を乗じて計算した。都道府県別の森林体積，面積に関するデータは森林・林業統計要覧より得たデータを利用した。

(2) 森林資本（非市場価値）
① シャドウ・プライス

　森林からは前述の市場を通して消費されることで得られる福利だけではなく，野山での狩猟，森林浴などを含む休養，水源涵養などによる福利を得ることができる。そのため，非市場的価値として，これらの価値を別途算定し，森林資本に含める必要がある。このようなエコシステムから得られる単年度の価値を，生態系と生物多様性の経済学（The Economics of Ecosystems and Biodiversity, TEEB）で示されたアジア地域のエコシステムの価値300ドル（2005年度基準価格）に設定した。また，割引率を5％に設定して算出した割引現在価値をシャドウ・プライスとした。

② ストック

　森林（ここでは天然林を想定している）の一部からエコシステムの価値を享受していることから，人が接する森林の割合を，Hamilton et al.（2005）に倣い10％と仮定した。以上で得られたデータから，シャドウ・プライス×天然林面積×10％として森林の非市場価値を算出した。

(3) 農地資本
① シャドウ・プライス

　まず，農地のレンタル率を算出する。9つの地域（北海道，東北，北陸，関東，東海，近畿，中国，四国，九州）について，7つの主要農作物群（米，小麦，大豆，その他畑作，果実，野菜，花卉）のレンタル率を計算した。ただし，小麦，大豆，花卉に関してはデータ不足により地域レベルではなく，全国レベルの値を採用した。データは農林水産省の営農類型別経営統計（個別経営）より得た。その際，2004年以降のデータしか得られなかったため，2004年から2012年までのレンタル率の平均値を，計測期間中の一定のレンタル率として採用した。次に，時点tにおける平均レンタル価格を下記のように求めた。

$$ARP_t = \frac{1}{A_t} \sum_{k=1}^{7} R_k PV_{k,t},$$

(ⅰ) R_kは主要農作物群kのレンタル率である。
(ⅱ) $PV_{k,t}$は時点tの主要作物群kの生産額総計である。データは農林水産省の生産農業所得統計より取得した。
(ⅲ) A_tはt年の作付面積である。各農作物群に対応する農作物の作付面積を集計して算出した。その際7つの農作物群を構成する71の農作物の作付面積のデータを使用した[5]。作付面積のデータは農林水産省の生産農業所得統計より得た。

　得られた平均レンタル価格から，計測期間Tの間はシャドウ・プライス一定，割引率rを5％とする仮定を置き，下記式から都道府県別のシャドウ・プライスSPを計測した。

補　論　地域区分に応じた日本の新国富指標の計算方法

$$SP = \frac{1}{T}\sum_{t=1}^{T}\sum_{t=1}^{\infty}\frac{ARP_t}{(1+r)^t},$$

② ストック

　農地資本ストックの代理変数として耕作面積のデータを使用した。さらに牧草地に関して，UNU-IHDP and UNEP（2014）と同様に，シャドウ・プライスが農地と同一との仮定を置くことでストック計算に含めた[6]。都道府県別の耕作地に関するデータは作物統計調査から得た。

(4)　漁業資本
① シャドウ・プライス

　農林水産省の漁業経営調査報告より得た，売上高，費用のデータを用いてレンタル率を算定した。その際，2006-2010年に関しては3経営体のレンタル率を用い，売上高で重みづけした平均値をレンタル率とした（個人経営体，会社経営体，共同経営体）。2005年以前に関しては最も大きな市場シェアを持つ個人経営体のデータしか得ることができないことから，他の2つの経営体のレンタル率の変動が個人経営体のそれと同じとする仮定を置くことで，1956年まで遡ってレンタル率を得た。

　シャドウ・プライス算定に用いる市場価格に関して，生産額を生産量で割ることで算出した。まず生産額のデータについて，海面漁業生産統計から得られた都道府県別の生産額（2006-2013）を用い，各都道府県の8年間の平均的な全国シェアを算出したのち，日本全国の値しか得られない2005年以前の値をその比率で按分した。また，生産量は都道府県別に1957年よりデータを得られる。シャドウ・プライスは，当年のレンタル率と市場価格を用い，それが無限の将来まで継続すると仮定して，5％の割引率で計算した現在価値である。漁業資本については平均値を採らずに各期のシャドウ・プライスの変動をデータに反映している。他資本と比べても長期のデータが得られていることから，他資本では難しいシャドウ・プライスに関するより精緻な計測が可能だったからである。

② ストック

　漁業ストックに関しては十分なデータがないことから，潜在的なストック量はゼロであり，毎年の漁獲量が毎年発生するストックであるとする仮定を置いた。そのため，海面漁業生産統計の生産量をストック量のデータとして使用した。

(5)　鉱物資本

　鉱物資本の計算の主点は日本全国のデータを都道府県レベルに按分する点にある。まず日本全国のデータに関しては，日本のIWIを計測している佐藤ら（2015）より1990-2008年までのデータを得た。鉱物資本の価値が他の自然資本と比べても小さいことから，その増減率に大きな影響を与えないと考え，2009，2010年に関してはゼロと仮定した。また，鉱物資本

329

の構成は，日本の主要な鉱物である金，銀，亜鉛に限定した。都道府県への按分計算に必要な，各都道府県の鉱物産出量のデータの入手が難しいことから，本研究では，計測開始年である1990年時点において採掘可能だった金，銀，亜鉛の鉱山数を用いて，その全国比率を按分比として採用した。1990年時点でほとんどの日本の鉱山は閉山しており，その後の閉山の影響もほとんど無視できると考えたからである。また，鉱山によっては銀・亜鉛が採掘可能な場合もあることから，この按分比は2つの鉱物で共通とした。金に関しては鹿児島県の菱刈鉱山のシェアが圧倒的に高いことから，全て鹿児島県に配分した。

6　詳細な人的資本の計算（第2・3章）

(1) 健康資本ストック

健康資本ストックの算出にはArrow et al.（2012）で用いられた手法を適用した。まず，a歳までは生きており，T歳で死亡する条件付き確率密度関数$f(T|T \geq a)$を求める。その際，T歳で死亡する確率を$f(t)$，その累積分布関数を$F(a)$とおけば，$f(T|T \geq a)$は下式で表される。

$$f(T|T \geq a) = \frac{f(t)}{1-F(a)}.$$

T歳で死亡する確率$f(t)$は，日本版死亡率データベースにおける都道府県別の年齢別死亡者数のデータより計算した。また，国勢調査年（1990, 1995, 2000, 2005, 2010年）を中心年とした5年間の平均データを使用している。

次に，追加的に生きることで生じる価値と年齢は独立の関係にあることを仮定する。つまり，計算の簡略化のために全ての年齢で限界的な生きることの価値が等しいと仮定するのである。この仮定により，1人当たりの健康資本ストック$H(a)$は下のように表せる。

$$H(a) = \sum_{a=0}^{100} \pi(a) \left\{ \sum_{T=a}^{100} f(T|T \geq a) \left(\sum_{t=0}^{T-a} (1-\delta)^t \right) \right\}.$$

(i) $\pi(a)$はa歳の人が人口に占める割合を表す。都道府県別の人口データは国勢調査より取得した。

(ii) 右辺の第二項はa才の人が将来生存する年数の期待値を意味している。δは，将来生きるであろう年数の割引率であり，本研究では5％と仮定している。

最終的に，1人当たりの健康資本ストック$H(a)$に人口を乗じれば地域の健康資本ストックの総和を計算できる。

(2) 教育資本ストック

教育資本ストックの計算はKlenow and Rodriguez-Clare（1997）の手法を適用しており，

同じ方法は Arrow et al.（2012）と UNU-IHDP and UNEP（2014）でも用いられている。教育資本ストックは教育達成年数Tと，教育訓練への将来に渡った追加補償rの関数として定義される。本研究ではUNU-IHDP and UNEP（2014）に倣い，教育訓練への追加補償が利子率に等しいと仮定し，年8.5％と仮定した。また，その関数形を指数関数と仮定した。そのため，1人当たりの教育資本ストックは，$\exp(rT)$と置くことができる。Tは地域の構成員の平均的な教育達成年数である。

教育達成年数の計算は，Barro and Lee（2010）と UNESCO Institute for Statistics（2013）の方法に従った。教育を受けたレベル（学歴別）の人数に対して，小学校からその教育レベルまでの教育年数を乗じた（例えば「小学校・中学校」卒業者には9年（義務教育期間であり，小学校卒はいないと仮定している），「高校」卒業であれば12年，「短大・高専」卒業者には14年，「大学・大学院」卒業であれば16年とした）。さらに本研究では，教育機関の在学者に関しても計算に含めた。具体的には「高校」在学者，「短大・高専」在学者，「大学・大学院」在学者について，半分の期間在学しているとみなして算入した。ただし，中学在学以前の学生は潜在的な労働力とみなせないことから除外した。最後にこれらを各学歴区分の人数で重みづけした平均値を取ることで，教育達成年数を算出した。

これらを用いて計算した1人当たりの教育資本ストックに労働力人口を乗じることで，地域の教育資本ストックを得た。教育資本は労働を通じて生産活動に貢献することから，総人口ではなく，労働力人口を使用した。最後にデータ入手元であるが，都道府県別の在学者数，卒業者数に関するデータは1990年，2000年，2010年の国勢調査から得た。また，都道府県別の労働力人口は1990年から2010年まで5年ごとの国勢調査より得た。

(3) **人的資本のシャドウ・プライス**

Muñoz et al.（2014）で述べられたように理論枠組みに従えば，資本の生産効率性をもとにシャドウ・プライスが計算されることから，その点をより厳密に追求し，生産過程への資本インプットとアウトプットの関係性をモデル化した生産効率性のフロンティア分析（Frontier analysis）を用いてシャドウ・プライスの導出を行った。具体的には，各主体が様々な生産効率性の下で多数の資本（人工資本や自然資本）を用いてアウトプットを生み出す点を生産モデル化した方向付け距離関数（Directional Distance Function：以下DDF）を用いたシャドウ・プライスの計測が適している[7]。ここで，アウトプットは都道府県の1人当たりのGDPであり，県民経済計算から得た。

DDFを用いたシャドウ・プライスの導出法はFäre et al.（2005）によるため，そちらを参照してほしい。ここでは簡略にシャドウ・プライスの推計方法を説明する。まずDDFにおいては，生産可能集合をP，インプットをx，アウトプットをy，二酸化炭素などの自然資本を減耗させる悪性のアウトプットをb，方向ベクトルを$g = (g_y, g_b)$（ここで$g \in R^M \times R^J$）とおけば，距離関数$D(x,y,b;g)$は下記のように定義される。各主体において，なるべく悪性

のアウトプットを減らし，良性のアウトプットを増やすための努力が必要なほど，現状が非効率である点を定量化しているのである。

$$D(x,y,b;g) = \max_{\beta} \{\beta : (y+\beta g_y, b-\beta g_b) \in P(x)\}$$

$$P(x) = \{(x,y,b) : x \text{ can produce } (y,b)\}$$

本研究ではFäre et al. (2005) に倣い，$g = (1, -1)$ を仮定し，距離関数を二次形式として特定化した。この設定もとで，各主体の収入関数Rを下記のように定式化できる。

$$R(x,p,q) = \max_{y,b} \{py - qb : D(x, y, b; 1, -1) \geq 0\}$$

pは良性のアウトプットの単位価格（ここでは1），qは悪性のアウトプットの単位価格である。この利潤関数の最大化問題を解けば，健康資本（教育資本）のシャドウプライスSP_{health}，二酸化炭素のシャドウプライスSP_{CO2} ($=q$) が次の式で得られる[8]。

$$SP_{health} = -\frac{\partial D(x, y, b; 1, -1)/\partial x_l}{\partial D(x, y, b; 1, -1)/\partial y},$$

$$SP_{CO2} = -\frac{\partial D(x, y, b; 1, -1)/\partial b}{\partial D(x, y, b; 1, -1)/\partial y}.$$

ここで，x_lは健康（教育）資本ストックである。インプットベクトルxには，1人当たり人工資本，1人当たり人的資本ストック（教育，もしくは健康），自然資本ストックの代理変数として，推計対象地域の総面積に対する森林面積の比率を含めた[9]。ただし，実務上計算負荷が大きい場合に推計結果が得られない場合もあることから，**図表補-3**のように複数のモデルで推計を行い，その結果の平均値をシャドウ・プライスとした[10]。

図表補-3 人的資本のシャドウ・プライス推計に使用したデータ

シャドウプライスを推計する資本	モデル番号	インプット	悪性のアウトプット (CO2)
健康資本	1	人工資本，健康資本ストック	No
健康資本	2	人工資本，健康資本ストック	Yes
健康資本	3	人工資本，健康資本ストック，森林面積	No
教育資本	1	人工資本，教育資本ストック	No
教育資本	2	人工資本，教育資本ストック	Yes
教育資本	3	人工資本，教育資本ストック，森林面積	No
教育資本	4	人工資本，教育資本ストック，森林面積	Yes

（出所）筆者作成。

7 簡易な人的資本の計算（第1章，教育資本のみ）

第1章2節における人的資本の結果は，以下の数式とデータを用いて推計を行った。

新国富報告書2014年版に従い，簡単化した数式(1)を使用し，人的資本を推計した。

$$\text{人的資本}2 = population_{(Edu+5)} \times discounted\ expected\ lifetime\ wage\ remaining \quad (1)$$

ここで使われたパラメータは下記のように定義する。

$Population(Edu+5)$：（平均教育年数＋5）以上人口（未就業も含む）[11]；

$Discounted\ expected\ lifetime\ wage\ remaining$：現時点の労働力人口構造から推計される1人当たり余剰生涯賃金現在価値；

なお，平均教育年数（Edu）に関しては，都道府県別に，初等・中等・高等教育など教育レベル毎に教育を受けた人口とその割合を用い，県民の受けた教育年数の平均値を算出した。具体的には，教育レベル毎に必要となる学習年数×（教育レベル毎の卒業人口／15歳以上人口）である（数式2）。

$$yearsofschooling_j = \sum_{i=1}^{6} \frac{Pop_{ij}}{Tpop_j} \times t_i \quad (2)$$

ここで，

j：都道府県； i：教育レベル，i=|1,2,3...6|；

Pop：教育レベル毎の卒業人口；

$Tpop$：15歳以上人口－「不詳」[12]；

t：それぞれの教育レベルにおいて卒業するための必要年数；

と定義する。

推計に用いたデータは，国勢調査の第2次基本集計 都道府県別（1970，1980，1990，2000，2010）である[13]。

国勢調査の教育レベルの分類は，小学校・中学校，高校・旧中，短大・高専，大学・大学院，在学者，未就学者である。そのため，i=|1,2,3...6|となり，t=|9,12,14,16,x,0|である。

ここで，x（在学者の教育年数）に関しては，都道府県別在学者数内訳（文部科学省，1991-2013）を用いて，推計を行った。ただし，文部科学省のデータ区分は国勢調査と異なる部分がある。そこで，それぞれのレベルの教育年数の中間値を用い，在学者数の平均教育年数を推計した。具体的には，小学校（3年），中学校（7.5年），高等学校（10.5年），盲聾学校（9年），養護学校（9年），高等専門学校（13年），短期大学（13年），専修学校（13

年),大学（14年）などである。ただし，データが欠損している1990年の在学者平均教育年数は1991年の値を用いた。また，1970年と1980年の在学者平均教育年数は10年とした[14]。

都道府県別生涯賃金現在価値の算出に用いたデータは，賃金構造基本調査の第1表『年齢階級別きまって支給する現金給与額，所定内給与額及び年間賞与その他特別給与額』の企業規模計[15]である。教育データに合わせて1970，1980，1990，2000年と2010年のデータを用いた。調査項目の定義については，厚生労働省・賃金構造基本調査に詳しい。

具体的には，15～64歳[16] 5歳段階[17]年齢別性別企業規模計欄の「きまって支給する現金給与額」および「年間賞与その他特別給与額」を利用し，各年都道府県別男女別の平均化した生涯賃金を算出する。ここで，それぞれ調査した年の賞与を使用しており，賃金水準と同じく，2000年には最も低い水準となっている。なお，推計された値を2009年基準にし，都道府県消費者物価指数による調整も行った。

8 調整項目

(1) CO_2 排出による富の損失

製造業を中心とした経済活動の結果としてCO_2が排出されるが，それは自然資本の減少要素として新国富指標に計上する必要がある。CO_2排出に伴う単位資本損失額もここではシャドウ・プライスと呼ぶが，人的資本と同様の手法で推計した（詳しい推計方法は人的資本の項目を参照）。都道府県別のCO_2排出量のデータは室田（2008）より1990，2000，2006，2010年について得たのち，線形補間で欠損したデータを得た。

(2) 資源貿易による損失

国際貿易に伴い，国外の資源ストックを消費している点が前述までの自国内の自然資本計算に反映されていない点に対処する必要がある。具体的には，輸入において資源に最も関連していると言える一次産業品に関して，仮に自国内で生産，消費された場合の自然資本の減耗を算入すべきなのである。換言すれば，本来自国内で供給したかった資源を輸入に頼っていることから，日本の本来の自然資本の減耗を計上しようとする考え方である。

貿易額は財務省貿易統計の年別輸出入総額（確定値）より得られる，一次産品として**図表補-4**の9品目についてデータを入手した。これらの輸出入額から純輸入額（輸入額－輸出額）を算出し，日本における自然資本のレンタル率を乗じることで日本の調整額を得ることができる。輸入材9品目に関するレンタル率はNarayanan et al.（2012）から得た。

最後に，全国の調整額を各都道府県に按分する処置を行うために，全国に占める各県の人工資本の比率を用いた。

334

図表補-4　計算に使用した一次産品

コード	概況品
007	魚介類及び同調製品
207	木材及びコルク
213	粗鉱物
215	金属鉱及びくず
301	石炭・コークス及びれん炭
303	石油及び同製品
305	天然ガス及び製造ガス
615	非鉄金属
903	金（マネタリーゴールドを除く）

（出所）　財務省貿易統計より筆者作成。

9　市区町村レベルの資本価値の推計方法

　市区町村レベルの資本価値および調整額には，大きく分けて，①按分法で推計されるものと②積み上げ法で推計されるものがある。以下では，それぞれの項目ごとに，推計方法の概略を示す。

(1)　人工資本
　一部の市を例外とすると，市区町村レベルの投資額のデータは手に入らないので，人工資本の価値は按分法によって推計する。按分比は，市区町村と都道府県の従業者数の比であり，これを計算するためのデータは経済センサス（総務省統計局）から得ている。この比を都道府県レベルの価値に乗じることにより，市区町村レベルの人工資本の価値を推計する。

(2)　自然資本
　市区町村レベルにおいては，自然資本の作業的定義が都道府県レベルのものとは異なっている。農地，森林，漁業資源の価値のみを推計の対象とし，鉱物資源の価値は含まない。
① 　農　　地
　農地の価値は，積み上げ法で求める。物量ストックは，耕地面積である。市区町村レベルの耕地面積のデータは，作物統計の面積調査（農水省）のものを用いる。シャドウ・プライスについては，市区町村が含まれる都道府県のものを用いる。例えば，仙台市の農地のシャ

ドウ・プライスとしては，Ikeda et al.（2016）で推計された宮城県のものを用いる。このシャドウ・プライスを物量ストックである耕地面積に乗じて，資本価値を推計する。
② 森　　林
　森林の価値は，2つの部分から構成される。木材の生産に寄与するサービスに関する部分と，それ以外の多面的なサービスに関する部分である。前者も，後者も，按分法によってその価値を推計する。前者については，按分比として市区町村と都道府県の森林蓄積（材積）の比を用いる。後者については，森林面積の比を用いる。これらのデータは，林野庁の「森林資源の現況」から得ている[18]。なお，この統計調査は5年ごとに行われるので，データのない年については線形補完によって値を得ている。
③ 漁業資源
　市区町村レベルの漁業資源の価値は，按分法によって得ている。按分比として市区町村と都道府県の海面漁業就業者数の比を用いる。データは漁業センサスから得ている。このセンサスは5年ごとに行われるので，データのない年については線形補完によって値を得ている。

(3) 人的資本
① 教育資本
　教育資本の価値は，積み上げ法で求める。推計方法は，都道府県レベルのものと同じである。シャドウ・プライスを求めるためのデータは，ほぼすべての市区町村について揃う。データは国勢調査（総務省統計局）もしくは県民経済計算（内閣府）から得る。1人当たり雇用者報酬のみ，入手できない自治体があるので，それらについては都道府県レベルのデータを用いている。都道府県レベルの資本価値の推計方法との違いは，物量ストックを計算するときに基礎にしているのが，労働力人口ではなく，雇用者数だということである。
② 健康資本
　健康資本の価値は，積み上げ法で求める。推計方法は，都道府県レベルのものと同じである。シャドウ・プライスを求めるためのデータは，ほぼすべての市区町村について揃う。データは国勢調査（総務省統計局）もしくは県民経済計算（内閣府）から得る。1人当たりGDPのみ，入手できない自治体があるので，それらについては都道府県レベルのデータを用いている。これにより，農村の住民の健康資本のシャドウ・プライスは高く，都市の住民の健康資本のシャドウ・プライスは低く推計されることになる。物量ストックを計算する際に問題になるのは，生命表のデータが各歳について得られないことである。そこで，5歳グループのデータから，線形補完によって各歳のデータを得ている。

(4) 調整項目
① CO_2 排出による富の損失
　炭素ダメージの価値は，積み上げ法で求める。物量ストックは，二酸化炭素の排出量であ

る。市区町村レベルのそれのデータは，「部門別CO_2排出量の現況推計」（環境省）から得ている[19]。シャドウ・プライスはTol（2009）から得ており，その値はカーボン1トンにつき50USドル，CO_2の1トンについては13.64USドルである。後者を二酸化炭素の排出量に乗じて，炭素ダメージを推計している。

② 資源貿易による損失

天然資源貿易の影響は，按分法によって推計する。按分比として市区町村と都道府県の人工資本の比を用いる。市区町村レベルの人工資本の価値の推計方法により，この比は市区町村と都道府県の従業者数の比に等しい。この按分比を都道府県レベルの調整額に乗じて，市区町村レベルの調整額を推計する。

■注
1 理論的背景まで含めた詳細な計算方法は第1章に関しては楊（2016），第2章，第3章に関してはIkeda et al.（2016）のAppendix2，Okubo（2016）のAppendixを参照せよ。
2 本節は馬奈木ら（2016：15-17）に基づく。より直観的な説明は馬奈木ら（2016）を参照されたい。
3 長期的安定状態の経済成長率を計測するため，計測初期である1975年よりも過去のデータを使用した。
4 第1章での「林地資本」と第2・3章の「森林資本」は同じ資本（Forest capital）を指し，「木材資源」は「市場価値」，「非木材林産物」は「非市場価値」にそれぞれ対応している。本章の表記と合わせるため，ここでは呼称の統一は行っていない。
5 次の71の農作物の作付面積を集計した。米（陸稲，水稲），麦類（小麦，六条麦，二条大麦，はだか麦），豆類（大豆，インゲン豆，小豆，落花生），いも類（甘藷），果菜類（きゅうり，かぼちゃ，なす，トマト，ピーマン，さやいんげん，さやえんどう，そらまめ，えだまめ），葉茎類（白菜，小松菜，キャベツ，青梗菜，ほうれん草，ふき，みつば，春菊，セロリ，アスパラガス，カリフラワー，ブロッコリー，レタス，ねぎ，にら，玉ねぎ，にんにく），根菜類（大根，人参，ゴボウ，レンコン，馬鈴薯，里芋，山の芋），果実（みかん，りんご，葡萄，西洋ナシ，日本なし，もも，おうとう，びわ，梅，柿，栗，すもも，パイナップル，キウイフルーツ），花卉（切り花，球根，鉢物類，花卉苗類）。ただし，R_k算定に使用した果実の一部の作付けデータが存在しなかったため，A_tの計算で，それら9品目を除外している（除外した果実は，ネーブルオレンジ，なつみかん，はっさく，いよかん，清見，ポンカン，いちじく，ゆず，不知火）。
6 もちろん牧草地で行われる畜産業のシャドウ・プライスは異なるはずであり，より精緻な計算が今後必要である。
7 結果から言えば，これまでの人的資本の計算方法は価値を過大評価している一方で，上記の方法は資本ストックの計算に使用したデータの厳密な生産性を評価するため，かなり小さな値となる。例えば，教育資本ストックを学歴データで代理している点は，一般社会で学歴区分よりも，大学のレベルやその資質に応じて，資本へのリターンとしての賃金報酬が変化するだろう。そのため学歴区分の差異によるシャドウ・プライスはそれほど大きくないことは現実とも整合的だろう。また，健康資本のシャドウ・プライスの基礎とされる統計的生命価値は死亡率が1パーセント上がる際に保証すべき金額を単純に100倍して

計算される。しかしこの線形の仮定は非現実であるし，過大計算になる可能性がある。ただし，精緻な生産性を計算できる一方で，人的資本ストックをどのデータで代理したかに大きく結果が依存することになる。したがって，これまでよりも資本ストックの精緻な計算が必要である。

8　悪性のアウトプットを含まないケースでは，シンプルなInput DDFを分析することになり，健康資本（教育資本）のシャドウ・プライスは$-\frac{\partial D/\partial x_l}{\partial D/\partial x_p}$と求められる。ここで$x_p$は人工資本である。

9　教育資本ストックと健康資本ストックを同時にインプットに入れないのは，教育資本と健康資本の価値が独立と仮定しているからである（2資本の関係性も重要な論点であるが，ここでは射程を外れるため取り扱わなかった）。なお自然資本ストックは複数種の資本が存在しており，今後も増えることから，今回は簡易的に森林面積のみを算入した。また，パソコンの計測負荷の面でも負担を減らしたかったためである。

10　また，異時点で得られたシャドウ・プライスを平均化することで，計測期間中はシャドウ・プライスが一定とした。また，1990年，2000年，2010年の3時点で推計を行ったが，値がマイナスとなったものは除き，その地方の平均値を各年度で挿入する処置を行った。

11　ここで，例えば，平均の教育年数は12年の場合，17歳以上の人口となる。

12　「不詳」とは，教育を受けたかどうかが不明な項目である。2010年の国勢調査では「不詳」という項目が追加されているが，それ以前の年は総数に含まれていたため筆者が算出した。

13　国勢調査は10年毎の大規模調査と中間年（5年目）の簡易調査に大別され，教育に関する事項は大規模調査のみ含まれている。

14　1991年以後のデータを見ると，在学者の平均教育年数は卒業者の平均教育年数に近似する傾向があるため，1970年と1980年の平均教育年数を全ての県において10年にした。本稿では就業構造基本調査（ネットで入手可能なのは1992，1997，2002，2007，2012年のみである）の教育データも検討したが，2000年以降のデータと国勢調査の結果が大幅に異なる部分があるため，国勢調査のデータのみを使用する。

15　企業規模計：ここでは事業所10人以上のみを対象としている。事業所5〜9人で働く人口は事業所10人以上の10分の1であるため，今回は省略した。ただし，農林漁業は賃金構造基本調査の対象となっていないため，本研究ではそれ以外の産業労働人口を対象にしている。

16　データの年齢区分には18歳以上と記述。

17　1970年には40歳前後で5歳段階と10歳段階に分かれているが，1980年以後は5歳段階となる。

18　http://www.rinya.maff.go.jp/j/keikaku/genkyou/index1.html

19　https://www.env.go.jp/policy/local_keikaku/kuiki/tools_3.html

■参考文献

Arrow, K. J., Dasgupta, P., Goulder, L., Mumford, K., and Oleson, K. (2012) Sustainability and the Measurement of Wealth. *Environment and Development Economics*, 17：317-353.

Barro, R. J., and Lee, J. W. 2013. "A new data set of educational attainment in the world,

1950-2010." *Journal of Development Economics,* 104：184-198.
Bernanke, B. S., and Rotemberg, J. J. 1997. NBER Macroeconomics Annual 1997. Cambridge: MIT Press.
Bolt, K., Matete, M. and Clemens, M. (2002) Manual for calculating adjusted net savings. Washington, DC: Environment Department, World Bank.
Dasgupta, P., and Mäler, K. G. (2000) "Net National Product, Wealth, and Social Well-being." *Environment and Development Economics,* 5：69-93.
Färe, R., Grosskopt, S., Noh, D., and Weber, W. (2005) "Characteristics of a polluting technology: tTheory and practice." *Journal of Econometrics,* 126 (2): 469-492.
Hamilton, K., Ruta, G., Bolt, K., Markandya, A., Pedroso-Galinato, S., Silva, P., Ordoubadi, M. S., Lange, G., and Tajibaeva, L. (2005) *Where is the wealth of nations? Measuring capital for the 21st century.* Washington, DC: World Bank.
Ikeda, S., Nakamura, H., and Managi, S. (2016) "Accounting for Inclusive Wealth of Regions: Prefecture-level Analysis in Japan during 1990-2010." In The *Wealth of Nations and Regions,* ed. Managi, S., Routledge, UK. 150-185.
Klenow, P., and Rodriguez-Clare, A. (1997) "The neoclassical revival in growth economics: Has it gone too far?" *In Bernanke and Rotemberg:* 73-114.
King, R. G. and Levine, R. (1994) "Capital fundamentalism, economic development, and economic growth." *Carnegie-Rochester Conference Series on Public Policy,* 40：259-292
馬奈木俊介・池田真也・中村寛樹（2016）『新国富論―新たな経済指標で地方創生』（岩波ブックレット），岩波書店．
Lampietti, J. and Dix on, J. (1995) To see the forest for the trees: A guide to non-timber forest benefits. Washington, DC: World Bank.
Muñoz, P., Kira Petters, Shunsuke Managi, and Elorm Darkey. (2014) "Accounting for the inclusive wealth of nations: Key findings of the IWR 2014." *In UNU-IHDP and UNEP*: 15-62.
室田泰弘（2008）「47都道府県別CO_2排出量の推計」http://www.env.go.jp/earth/ondanka/sakutei_manual/kaitei_comm/com02/ext01.pdf (accessed April 20, 2016).
Narayanan, B., Aguiar, A. and Mcdougall, R. (2012) Global Trade, Assistance, and Production: The GTAP 8 Data Base. Center for Global Trade Analysis, Purdue University.
Okubo, K. (2016) "Trend of changes in Fukushima's inclusive wealth:a preparation for disaster recovery study of the Great East Japan earthquake" In *The Wealth of Nations and Regions,* ed. Managi, S., Routledge, UK. 186-236.
佐藤正弘・佐藤峻・和氣未奈（2015）「日本の包括的富の推計」*KIER Discussion Paper Series* 1404: 1-53.
Tol, R. S. J. (2009) The Economic Effects of Climate Change. *Journal of Economic Perspectives,* 23：29-51.
楊珏（2016）「包括的富指標の日本国内での応用（一）人的資本の計測とその示唆」研究レポート No. 431.（2016年10月31日アクセス　http://www.fujitsu.com/jp/Images/no431.pdf）
UNESCO Institute for Statistics. (2013) "UIS methodology for estimation of mean years of

schooling." 1-18. http://www.uis.unesco.org/Education/Documents/mean-years-schooling-indicator-methodology-en.pdf (accessed April 21, 2016).

UNU-IHDP and UNEP(2012)*Inclusive Wealth Report 2012: Measuring Progress Toward Sustainability*(新国富報告書2012), Cambridge: Cambridge University Press.(植田和弘・山口臨太郎共訳(武内和彦監修)『国連大学 包括的「富」報告書——自然資本・人工資本・人的資本の国際比較』明石書店，2014年)

UNU-IHDP and UNEP(2014)*Inclusive Wealth Report 2014: Measuring Progress Toward Sustainability*(新国富報告書2014), Cambridge: Cambridge University Press.

索　引

〔欧文索引〕

ABM ·· 155
AIIB ··· 287
BLI（Better Life Index） ················· 254
CASBEE ·· 217
CASBEE都市 ····································· 50
CGE ··· 155
City of opportunity ························· 49
COP10 ··· 161
CS（Compensating Surplus） ········· 177
CV（Compensating Variation） ····· 177
CVM（Contingent Valuation
　　Method） ······················· 178, 180
DEA（Data Envelopment Analysis）
　·· 237
ES（Equivalent Surplus） ·············· 177
ESG ·· 231
ESG投資 ·· 231
Eurobarometer ······························· 254
EV（Equivalent Variation） ·········· 177
Global Destination Cities Index ······· 49
HDI（Human Development Index）
　··· 11, 255
iPhone ··· 213
ISO26000 ·· 234
ITQ ·· 152
IUCN ··· 189
IWC ··· 190
Life Satisfaction Approach ············ 203
livability score ·································· 67
MDGs（Millennium Development
　　Goals） ··· i
Most liveable city ···························· 67
PFI（Private Finance Initiative） ··· 282

PRI（Principles for Responsible
　　Investment） ··························· 232
REDDプラス（REDD+） ················ 152
SDGs（Sustainable Development
　　Goals） ··· i
SEEA ·· 162
SEEA-EEA ······································ 161
Siri ··· 213
Social trust ····································· 254
SRI（Social responsibility investment）
　·· 231
TEEB報告書 ··································· 161
WDI（World Development Indicators）
　·· 176
World Value Survey ······················ 254

〔和文索引〕

■あ　行

アジアインフラ投資銀行（AIIB） ····· 287
アマルティア・セン ····························· 11
イースタリン・パラドクス ·············· 253
遺贈価値 ·· 175
イノベーション ······························· 302
インフラ ································· 264, 286
インフラ需要 ··································· 293
ウチナーグチ ··································· 142
ウチナーンチュ ······························· 142
エージェントベースモデル（ABM）
　·· 155
エコロジカル・フットプリント ········· 11
応用一般均衡（CGE） ····················· 155
沖縄 ·· 136
オッズ比 ·· 208

341

■か 行

家計生産法……………………………180
仮想評価法（CVM；Contingent
　Valuation Method）……………178, 180
活力ある都市ランキング………………67
環境経済統合勘定（SEEA）…………162
環境パフォーマンス指数
　（Environmental Performance
　Index）……………………………………11
感情的な幸福感………………………253
完全自動運転…………………………213
基地……………………………………142
基地依存度……………………………143
キャピタルアプローチ………………186
教育・子育てランキング………………67
教育資本…………………………………76
空間的単位……………………………164
空間的範囲……………………………181
グリーン・シティ・インデックス……67
経済パフォーマンスと社会的発展の
　計測に関する委員会……………………2
顕示選好法……………………………178
原発事故………………………88, 93, 301
交換価値………………………………167
恒久棚卸法………………………………88
交通インフラ…………………………201
幸福度ランキング………………………67
国際自然保護連合（IUCN）…………189
国際捕鯨委員会（IWC）………………190
国民生活選好度調査…………………254
国連環境計画……………………………67
国連大学…………………………………67
コンジョイント分析……………178, 180

■さ 行

在沖縄米軍……………………………143
最終生態系サービス…………………172

サグ部…………………………………214
産業……………………………………108
産業保護政策…………………………149
ジェニュイン・セーヴィング…………11
死荷重…………………………………149
時間的範囲……………………………181
資源レント……………………………168
市場価格を持たない価値物…………175
地震……………………………………301
自然災害リスク・ランキング…………67
自然資本…………………………………74
持続可能性………………………………1
持続可能な発展目標（SDGs；
　Sustainable Development Goals）……i
自治体……………………………………69
実験的生態系勘定（SEEA-EEA）……161
島国……………………………………102
社会資本………………………………264
社会的責任投資（SRI；Social
　responsibility investment）…………231
社会的な信頼（Social trust）…………254
主観的生活満足度……………………204
主観的データ……………………………51
主観的な幸福度………………………252
主観的満足度…………………………201
順序ロジット法………………………208
譲渡性個別割当方式（ITQ）…………152
消費者余剰……………………………177
除染…………………………………88, 93
人口減少………………………………105
人工資本…………………………………72
人工知能………………………………213
人口変化………………………………293
新国富……………………………………6
新国富指標………………………………2
人生に関する考え・価値観…………253
数値移転………………………………169
スケールアップ………………………169

ストック··3
住みよさランキング·····························67
生活満足度··254
生活満足度アプローチ（Life Satisfaction Approach）···········203
生態系勘定·······································162, 166
生態系サービス·································167
生態系資産··162
生態系のディスサービス·················171
生態系の劣化・減耗·························171
成長の限界··1
精度誤差··164
世界価値観調査（World Value Survey）··254
世界の都市総合力ランキング············67
責任投資原則（PRI；Principles for Responsible Investment）··········232
戦略的アセットマネジメント·········264
総経済価値··175

■た　行

ターンブル推定法·····························192
大規模アンケート調査······················203
代替法··169
多様性··69
置換法··180
地方教育行政の組織及び運営に関する法律··································69
地方創生··85
中間的生態系サービス······················172
中山間地域··148
直接支払制度······································149
津波··87, 301
低・負資源レント······························172
デカップリング·································149
等価変分（EV；Equivalent Variation）··177

等価余剰（ES；Equivalent Surplus）··177
東京都内ランキング····························58
動的シミュレーションモデル·········155
都市評価··50
富··290
共働き・子育てしやすい街ランキング··67
トラベルコスト法·····························180

■な　行

人間開発指数（HDI；Human Development Index）··············11, 255
農地中間管理機構·····························150
農地の流動性·····································149
農林水産業··148
農林水産業・地域の活力創造プラン··149

■は　行

非市場的価値·····································175
評価主体··180
評価手法··179
表明選好による限界価値··················168
表明選好法··178
非利用価値··175
貧困削減··289
不可逆性··163
普天間基地··301
ブルントラント報告書······················300
フロー··3
分収林制度··151
ヘドニック価格法·····························180
ヘドニック法·····································169
包絡曲線分析法（DEA；Data Envelopment Analysis）·············237
ホエールウォッチング（鯨鑑賞）··189
捕鯨··190

補償変分（CV；Compensating
　　Variation）……………………………177
補償余剰（CS；Compensating
　　Surplus）………………………………177

■ま　行

ミレニアム開発目標（MDGs；
　　Millennium Development Goals）……ⅰ
ミレニアム生態系評価…………………161
ミンククジラ……………………………192
メタ分析…………………………………169

■や　行

屋久島……………………………………111
U字型……………………………………136
ユーロバロメーター（Eurobarometer）
　　……………………………………254

豊かさ……………………………85, 141
余剰価値…………………………………167
より良い暮らし指標（BLI；Better
　　Life Index）…………………………254
弱い持続可能性…………………………266

■ら　行

リオ＋20……………………………………2
利他的価値………………………………175
離島振興のための特別法………………103
琉球………………………………………142
利用価値…………………………………175
レジリエント……………………………290

■わ　行

われら共有の未来…………………………1

■ 編著者

馬奈木　俊介（まなぎ・しゅんすけ）
九州大学・主幹教授，都市研究センター長

■ 執筆者一覧（執筆順）

池田　真也（いけだ・しんや）
序章，第 2，6 章，終章，補論
九州大学大学院工学研究院・特任助教

野澤　亘（のざわ・わたる）
コラム 1
九州大学大学院工学研究院・特任助教

楊　珏（やん・じゅえ）
第 1 章，補論
富士通総研 経済研究所・上級研究員

中村　寛樹（なかむら・ひろき）
第 2 章
九州大学大学院工学研究院・特任助教

大久保　和宣（おおくぼ・かずのぶ）
第 3，4，16 章，付録，補論
神戸大学大学院人間発達環境学研究科・研究員

山口　臨太郎（やまぐち・りんたろう）
第 4，17 章
九州大学都市研究センター・研究員

松永　千晶（まつなが・ちあき）
コラム 2
九州大学大学院工学研究院・助教

玉置　哲也（たまき・てつや）
第 5 章，コラム 3
九州大学大学院工学研究院・特任助教

吉田　有紀（よしだ・ゆき）
第 6 章
東京大学大学院新領域創成科学研究科・博士後期課程

松田　浩敬（まつだ・ひろたか）
第 6 章
東京大学大学院新領域創成科学研究科・特任准教授

武内　和彦（たけうち・かずひこ）
第 6 章
東京大学・サステイナビリティ学連携研究機構（IR3S）機構長

比嘉　一仁（ひが・かずひと）
第 7，15 章，コラム 4
内閣府経済社会総合研究所・研究員

若松　美保子（わかまつ・みほこ）
第 8，11 章
九州大学大学院工学研究院・特任助教

佐藤　真行（さとう・まさゆき）
第 9，10 章
神戸大学大学院人間発達環境学研究科・准教授

林　岳（はやし・たかし）
第 9 章
農林水産政策研究所・主任研究官

蒲谷　景（かばや・けい）
第 9 章
東京大学・サステイナビリティ学連携研究機構（IR3S）特任研究員

慎　公珠（しん・こんじゅ）
第 12，13 章
九州大学大学院工学研究院・特任講師

藤井　秀道（ふじい・ひでみち）
第 14 章
長崎大学大学院水産環境科学総合研究科・准教授

■編著者紹介

馬奈木　俊介（まなぎ　しゅんすけ）

九州大学大学院工学研究院　都市システム工学講座教授　同学部都市研究センター長。
九州大学大学院工学研究科修士課程修了。ロードアイランド大学大学院博士課程修了（Ph. D.（経済学博士））。サウスカロライナ州立大学，横浜国立大学，東北大学などを経て，現職。
東京大学公共政策大学院客員教授，経済産業研究所ファカルティフェロー，地球環境戦略研究機関フェローを兼任。学術誌 Economics of Disasters and Climate Change 編集長，IPCC代表執筆者。環境経済・政策学会学術賞を受賞。
主な著作：馬奈木俊介・林良造（編著）『日本の将来を変えるグリーン・イノベーション』中央経済社，2012年，馬奈木俊介（編著）『エネルギー経済学』中央経済社，2014年
馬奈木俊介『環境と効率の経済分析』日本経済新聞出版社，2013年
馬奈木俊介（編著）『農林水産の経済学』中央経済社，2015年

豊かさの価値評価
■新国富指標の構築

2017年5月10日　第1版第1刷発行

編著者	馬 奈 木　俊　介
発行者	山　本　　　継
発行所	㈱中 央 経 済 社
発売元	㈱中央経済グループ パブリッシング

〒101-0051　東京都千代田区神田神保町1-31-2
　　　　　電　話　03（3293）3371（編集代表）
　　　　　　　　　03（3293）3381（営業代表）
　　　　　　　　　http://www.chuokeizai.co.jp/
　　　　　　　　　印刷／東光整版印刷㈱
　　　　　　　　　製本／誠　製　本㈱

©2017
Printed in Japan

＊頁の「欠落」や「順序違い」などがありましたらお取り替えいたしますので発売元までご送付ください。（送料小社負担）

ISBN978-4-502-22551-2 C3033

JCOPY〈出版者著作権管理機構委託出版物〉本書を無断で複写複製（コピー）することは，著作権法上の例外を除き，禁じられています。本書をコピーされる場合は事前に出版者著作権管理機構（JCOPY）の許諾を受けてください。
JCOPY〈http://www.jcopy.or.jp　eメール：info@jcopy.or.jp　電話：03-3513-6969〉